한국어문회
지정지침서

한자능력
검정시험

6급

권하는 글

우리 겨레는 아득한 옛날부터 우리말을 쓰면서 살아 왔다. 아마 처음에는 요사이 우리가 쓰고 있는 아버지, 어머니, 위, 아래, 하나, 둘, 바위, 돌, 물, 불 같은 기초어휘가 먼저 쓰였을 것이다.

그러다가 약 2천년 전부터, 당시로는 우리 겨레보다 文化水準(문화수준)이 높았던 이웃나라의 中國(중국)사람들과 접촉하면서 그들의 글자와 글인 漢字와 漢文을 받아들이게 되고 漢字로 이루어진 어휘도 많이 빌려 쓰게 되었다. 이리하여 우리 겨레는 우리의 고유어와 함께, 父(부)·母(모), 上(상)·下(하), 一(일)·二(이), 岩(암)·石(석)과 같은 漢字語를 쓰게 되었으며, 본래 우리말의 기초어휘에 없던 추상적인 말, 예를 들면 希望(희망), 進步(진보), 勇氣(용기), 特別(특별)과 같은 어휘와, 사회제도 및 정부 기구를 나타내는 科擧(과거), 試驗(시험), 判書(판서), 捕校(포교) 등도 함께 써 오게 되었다.

이러한 현상은 오늘날에도 마찬가지여서, 새로운 文物制度(문물제도)가 생기고 學問(학문)이 발달하면, 자연스러이 漢字로 새 단어를 만들어 쓰는 일이 많다. 治安監(치안감), 元士(원사), 修能試驗(수능시험), 面接考査(면접고사), 高速電鐵(고속전철), 宇宙探索(우주탐색), 公認仲介士(공인중개사) 등 예를 이루 다 들 수가 없다.

따라서 우리는 이미 우리말 안에 녹아들어 있는 漢字語를 정확하게 이해하여, 순수한 우리의 고유어와 함께 우리말을 더욱 올바르게 사용하기 위하여 漢字를 공부하여야 한다.

韓國語文敎育硏究會에서는 우리 국민의 漢字에 대한 이해를 촉진시키고 국어 생활의 수준을 향상시키고자 여러 한자 학습 교재를 편찬해 왔다. 또 한편으로는 韓國漢字能力檢定會에서 시행하고 있는 全國漢字能力檢定試驗에도 對備(대비)할 수 있도록 級數(급수)別로 漢字를 배정하고, 漢字마다 표준이 된 訓과 音, 그리고 長短音(장단음)을 표시하였으며, 누구나 알아야 될 類義語(유의어), 反意語(반의어), 故事成語(고사성어), 漢字의 部首(부수), 널리 쓰이고 있는 略字(약자) 등도 자세히 제시해 두고 있다.

우리의 漢字學習 目的(목적)은 어디까지나 국어 안의 한자어를 제대로 알고자 하는 데 있으나, 이러한 한자학습을 통하여 우리의 文化遺産(문화유산)인 漢文(한문) 典籍(전적)을 읽어 내고, 漢語(한어)를 배우는 데도 도움이 될 수 있을 것이라고 믿는다.

2005年 6月 20日

韓國語文敎育硏究會 會長 姜信沆

머리말

國語(국어) 어휘의 70% 정도를 차지하고 있는 것이 漢字語(한자어)입니다. 30여년 간의 한글 專用(전용) 교육은 국민의 國語 能力(능력)을 低下(저하)시킴으로써 상호간 意思疏通(의사소통)을 모호하게 하고, 學習(학습) 能力(능력)을 減少(감소)시켰을 뿐만 아니라, 傳統(전통)과의 단절, 한자문화권 내에서의 孤立(고립)이라는 결과를 빚어냈습니다.

이미 30여년 전에 이런 한글 專用 교육의 盲點(맹점)을 파악하고 漢字 교육을 통한 國語 교육 正常化(정상화)를 기치로 내세워 발족한 韓國語文敎育研究會는 잘못된 語文(어문) 정책을 바로잡기 위한 여러 활동을 꾸준히 벌여 왔습니다. 語文 정책을 바로잡기 위한 활동의 강화 차원에서 社團法人 韓國語文會를 창립하였고, 公敎育(공교육)에서 담당하지 못하고 있는 漢字 교육을 장려하기 위하여 韓國漢字能力檢定會를 설립하였습니다.

국민의 言語 能力, 事務(사무) 能力 低下(저하)는 필연적으로 國家(국가)와 社會(사회) 양쪽에서부터 반성을 불러 일으켰습니다. 政府(정부)는 公文書(공문서)에 漢字를 倂記(병기)하자는 결정을 내렸으며, 한편으로 經濟(경제) 단체에서는 漢字 교육의 필요성을 力說(역설)하고 있습니다. 머지않아 公敎育에서도 漢字가 混用(혼용)된 교재로 정상적인 학습을 할 날이 到來(도래)할 것을 의심치 않습니다.

한글 전용 교육을 받고 자라난 世代(세대)가 이제는 社會의 중장년층이 된 바, 漢字를 모르는 데서 오는 불편을 후손에게 대물림하지 않기 위하여 漢字 교육에 관심을 보이고 있습니다. 이는 全國漢字能力檢定試驗에 응시하는 미취학 아동과 초등학생 지원자의 수가 꾸준히 증가하는 것에서 확인할 수 있습니다.

韓國語文敎育研究會는 全國漢字能力檢定試驗 교재를 이미 10여년 전에 출간하였으나 그 내용이 지나치게 간단하였기에, 학습자들이 보다 쉽게 漢字를 익히고, 全國漢字能力檢定試驗에 대비할 수 있는 級數別(급수별) 自習書(자습서)의 보급이 필요하다고 판단하여, 이 학습서를 출간하게 된 것입니다. 이 책은 각 級數別 읽기와 쓰기 配定 漢字를 구별하여, 각각의 활용 단어를 넣었으며, 그 외 字源(자원), 訓音(훈음), 讀音(독음), 長短音(장단음), 筆順(필순), 四字成語(사자성어) 등을 갖춤으로써 종합적 漢字(한자) 학습을 가능케 하였습니다.

이 학습서가 全國漢字能力檢定試驗을 준비하는 모든 분들에게 훌륭한 길잡이가 되기를 바라마지 않습니다.

韓國語文敎育研究會 編纂委員長 南 基 卓

한자능력검정시험이란

한자능력검정시험은 사단법인 한국어문회가 주관하고 한국한자능력검정회가 시행하는 한자 활용능력 검정시험입니다.

1992년 12월 9일 전국적으로 시행하여 현재에 이르기까지 매년 시행하고 있는 한자 자격시험으로, 2001년 5월 19일 18회시험부터 1급~4급이 국가공인이 되었고 2005년 29회 시험부터는 1급~3급Ⅱ가 국가공인(공인증서 제 2005-2호)시험으로 치러지고 있으며, 시험에 합격한 재학생은 내신반영은 물론, 2000학년도부터 3급과 2급 합격자를 대상으로 일부 대학에서는 특기자 특별전형으로 신입생을 모집함으로써 권위 있는 한자 자격시험으로 인정받고 있습니다.

현재 한자능력검정시험은 8급에서 4급까지를 교육급수로, 3급Ⅱ에서 특급까지를 공인급수로 구분하고 있으며, 초등학교에서 1,000자, 중 · 고등학교에서 1,000자, 대학교에서 1,500자 정도로 전체 3,500자의 한자를 배정하였습니다.

초등학교는 학년별로, 중학교 이상은 급수별로 습득할 한자 수를 분류하였으며, 한자에 대한 훈음, 장단음, 반의어/상대어, 동의어/유의어, 동음이의어, 뜻풀이, 약자, 한자쓰기, 완성형, 부수 등에 대한 문제를 내용으로 하고 있습니다. 한자능력검정시험은 한자 학습의 필요성을 깨우치고, 개인별 한자 습득 정도에 대한 객관적인 검정자료로 활용되어 한자 학습 의욕을 증진시키고, 사회적으로 한자 활용능력을 인정받는 우수한 인재를 양성함을 목적으로 합니다.

한자를 익히고 배우려는 뜻있는 학습자들께 한자능력검정시험이 작은 기쁨과 보탬이 되길 바랍니다.

알려두기

이 책의 특징은 한자능력검정시험에 필요한 모든 정보를 제공하여 수험자로 하여금 시험에 대비하도록 하기 위하여, 읽기배정한자와 쓰기배정한자를 분류하였고, 그 글자에 해당하는 유의어, 반의어, 약어 등을 정보란에 정리하였을 뿐만 아니라, 부록부분에 이들을 모아 전체를 한 눈으로 보고 집중적으로 공부할 수 있도록 하였다. 기출문제와, 실제 한자능력검정시험의 기출문제와 같은 유형의 실전문제를 두어 시험에 대비하도록 하였다.

이 책을 이용하는데 꼭 알아두어야 할 사항들은 다음과 같다.

1 **한자의 배열**은 대표음을 가나다순으로 배열하였다. 각 한자에 해당하는 급수를 제시하여 다른 급수를 학습하는데 도움을 주었다.

間 7급 Ⅱ 사이 간(:)

2 **글자풀이란**을 두어 한자의 구성원리를 쉽게 이해하고 오래도록 기억할 수 있도록 하였으며, 이 때의 글자풀이는 수험자가 쉽게 이해할 수 있도록 자원풀이보다는 파자(글자를 풀어 설명하는)의 방법을 사용하였다.

닫혀있는 문(門) 사이에서 아침 해(日)가 비추어오는 형태에서 사이, 틈(間)의 의미이다.

3 **훈과 음**은 (사단법인) 한국어문회, 한국어문교육연구회, 한국한자능력검정회가 지정한 대표 훈과 음을 따랐다.

4 훈음에는 **장단음 표시**를 하여 수험자가 쉽게 장단음을 익히도록 하였다. 오직 장음으로만 발음되는 한자는 : 로, 장음과 단음이 단어에 따라 다른 것은 (:)로, 단음인 것은 표시를 하지 않았다.

間 7급 II 사이 간(:)
門 | 4획

닫혀있는 문(門) 사이에서 아침 해(日)가 비추어오는 형태에서 사이, 틈(間)을 의미한다.

비 問(물을 문)
門(문 문)
聞(들을 문)
開(열 개)

읽기한자

區間(구간) : 일정한 지점의 사이 近間(근간) : 요사이
晝間(주간) : 낮 동안 行間(행간) : 줄과 줄 사이

쓰기한자

間紙(간지) : 접어서 맨 책의 종이가 얇아 힘이 없을 때, 그 접은 각 장의 속에 넣어 받치는 종이, 속장
空間(공간) : 무한하게 퍼져 있는 빈 곳, 쓰지 않는 빈 칸
世間(세간) : 세상
時間(시간) : 어느 때로부터 어느 때까지의 사이

활용문

우리는 자리를 좁혀 한 사람 더 앉을 空間(공간)을 만들었다.

필순 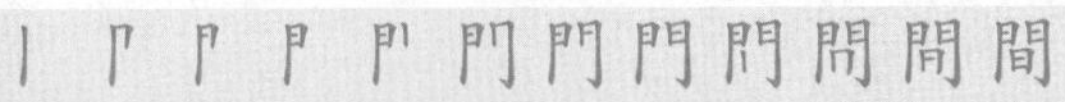

5 각 한자의 부수와 획수를 밝혔으며, 이 때의 획수는 총획에서 부수의 획수를 뺀 나머지 획으로 통일하였다.

6 배정한자 아래에는 **정보란**을 두어 그 배정한자에 해당하는 비슷한 한자(비), 유의자(동), 반대 또는 상대자(반), 약자(약)를 밝혀 시험 대비를 하는데 도움을 주도록 하였다. 6급 이상의 급수에 해당하는 한자들도 수록하여 참고가 되도록 하였다.

間 7급 II
사이 간(:)
門 | 4획

닫혀있는 문(門) 사이에서 아침 해(日)가 비추어오는 형태에서 사이, 틈(間)을 의미한다.

비 問(물을 문)
門(문 문)
聞(들을 문)
開(열 개)

7 한자능력검정시험의 **읽기** 배정한자와 **쓰기** 배정한자가 다른 점을 감안하여 이를 구별하여 수험자들이 시험 대비에 효과를 극대화 할 수 있게 했다.

읽기한자

區間(구간) : 일정한 지점의 사이
晝間(주간) : 낮 동안
近間(근간) : 요사이
行間(행간) : 줄과 줄 사이

쓰기한자

間紙(간지) : 접어서 맨 책의 종이가 얇아 힘이 없을 때, 그 접은 각 장의 속에 넣어 받치는 종이, 속장
空間(공간) : 무한하게 펴져 있는 빈 곳, 쓰지 않는 빈 칸
世間(세간) : 세상
時間(시간) : 어느 때로부터 어느 때까지의 사이

8 **필순**을 밝혀, 필순을 보면서 한자를 필순에 맞게 써 봄으로써 올바른 한자를 쓸 수 있도록 하였다.

필순

9 **활용문**은 국어 교과서에서 문장을 뽑아 단어들의 쓰임을 문장에서 익히도록 하였다.

활용문
우리는 자리를 좁혀 한 사람 더 앉을 空間(공간)을 만들었다.

10 9개의 한자학습이 끝나면 **확인학습란**을 두어 그 배정한자를 제대로 익혔는지를 확인하게 하여 실전에 대비할 수 있도록 하였다.

11 부록에는 각 급수에 해당하는 **사자성어, 유의자(동의자), 반대자(상대자), 동음이의어**를 모아 집중적으로 공부할 수 있도록 하였다. 각 유형별 한자마다 급수를 표시하여 실질적인 급수시험에 충분히 대비할 수 있도록 하였다. 유의자와 반대자는 단어 형성과는 관계없이 동훈자 중심으로 구성하였다.

12 **기출문제** 6회분과, 실제 한자능력검정시험의 기출문제와 같은 유형의 **실전문제**를 2회분 두어 지금까지 학습한 내용을 점검하고 실전에 대비하게 하였다. **부록 II**

한자능력검정시험 응시 요강

전국한자능력검정시험 급수별 배정한자 수 및 수준

급수	읽기	쓰기	수준 및 특성
특급	5,978	3,500	국한혼용 고전을 불편 없이 읽고, 연구할 수 있는 수준 고급
특급Ⅱ	4,918	2,355	국한혼용 고전을 불편 없이 읽고, 연구할 수 있는 수준 중급
1급	3,500	2,005	국한혼용 고전을 불편 없이 읽고, 연구할 수 있는 수준 초급
2급	2,355	1,817	상용한자의 활용은 물론 인명지명용 기초한자 활용 단계
3급	1,817	1,000	고급 상용한자 활용의 중급 단계
3급II	1,500	750	고급 상용한자 활용의 초급 단계
4급	1,000	500	중급 상용한자 활용의 고급 단계
4급II	750	400	중급 상용한자 활용의 중급 단계
5급	500	300	중급 상용한자 활용의 초급 단계
5급II	400	225	중급 상용한자 활용의 초급 단계
6급	300	150	기초 상용한자 활용의 고급 단계
6급II	225	50	기초 상용한자 활용의 중급 단계
7급	150	-	기초 상용한자 활용의 초급 단계
7급II	100	-	기초 상용한자 활용의 초급 단계
8급	50	-	한자 학습 동기 부여를 위한 급수

▸▸ 초등학생은 4급, 중 · 고등학생은 3급, 대학생은 1급, 전공자는 특급 취득에 목표를 두고 학습하길 권해 드립니다.

전국한자능력검정시험 급수별 출제유형

구분	특급	특급Ⅱ	1급	2급	3급	3급Ⅱ	4급	4급Ⅱ	5급	5급Ⅱ	6급	6급Ⅱ	7급	7급Ⅱ	8급
읽기 배정 한자	5,978	4,918	3,500	2,355	1,817	1,500	1,000	750	500	400	300	225	150	100	50
쓰기 배정 한자	3,500	2,355	2,005	1,817	1,000	750	500	400	300	225	150	50	0	0	0
독음	45	45	50	45	45	45	32	35	35	35	33	32	32	22	24
훈음	27	27	32	27	27	27	22	22	23	23	22	29	30	30	24
장단음	10	10	10	5	5	5	3	0	0	0	0	0	0	0	0
반의어	10	10	10	10	10	10	3	3	3	3	3	2	2	2	0
완성형	10	10	15	10	10	10	5	5	4	4	3	2	2	2	0
부수	10	10	10	5	5	5	3	3	0	0	0	0	0	0	0
동의어	10	10	10	5	5	5	3	3	3	3	2	0	0	0	0
동음이의어	10	10	10	5	5	5	3	3	3	3	2	0	0	0	0
뜻풀이	5	5	10	5	5	5	3	3	3	3	2	2	2	2	0
필순	0	0	0	0	0	0	0	0	3	3	3	3	2	2	2
약자 · 속자	3	3	3	3	3	3	3	3	3	3	0	0	0	0	0
한자 쓰기	40	40	40	30	30	30	20	20	20	20	20	10	0	0	0
한문	20	20	0	0	0	0	0	0	0	0	0	0	0	0	0

▸▸ 상위급수 한자는 모두 하위급수 한자를 포함하고 있습니다.

▸▸ 쓰기 배정 한자는 한두 급수 아래의 읽기 배정한자이거나 그 범위 내에 있습니다.

▸▸ 출제유형표는 기본지침자료로서, 출제자의 의도에 따라 차이가 있을 수 있습니다.

▸▸ 공인급수는 교육과학기술부로부터 국가공인자격 승인을 받은 특급 · 특급Ⅱ · 1급 · 2급 · 3급 · 3급Ⅱ이며, 교육급수는 한국한자능력검정회에서 시행하는 민간자격인 4급 · 4급Ⅱ · 5급 · 5급Ⅱ · 6급 · 6급Ⅱ · 7급 · 7급Ⅱ · 8급입니다.

▸▸ 5급Ⅱ · 7급Ⅱ는 신설 급수로 2010년 11월 13일 시험부터 시행되었습니다.

▸▸ 6급Ⅱ 읽기 배정한자는 2010년 11월 13일 시험부터 300자에서 225자로 조정되었습니다.

한자능력검정시험 합격기준

구분	특급	특급Ⅱ	1급	2급	3급	3급Ⅱ	4급	4급Ⅱ	5급	5급Ⅱ	6급	6급Ⅱ	7급	7급Ⅱ	8급
출제문항수	200	200	200	150	150	150	100	100	100	100	90	80	70	60	50
	(100)	(100)	(100)	(100)	(100)	(100)	(100)	(100)	(100)	(100)	(100)	(100)	(100)	(100)	(100)
합격문항수	160	160	160	105	105	105	70	70	70	70	63	56	49	42	35
	(80)	(80)	(80)	(70)	(70)	(70)	(70)	(70)	(70)	(70)	(70)	(70)	(70)	(70)	(70)

▸▸ (　　)는 100점 만점으로 환산한 점수입니다.

▸▸ 특급 · 특급Ⅱ · 1급은 출제 문항수의 80% 이상, 2급 ~ 8급은 70%이상 득점하면 합격입니다.

한자능력검정시험 합격자 우대사항

- 본 우대사항은 변경이 있을 수 있습니다. 최신 정보는 한국한자능력검정회 홈페이지를 참고하시기 바랍니다.
- 자격기본법 제27조에 의거 국가자격 취득자와 동등한 대우 및 혜택
- 대학 수시모집 및 특기자 전형 지원. 대입 면접시 가산점(해당 학교 및 학과)
- 고려대, 성균관대, 충남대 등 수많은 대학에서 대학의 정한 바에 따라 학점, 졸업인증에 반영
- 유수 고등학교에서 정한 바에 따라 입시에 가산점 등으로 반영
- 육군 간부 승진 고과에 반영
- 한국교육개발원 학점은행의 학점에 반영
- 기업체 입사 및 인사고과에 반영(해당기업에 한함)

1. 대학 수시모집 및 특기자 전형 지원

대학	학 과	자격
건양대학교	중국어, 일본어	한자능력검정시험 5급이상
경북과학대학	관광영어과,관광일어과, 관광중국어과	한자능력검정시험 4급이상
경북대학교	사학과, 한문학과	한자, 한문 특기자
경상대학교	한문학과	한자능력검정시험 2급 이상(한국어문회 주관)
경성대학교	한문학과	한자능력검정시험 3급 이상(한국어문회 주최)
고려대학교	어학특기자(한문학과)	한문 특기자
공주대학교	한문교육과	국가공인 한자급수자격시험(3급이상) 취득자
국민대학교	중어중문학과	한자능력시험(한국어문회 주관) 1급 이상
군산대학교	어학특기자	중국어 : 한어수평고사(HSK) 6급 ~ 11급인 자 또는 한자능력검정 1, 2급인 자, 한자능력급수 1, 2급인 자 ※한자능력검정의 경우 한국한자능력검정회, 대한민국한자급수검정회, 대한민국한문교육진흥회, 한국어문회 발행만 인정.
단국대학교 (서울)	한문특기자	한국어문회 주관 한자능력검정시험 3급 이상 취득한 자
대구대학교	문학 및 한자 우수자	한자능력검정시험 3급 이내 합격자

대학	학 과	자격
동서대학교	어학, 한자, 문학, 영상	어학, 한자, 문학, 영상에서 3위 이상 입상자
동아대학교	한문특기자	한자능력검정시험(한국한자능력검정회 주최) 3급 이상 자격증 소지자
동의대학교	어학특기자	한자능력검정시험 1급 이상 또는 HSK 6급이상인자
명지대학교	어학특기자	검정회 및 한국어문회에서 주관하는 한자능력검정시험 2급 이상자
부산대학교	모집단위별 가산점 부여	한국어문회 시행 한자능력검정시험(1급 ~ 3급) 가산점 부여
상명대학교 (서울)	한문특기자	한자능력검정시험(3급 ~ 1급) (한국한자능력검정회 시행)
선문대학교	경시대회입상 전형	(국어〈백일장, 한문, 문학〉, 수학, 과학)
성결대학교	외국어 및 문학 특기자	한자능력검정고시 3급 이상 취득자
성균관대학교	한문 특기자	전국한자능력검정시험(한국어문회) - 2급 이상
연세대학교	문과대학	한문 특기자
영남대학교	어학 특기자	한자능력검정시험(한국한자능력검정회 시행) 2급 이상 자격증 소지자
원광대학교	한문교육과	최근 3년 이내 행정기관, 언론기관, 4년제 대학 등 본교가 인정하는 공신력있는 단체에서 주최한 전국규모의 한문경시대회 개인 입상자
중앙대학교	문과대학 국어국문학과	한자능력검정시험(한국어문회 주관) 3급 이상 합격자
충남대학교	어학특기자	전국한자능력검정시험 3급 이상
한성대학교	한문특기자	전국한자능력검정시험(사단법인 한국어문학회 주최) 1급 이상 취득자
호남대학교	공인 어학능력 인증서 소지자	한문자격시험(한자급수시험)

▶▶ 대입 전형과 관련된 세부사항은 변경될 수 있으므로 해당 학교 홈페이지, 또는 입학담당부서로 문의바랍니다.

2. 대입 면접 가산 · 학점 반영 · 졸업 인증

대학	내 용	비고
건양대학교	국문학부 면접시 가산점 부여	대학입시
성균관대학교	졸업인증 3품 중 국제품의 경우 3급이상 취득시 인증	졸업인증
경산대학교	전교생을 대상으로 3급이상 취득시 인증	졸업인증
서원대학교	국문과를 대상으로 3급이상 취득시 인증	졸업인증
제주한라대학	중국어통역과를 대상으로 3급이상 취득시 인증	졸업인증
신라대학교	인문/자연/사범/예체능계열을 대상으로 4급이상 취득시 인증	졸업인증
경원전문대학	전교생 대상, 취득시 학점반영	학점반영
덕성여자대학교	전교생 대상, 취득시 학점반영	학점반영
한세대학교	전교생 대상, 취득시 학점반영(한문 교양 필수)	학점반영

▸▸ 변경될 수 있으므로 해당학교(학과)의 안내를 참조바랍니다.

3. 기업체 입사 · 승진 · 인사고과 반영

구분	내 용	비고
육군	부사관 5급 이상 / 위관장교 4급 이상 / 영관장교 3급 이상	인사고과
조선일보	기자채용 시 3급 이상 우대	입사

▸▸ 변경될 수 있으므로 해당기관의 안내를 참조바랍니다.

한자능력검정시험 시험시간

구분	특급	특급Ⅱ	1급	2급	3급	3급Ⅱ	4급	4급Ⅱ	5급	5급Ⅱ	6급	6급Ⅱ	7급	7급Ⅱ	8급
시험시간	100분		90분	60분			50분								

▸▸ 응시 후 시험 시간동안 퇴실 가능 시간의 제한은 없습니다.
▸▸ 시험 시작 20분 전(교육급수 - 10:40 / 공인급수 - 14:40)까지 고사실에 입실하여 주시기 바랍니다.

한자능력검정시험 검정료

구분	특급	특급Ⅱ	1급	2급	3급	3급Ⅱ	4급	4급Ⅱ	5급	5급Ⅱ	6급	6급Ⅱ	7급	7급Ⅱ	8급
검정료	45,000원			25,000원			20,000원								

▸▸ 창구접수 검정료는 원서 접수일부터, 마감시까지 해당 접수처 창구에서 받습니다.

한자능력검정시험 접수방법

◉ 창구접수(모든 급수, 해당 접수처)

응시 급수 선택	검정시험 급수 배정을 참고하여, 응시자에게 알맞는 급수를 선택합니다.
원서 작성 준비물 확인	반명함판사진(3×4cm) 3매/급수증 수령주소/주민번호/이름(한자) 응시료(현금)
원서 작성 · 접수	정해진 양식의 원서를 작성하여 접수창구에 응시료와 함께 제출합니다.
수험표 확인	수험표를 돌려받으신 후 수험번호, 수험일시, 응시 고사장을 확인하세요.

※인터넷 접수 가능 : 접수 방법은 바뀔 수 있으므로 한국어문회 홈페이지(www.hanja.re.kr)를 참고하시기 바랍니다.

한자능력검정시험 시상기준

급수	문항 수	합격문항	우량상			우수상		
			초등이하	중등	고등	초등이하	중등	고등
특급	200	160	–	–	–	160	160	160
특급Ⅱ	200	160	–	–	–	160	160	160
1급	200	160	–	–	–	160	160	160
2급	150	105	–	105	112	105	112	120
3급	150	105	–	105	112	105	112	120
3급Ⅱ	150	105	112	120	127	120	127	135
4급	100	70	75	80	85	80	85	90
4급Ⅱ	100	70	75	80	85	80	85	90
5급	100	70	85	85	–	90	90	–
5급Ⅱ	100	70	85	85	–	90	90	–
6급	90	63	76	–	–	81	–	–
6급Ⅱ	80	56	68	–	–	72	–	–
7급	70	49	59	–	–	63	–	–
7급Ⅱ	60	42	51	–	–	54	–	–
8급	50	35	42	–	–	45	–	–

▸▸ 시상기준표의 숫자는 "문항 수" 입니다.

▸▸ 대학생과 일반인은 시상대상에 해당되지 않습니다.

萬國信號

만국신호

배와 배사이 또는 배와 육지사이의
연락을 위하여 국제적으로 쓰는 신호

CONTENTS

한자의 기초

육서

한자를 만드는 여섯 가지 원리를 일컬어 육서라고 한다. 육서에는 한자를 만드는 원리를 해설하는 상형, 지사, 회의, 형성과 기존의 한자를 사용하여 문자의 원리를 해설한 전주, 가차의 방법이 있다.

▶ **상형문자**(象形文字 - 그림글자)

한자를 만드는 가장 기본적인 원리로 구체적인 사물의 모양을 본뜬 글자

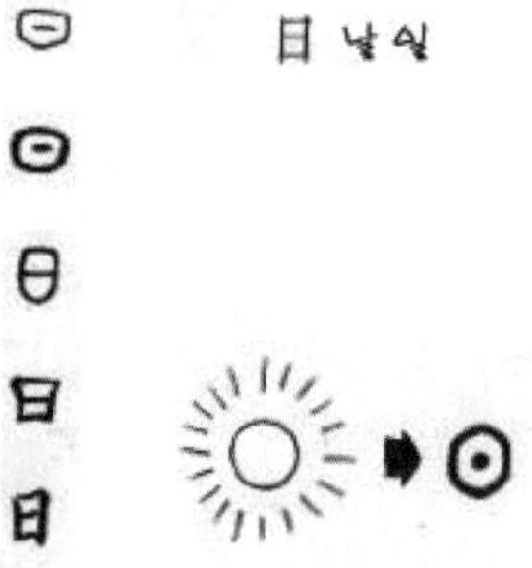

▶ **지사문자**(指事文字 - 약속글자)

구체적인 모양을 나타낼 수 없는 사상이나 개념을 선이나 점으로 나타내어 글자를 만드는 원리

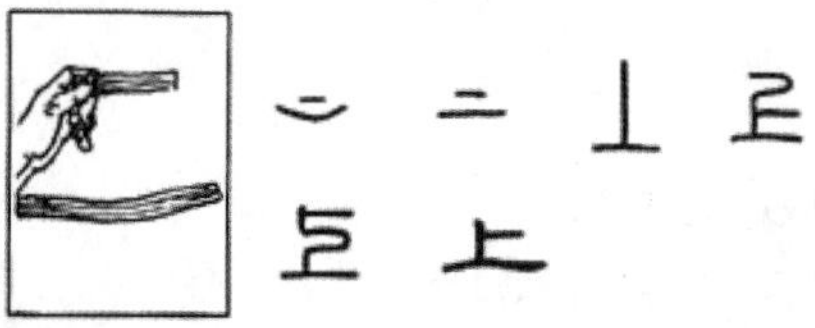

〈上 윗 상〉

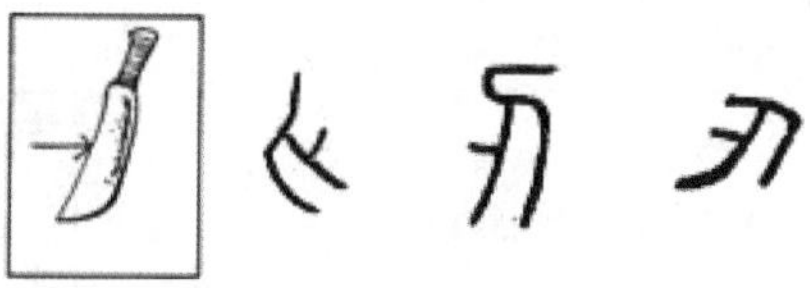

〈刀 칼 도〉

▶ **회의문자**(會意文字 - 뜻 모음 글자)

두 개 이상의 글자가 뜻으로 결합하여 새로운 글자를 만드는 원리

* 明(밝을 명)=日(날 일)+月(달 월)

* 林(수풀 림)=木(나무 목)+木(나무 목)

▶ 형성문자(形聲文字 – 합체글자)

뜻을 나타내는 부분과 음을 나타내는 부분을 결합하여 새로운 글자를 만드는 원리

* 問(물을 문)=門(문 문)+口(입 구)
* 記(기록할 기)=言(말씀 언)+己(몸 기)

▶ 전주문자(轉注文字 – 확대글자)

이미 있는 글자의 뜻을 확대, 유추하여 새로운 뜻을 나타내는 원리

* 惡 본뜻	악할 악	예) 惡行(악행)
새로운 뜻	미워할 오	예) 憎惡(증오)

▶ 가차문자(假借文字 – 빌린 글자)

글자의 본래 의미와는 상관없이 소리가 비슷한 글자를 빌려서 나타내는 원리

* 스페인(Spain)=西班牙(서반아)　　* 유럽(Europe)=歐羅巴(구라파)

부수의 위치와 명칭

▶ 邊(변): 글자의 왼쪽에 있는 부수

* 木 나무목변 : 校(학교 교), 植(심을 식), 樹(나무 수)
* 氵(水) 물수변 : 江(강 강), 海(바다 해), 洋(큰 바다 양)

▶ 傍(방): 글자의 오른쪽에 있는 부수

* 阝(邑) 우부방(고을 읍 방) : 郡(고을 군), 部(떼 부)
* 刂(刀) 선칼도방(칼 도 방) : 利(이할 리), 別(다를/나눌 별)

▶ 머리 : 글자의 위에 있는 부수

* 宀 갓머리(집 면) : 室(집 실), 安(편안 안), 字(글자 자)
* ++(艸) 초두(艸頭) : 萬(일만 만), 草(풀 초), 藥(약 약)

▶ **발** : 글자의 아래에 있는 부수

* 心 마음 심 발 : 感(느낄 감), 意(뜻 의), 念(생각할 념)
* 儿 어진사람인발(사람 인) : 先(먼저 선), 兄(형 형), 光(빛 광)

▶ **엄** : 글자의 위와 왼쪽을 싸고 있는 부수

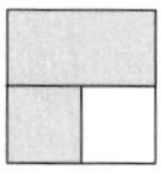

* 广 엄호(집 엄) : 度(법도 도/헤아릴 탁), 序(차례 서), 廣(넓을 광)
* 尸 주검시엄(주검 시) : 局(판 국), 屋(집 옥), 展(펼 전)

▶ **책받침** : 글자의 왼쪽과 밑을 싸고 있는 부수

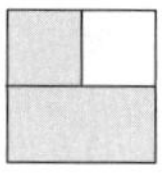

* 辶(辵) 갖은책받침(쉬엄쉬엄 갈 착) : 道(길 도), 過(지날 과)
* 廴 민책받침(길게 걸을 인) : 建(세울 건)

▶ **몸**(에운담) : 글자를 에워싸고 있는 부수

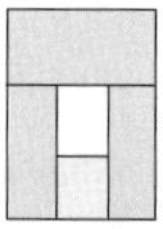

* 口 에운담(큰 입 구) : 國(나라 국), 圖(그림 도), 園(동산 원)
* 門 문문몸 : 間(사이 간), 開(열 개), 關(관계할 관)

▶ **諸部首**(제부수) : 한 글자가 그대로 부수인 것

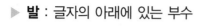

* 車(수레 거/차), 身(몸 신), 立(설 립)

필 순

▶ **위에서 아래로**

例) 言 말씀 언 : 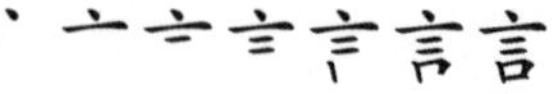

▶ **왼쪽에서 오른쪽으로**

例) 川 내 천 : 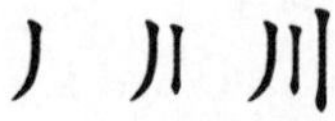

▶ **가로획을 먼저**

例) 用 쓸 용 : 丿 冂 月 月 用

▶ **가운데를 먼저**

例) 小 작을 소 : 亅 小 小

▶ **몸을 먼저**

例) 同 한 가지 동 : 丨 冂 冂 同 同 同

▶ **글자를 꿰뚫는 획은 나중에**

例) 中 가운데 중 : 丨 冂 口 中

母 어미 모 : 𠃋 母 母 母 母

▶ **점은 맨 나중에**

例) 代 대신할 대 : 丿 亻 亻 代 代

▶ **삐침(ノ)을 파임(丶)보다 먼저**

例) 父 아비 부 : 丿 八 父 父

漢字能力檢定試驗

6급 배정한자

※급수 표기 : 60(6급), 62(6급Ⅱ), 70(7급), 72(7급Ⅱ), 80(8급)
※획수는 해당 한자에 노출된 부수의 획수를 제외한 나머지 획수입니다.

급수	한자	부수	획수	대표훈음
		ㄱ		
72	家	宀	7획	집 가
70	歌	欠	10획	노래 가
62	各	口	3획	각각 각
62	角	角	0획	뿔 각
72	間	門	4획	사이 간(:)
60	感	心	9획	느낄 감:
60	強	弓	8획	강할 강(:)
72	江	氵(水)	3획	강 강
60	開	門	4획	열 개
72	車	車	0획	수레 거/차
60	京	亠	6획	서울 경
62	界	田	4획	지경 계:
62	計	言	2획	셀 계:
60	古	口	2획	예 고:
60	苦	艹(艸)	5획	쓸 고
62	高	高	0획	높을 고
62	公	八	2획	공평할 공
62	共	八	4획	한가지 공:
62	功	力	3획	공 공
72	工	工	0획	장인 공
72	空	穴	3획	빌 공
62	果	木	4획	실과 과:
62	科	禾	4획	과목 과
62	光	儿	4획	빛 광
60	交	亠	4획	사귈 교
80	敎	攵(攴)	7획	가르칠 교:
80	校	木	6획	학교 교:
80	九	乙	1획	아홉 구

급수	한자	부수	획수	대표훈음
60	區	匸	9획	구분할/지경 구
70	口	口	0획	입 구(:)
62	球	王(玉)	7획	공 구
80	國	囗	8획	나라 국
80	軍	車	2획	군사 군
60	郡	阝(邑)	7획	고을 군:
60	根	木	6획	뿌리 근
60	近	辶(辵)	4획	가까울 근:
62	今	人	2획	이제 금
62	急	心	5획	급할 급
60	級	糸	4획	등급 급
70	旗	方	10획	기 기
72	氣	气	6획	기운 기
72	記	言	3획	기록할 기
80	金	金	0획	쇠 금/성 김
		ㄴ		
80	南	十	7획	남녘 남
72	男	田	2획	사내 남
72	內	入	2획	안 내:
80	女	女	0획	계집 녀
80	年	干	3획	해 년
72	農	辰	6획	농사 농
		ㄷ		
60	多	夕	3획	많을 다
62	短	矢	7획	짧을 단(:)
72	答	竹	6획	대답 답
62	堂	土	8획	집 당

급수	한자	부수	획수	대표훈음
62	代	亻(人)	3획	대신할 대:
80	大	大	0획	큰 대(:)
62	對	寸	11획	대할 대:
60	待	彳	6획	기다릴 대:
62	圖	囗	11획	그림 도
60	度	广	6획	법도 도(:)/헤아릴 탁
72	道	辶(辵)	9획	길 도:
62	讀	言	15획	읽을 독/구절 두
70	冬	冫	3획	겨울 동(:)
72	動	力	9획	움직일 동:
70	同	口	3획	한가지 동
80	東	木	4획	동녘 동
70	洞	氵(水)	6획	골 동:/밝을 통:
62	童	立	7획	아이 동(:)
60	頭	頁	7획	머리 두
70	登	癶	7획	오를 등
62	等	竹	6획	무리 등:

ㄹ

급수	한자	부수	획수	대표훈음
62	樂	木	11획	즐길 락/노래 악/좋아할 요
70	來	人	6획	올 래(:)
72	力	力	0획	힘 력
60	例	亻(人)	6획	법식 례:
60	禮	示	13획	예도 례:
70	老	老	0획	늙을 로:
60	路	足	6획	길 로:
60	綠	糸	8획	푸를 록
80	六	八	2획	여섯 륙
62	利	刂(刀)	5획	이할 리:
60	李	木	3획	오얏/성 리:
62	理	王(玉)	7획	다스릴 리:
70	里	里	0획	마을 리:
70	林	木	4획	수풀 림
72	立	立	0획	설 립

ㅁ

급수	한자	부수	획수	대표훈음
80	萬	艹(艸)	9획	일만 만:
72	每	毋	3획	매양 매(:)
70	面	面	0획	낯 면:
72	名	口	3획	이름 명
70	命	口	5획	목숨 명:
62	明	日	4획	밝을 명
80	母	毋	1획	어미 모:
80	木	木	0획	나무 목
60	目	目	0획	눈 목
70	問	口	8획	물을 문:
70	文	文	0획	글월 문
62	聞	耳	8획	들을 문(:)
80	門	門	0획	문 문
72	物	牛	4획	물건 물
60	米	米	0획	쌀 미
60	美	羊	3획	아름다울 미(:)
80	民	氏	1획	백성 민

ㅂ

급수	한자	부수	획수	대표훈음
60	朴	木	2획	성 박
62	半	十	3획	반 반:
62	反	又	2획	돌이킬/돌아올 반:
62	班	王(玉)	6획	나눌 반
62	發	癶	7획	필 발
62	放	攵(攴)	4획	놓을 방(:)
72	方	方	0획	모 방
80	白	白	0획	흰 백
70	百	白	1획	일백 백
60	番	田	7획	차례 번
60	別	刂(刀)	5획	다를/나눌 별
60	病	疒	5획	병 병:
60	服	月	4획	옷 복
60	本	木	1획	근본 본

급수	한자	부수	획수	대표훈음
70	夫	大	1획	지아비 부
80	父	父	0획	아비 부
62	部	阝(邑)	8획	떼 부
80	北	匕	3획	북녘 북/달아날 배
62	分	刀	2획	나눌 분(:)
72	不	一	3획	아닐 불

ㅅ

급수	한자	부수	획수	대표훈음
72	事	亅	7획	일 사:
60	使	亻(人)	6획	하여금/부릴 사:
80	四	口	2획	넉 사:
60	死	歹	2획	죽을 사:
62	社	示	3획	모일 사
80	山	山	0획	메 산
70	算	竹	8획	셈 산:
80	三	一	2획	석 삼
72	上	一	2획	윗 상:
70	色	色	0획	빛 색
80	生	生	0획	날 생
62	書	日	6획	글 서
80	西	襾	0획	서녘 서
70	夕	夕	0획	저녁 석
60	席	巾	7획	자리 석
60	石	石	0획	돌 석
80	先	儿	4획	먼저 선
62	線	糸	9획	줄 선
62	雪	雨	3획	눈 설
72	姓	女	5획	성 성:
62	成	戈	3획	이룰 성
62	省	目	4획	살필 성/덜 생
72	世	一	4획	인간 세:
80	小	小	0획	작을 소:
70	少	小	1획	적을 소:
70	所	戶	4획	바 소:

급수	한자	부수	획수	대표훈음
62	消	氵(水)	7획	사라질 소
60	速	辶(辵)	7획	빠를 속
60	孫	子	7획	손자 손(:)
72	手	手	0획	손 수(:)
70	數	攵(攴)	11획	셈 수:
60	樹	木	12획	나무 수
80	水	水	0획	물 수
62	術	行	5획	재주 술
60	習	羽	5획	익힐 습
60	勝	力	10획	이길 승
62	始	女	5획	비로소 시:
72	市	巾	2획	저자 시:
72	時	日	6획	때 시
60	式	弋	3획	법 식
70	植	木	8획	심을 식
72	食	食	0획	밥/먹을 식
62	信	亻(人)	7획	믿을 신:
62	新	斤	9획	새 신
62	神	示	5획	귀신 신
62	身	身	0획	몸 신
60	失	大	2획	잃을 실
80	室	宀	6획	집 실
70	心	心	0획	마음 심
80	十	十	0획	열 십

ㅇ

급수	한자	부수	획수	대표훈음
72	安	宀	3획	편안 안
60	愛	心	9획	사랑 애(:)
60	夜	夕	5획	밤 야:
60	野	里	4획	들 야:
62	弱	弓	7획	약할 약
62	藥	艹(艸)	15획	약 약
60	洋	氵(水)	6획	큰바다 양
60	陽	阝(阜)	9획	볕 양

급수	한자	부수	획수	대표훈음
70	語	言	7획	말씀 어:
60	言	言	0획	말씀 언
62	業	木	9획	업 업
70	然	灬(火)	8획	그럴 연
60	永	水	1획	길 영:
60	英	艹(艸)	5획	꽃부리 영
80	五	二	2획	다섯 오:
72	午	十	2획	낮 오:
60	溫	氵(水)	10획	따뜻할 온
80	王	王(玉)	0획	임금 왕
80	外	夕	2획	바깥 외:
62	勇	力	7획	날랠 용:
62	用	用	0획	쓸 용:
72	右	口	2획	오를/오른(쪽) 우:
62	運	辶(辵)	9획	옮길 운:
60	園	囗	10획	동산 원
60	遠	辶(辵)	10획	멀 원:
80	月	月	0획	달 월
70	有	月	2획	있을 유:
60	油	氵(水)	5획	기름 유
60	由	田	0획	말미암을 유
70	育	月(肉)	4획	기를 육
60	銀	金	6획	은 은
62	音	音	0획	소리 음
62	飮	食	4획	마실 음(:)
70	邑	邑	0획	고을 읍
62	意	心	9획	뜻 의:
60	衣	衣	0획	옷 의
60	醫	酉	11획	의원 의
80	二	二	0획	두 이:
80	人	人	0획	사람 인
80	一	一	0획	한 일
80	日	日	0획	날 일
70	入	入	0획	들 입

ㅈ

급수	한자	부수	획수	대표훈음
72	子	子	0획	아들 자
70	字	子	3획	글자 자
60	者	耂(老)	5획	놈 자
72	自	自	0획	스스로 자
62	作	亻(人)	5획	지을 작
62	昨	日	5획	어제 작
72	場	土	9획	마당 장
60	章	立	6획	글 장
80	長	長	0획	긴 장(:)
60	在	土	3획	있을 재:
62	才	扌(手)	0획	재주 재
72	全	入	4획	온전 전
72	前	刂(刀)	7획	앞 전
62	戰	戈	12획	싸움 전:
72	電	雨	5획	번개 전:
60	定	宀	5획	정할 정:
62	庭	广	7획	뜰 정
72	正	止	1획	바를 정(:)
80	弟	弓	4획	아우 제:
62	第	竹	5획	차례 제:
62	題	頁	9획	제목 제
60	朝	月	8획	아침 조
70	祖	示	5획	할아비 조
60	族	方	7획	겨레 족
72	足	足	0획	발 족
72	左	工	2획	왼 좌:
70	主	丶	4획	주인/임금 주
70	住	亻(人)	5획	살 주:
60	晝	日	7획	낮 주
62	注	氵(水)	5획	부을 주:
80	中	丨	3획	가운데 중
70	重	里	2획	무거울 중:
70	地	土	3획	따 지

급수	한자	부수	획수	대표훈음
70	紙	糸	4획	종이 지
72	直	目	3획	곧을 직
62	集	隹	4획	모을 집
		ㅊ		
62	窓	穴	6획	창 창
70	千	十	1획	일천 천
70	天	大	1획	하늘 천
70	川	川(巛)	0획	내 천
62	淸	氵(水)	8획	맑을 청
80	靑	靑	0획	푸를 청
62	體	骨	13획	몸 체
70	草	++(艸)	6획	풀 초
80	寸	寸	0획	마디 촌:
70	村	木	3획	마을 촌:
70	秋	禾	4획	가을 추
70	春	日	5획	봄 춘
70	出	凵	3획	날 출
60	親	見	9획	친할 친
80	七	一	1획	일곱 칠
		ㅌ		
60	太	大	1획	클 태
80	土	土	0획	흙 토
60	通	辶(辵)	7획	통할 통
60	特	牛	6획	특별할 특
		ㅍ		
80	八	八	0획	여덟 팔
70	便	亻(人)	7획	편할 편(:)/똥오줌 변
72	平	干	2획	평평할 평
62	表	衣	3획	겉 표
62	風	風	0획	바람 풍

급수	한자	부수	획수	대표훈음
		ㅎ		
72	下	一	2획	아래 하:
70	夏	夊	7획	여름 하:
80	學	子	13획	배울 학
72	漢	氵(水)	11획	한수/한나라 한:
80	韓	韋	8획	한국/나라 한(:)
60	合	口	3획	합할 합
72	海	氵(水)	7획	바다 해:
62	幸	干	5획	다행 행:
60	行	行	0획	다닐 행(:)/항렬 항
60	向	口	3획	향할 향:
62	現	王(玉)	7획	나타날 현:
80	兄	儿	3획	형 형
62	形	彡	4획	모양 형
60	號	虍	7획	이름 호(:)
62	和	口	5획	화할 화
80	火	火	0획	불 화(:)
70	花	++(艸)	4획	꽃 화
72	話	言	6획	말씀 화
60	畫	田	7획	그림 화:/그을 획
72	活	氵(水)	6획	살 활
60	黃	黃	0획	누를 황
62	會	日	9획	모일 회:
72	孝	子	4획	효도 효:
72	後	彳	6획	뒤 후:
60	訓	言	3획	가르칠 훈:
70	休	亻(人)	4획	쉴 휴

漢字

(사) 한국어문회 주관 / 한국한자능력검정회 시행

본문학습

家

7급Ⅱ

집 가

宀 | 7획

옛날 돼지는 그 집의 큰 재산이기에 그만큼 돼지(豕)는 집(宀)에 딸린 가축이었다는 것에서 집(家)을 의미한다.

동 室(집 실)
堂(집 당)

읽기 한자

家計(가계) : 한 집안 살림살이에 있어서의 수입과 지출
家業(가업) : 집안의 직업
家庭(가정) : 한 가족이 살림하고 있는 집안
親家(친가) : 자기의 부모가 있는 집을 이르는 말

쓰기 한자

家口(가구) : 집안 식구
家世(가세) : 집안의 품위와 계통
家門(가문) : 집안과 문중
家內(가내) : 한 집안이나 가까운 일가
家力(가력) : 살림살이를 해 나가는 재력
家室(가실) : 한 집안이나 안방. 한 집안 사람 혹은 가족
家長(가장) : 집안의 어른이나 호주, 가구주, 남편

활용문

아버지가 돌아가셨으니 장남인 네가 家長(가장)이다.

필순 丶 丷 宀 宀 宁 宇 家 家 家 家

家								
집 가								

歌

7급

노래 가

欠 | 10획

입을 크게 벌려서(欠) 유창하게 소리를 뽑아 올리는 것(哥)에서 노래하다(歌)는 의미이다.

동 樂(노래 악)

읽기 한자

古歌(고가) : 옛 노래, 옛 가사
放歌(방가) : 거리낌 없이 노래를 불러댐
愛國歌(애국가) : 나라를 사랑하는 내용으로, 온 국민이 부르는 노래

쓰기 한자

歌手(가수) : 노래를 잘 불러 그것을 업으로 삼는 사람, 유행 가수
歌人(가인) : 노래를 짓거나 부르는 사람 歌女
軍歌(군가) : 군대의 사기를 북돋우기 위하여 부르는 노래
校歌(교가) : 학교의 노래
長歌(장가) : 곡조가 긴 노래

활용문

군인들이 우렁차게 軍歌(군가)를 부르는 모습은 언제나 씩씩해 보입니다.

필순 一 丆 丙 可 可 可 哥 哥 哥 哥 哥 哥' 哥' 歌

歌								
노래 가								

角

6급II

뿔 각

角 | 0획

동물의 뿔과 뾰족한 것의 모서리를 나타낸다.

비 用(쓸 용)

읽기한자

角度(각도) : 각의 도수
頭角(두각) : 여럿 중에서 특히 뛰어난 학식이나 재능을 이르는 말
四角(사각) : 네 각
三角山(삼각산) : 서울 북한산의 다른 이름

활용문

고양이가 이번에는 三角(삼각)자를 입에 물고 들어옵니다.

필순 ノ ⺈ ⺈ 角 角 角 角

角								
뿔 각								

各

6급II

각각 각

口 | 3획

걸어서(夊) 되돌아와 말(口)하는 사람들이 따로따로 말하는 것에서 각각(各)이라는 의미이다.

비 客(손 객)
名(이름 명)
반 合(합할 합)
同(한가지 동)
共(한가지 공)

읽기한자

各各(각각) : 제각기. 따로따로
各界(각계) : 사회의 각 방면
各自(각자) : 각각의 자신
各級(각급) : 각각의 급

활용문

이 일이 있은 뒤 世界(세계) 各國(각국)은 앞을 다투어 조명과 난방에 電氣(전기)를 利用(이용)하기 始作(시작)했다.

필순 ノ ク 夂 冬 各 各

各								
각각 각								

間 7급 II

사이 간(:)

門 | 4획

닫혀있는 문(門) 사이에 해(日)가 비추어오는 형태에서 사이, 틈(間)을 의미한다.

비 問(물을 문)
門(문 문)
聞(들을 문)
開(열 개)

읽기한자

區間(구간) : 일정한 지점의 사이
近間(근간) : 요사이
晝間(주간) : 낮 동안
行間(행간) : 줄과 줄 사이

쓰기한자

間紙(간지) : 접어서 맨 책의 종이가 얇아 힘이 없을 때, 그 접은 각 장의 속에 넣어 받치는 종이, 속장
空間(공간) : 무한하게 퍼져 있는 빈 곳, 쓰지 않는 빈 칸
世間(세간) : 세상
時間(시간) : 어느 때로부터 어느 때까지의 사이

활용문

우리는 자리를 좁혀 한 사람 더 앉을 空間(공간)을 만들었다.

필순 丨 ㄱ ㄱ 日 日 門 門 門 門 閂 閒 間

間								
사이 간								

感 6급

느낄 감:

心 | 9획

잘 익은 과일을 전부(咸) 먹어 그 맛에 마음(心)이 흔들려 마음을 움직인다, 느낀다(感)는 의미이다.

비 歲(해 세)
減(덜 감)

읽기한자

感動(감동) : 깊이 느끼어 마음이 움직임
感服(감복) : 감동하여 마음이 굽히어져 쏠림
感電(감전) : 전기가 통하고 있는 도체에 몸의 일부가 닿아 충격을 느끼는 일

활용문

저는 피노키오가 상어 뱃속에서 할아버지를 만나는 장면이 特(특)히 感動的(감동적)이었어요.

필순 丿 厂 厂 厂 后 后 咸 咸 咸 咸 感 感 感

感								
느낄 감								

확·인·학·습 01

가

1. 다음 한자어(漢字語)의 독음을 쓰세요.

(1) 家口 (　　　)　　(2) 校歌 (　　　)
(3) 四角 (　　　)　　(4) 感動 (　　　)
(5) 各自 (　　　)　　(6) 世間 (　　　)

2. 다음 한자(漢字)의 훈(訓)과 음(音)을 쓰세요.

(1) 角 (　　　)
(2) 歌 (　　　)
(3) 各 (　　　)

3. 다음 훈(訓)과 음(音)에 맞는 한자(漢字)를 쓰세요.

(1) 집 가 (　　　)
(2) 노래 가 (　　　)
(3) 사이 간 (　　　)

4. 다음(　)에 들어갈 한자(漢字)를 예(例)에서 찾아 그 번호를 쓰세요.

예(例)			
	① 家	② 歌	③ 角
	④ 各	⑤ 間	⑥ 感

(1) (　)庭教育　　(2) 登校時(　)
(3) 安全不(　)　　(4) 愛國(　)

정답

1. (1) 가구　(2) 교가　(3) 사각　(4) 감동　(5) 각자　(6) 세간
2. (1) 뿔 각　(2) 노래 가　(3) 각각 각
3. (1) 家　(2) 歌　(3) 間
4. (1) ①　(2) ⑤　(3) ⑥　(4) ②

江

7급 II

강 강

氵(水) | 3획

물(水)이 오랜 세월 흐르면서 만든(工) 것이 강(江)이란 의미이다.

비 工(장인 공)
반 山(메 산)

읽기 한자

江頭(강두) : 강가에 나룻배 타는 곳
江風(강풍) : 강바람

쓰기 한자

江南(강남) : 강의 남쪽. 중국 양쯔강 이남의 땅. 서울에서는 한강 이남 지역을 이름 ↔ 江北
江山(강산) : 강과 산. 이 나라의 강토. 금수~
江心(강심) : 강의 한복판, 강물의 중심
江月(강월) : 강물에 비친 달
江村(강촌) : 강가의 마을
江海(강해) : 강과 바다
漢江(한강) : 서울 중심을 흐르는 강

활용문

아름다운 江山(강산)을 보호하는 것은 국민들의 의무입니다.

필순 丶 冫 氵 氵一 江 江

江								
강 강								

強

6급

강할 강(:)

弓 | 8획

활(弓)의 실은 누에꼬치(虫)에서 뽑아 송진을 발라 강한 힘을 지녀 강하게 하다(強)는 의미이다.

동 健(굳셀 건)
반 弱(약할 약)

읽기 한자

強國(강국) : 강한 나라
強度(강도) : 강렬한 정도. 굳기
強弱(강약) : 강함과 약함
強軍(강군) : 강한 군대
強大(강대) : 세고 큼
強行(강행) : 억지로 행함

활용문

우리나라는 6·25동란 중에 열린 제15회 헬싱키 대회에도 참가하여 우리 民族(민족)의 強(강)한 의지를 全世界(전세계)에 자랑하였다.

필순 ㇀ ㇆ 弓 弘 弘 弘 弘 弛 強 強 強

強								
강할 강								

開

6급

열 개

門 | 4획

빗장을 양손으로 들어올려 벗기고(开) 출입문(門)을 여는 것에서 열다(開)는 의미이다.

비 閉(닫을 폐)
問(물을 문)
聞(들을 문)

반 閉(닫을 폐)

읽기한자

開國(개국) : 새로 나라를 세움
開發(개발) : 개척하여 발전시킴
開放(개방) : 출입이나 교통이 자유롭게 이루어지도록 허가함
開所(개소) : 사무소 등의 기관을 설치하여 처음으로 사무를 봄
開始(개시) : 처음으로 시작함

활용문

오늘날에 이르러서는 생활이 복잡해지고 人口(인구)도 많아져 그에 맞는 여러 종류의 집이 開發(개발)되었다.

필순 丨 𠃌 ㄗ 尸 𠂆 門 門 門 門 閂 開 開

開								
열 개								

車

7급 II

수레 거/차

車 | 0획

수레의 모양을 본떴다.

비 事(일 사)
軍(군사 군)

읽기한자

車服(거복) : 수레와 옷. 임금이 신하에게 하사했다고 함
車路(차로) : 찻길
車線(차선) : 자동차 도로에 주행방향을 따라 일정간격으로 그어 놓은 선
車窓(차창) : 기차, 전차, 자동차 따위의 창문

쓰기한자

車間(차간) : 차와 차 사이
車道(차도) : 찻길
自動車(자동차) : 저 혼자 힘으로 가는 차
電車(전차) : 전기의 힘으로 가는 차
車便(차편) : 차가 내왕하는 편. 차의 이용
人力車(인력거) : 사람이 끄는 수레

활용문

그 집은 車便(차편)으로 불과 10분 거리이다.

필순 一 ｢ 万 百 百 亘 車

車								
수레 거/차								

京

6급

서울 경

亠 | 6획

어전의 주위에는 많은 사람이 살고 있던 것에서 어전을 중심으로 한 마을, 도읍을 의미한다.

반 鄕(시골 향)
村(마을 촌)

읽기한자

上京(상경) : 시골에서 서울로 올라옴
入京(입경) : 서울로 들어옴
北京(북경) : 중국의 수도
東京(동경) : 일본의 수도

활용문

가출 청소년들의 무작정 上京(상경)이 문제시 되고 있다.

필순 丶 亠 亠 亡 古 亨 亨 京

京								
서울 경								

界

6급 II

지경 계:

田 | 4획

논밭(田)을 구획해서(介) 경계를 만든다는 것에서 경계(界)를 의미한다.

동 境(지경 경)

읽기한자

各界(각계) : 사회의 각 방면
世界(세계) : 온 세상
外界(외계) : 바깥 세계
別世界(별세계) : 속된 세상과는 아주 다른 세상

활용문

책은 날마다 변하는 世界(세계)의 움직임이나 새로운 지식을 전해 줍니다.

필순 丨 冂 冃 田 田 甲 畀 畁 界

界								
지경 계								

확·인·학·습 02

1. 다음 한자어(漢字語)의 독음을 쓰세요.

(1) 開放 (　　　)　(2) 電車 (　　　)
(3) 江南 (　　　)　(4) 外界 (　　　)
(5) 東京 (　　　)　(6) 強國 (　　　)

2. 다음 한자(漢字)의 훈(訓)과 음(音)을 쓰세요.

(1) 江 (　　　)
(2) 京 (　　　)
(3) 車 (　　　)

3. 다음 훈(訓)과 음(音)에 맞는 한자(漢字)를 쓰세요.

(1) 강 강 (　　　)
(2) 수레 거 (　　　)
(3) 사이 간 (　　　)

4. 다음(　　)에 들어갈 한자(漢字)를 예(例)에서 찾아 그 번호를 쓰세요.

예(例)	① 開	② 江	③ 京
	④ 車	⑤ 強	⑥ 界

(1) 八道(　　)山　(2) (　　)大國家
(3) 世(　　)平和　(4) 自動(　　)

정답

1. (1) 개방　(2) 전차　(3) 강남　(4) 외계　(5) 동경　(6) 강국
2. (1) 강 강　(2) 서울 경　(3) 수레 거/차
3. (1) 江　(2) 車　(3) 間
4. (1) ②　(2) ⑤　(3) ⑥　(4) ④

計

6급 II

셀 계:

言 | 2획

열(十)을 한 단계로 크게 소리쳐(言) 가며 헤아린다, 셈한다(計)는 의미이다.

동 算(셈 산)
數(셈 수)

읽기한자

計算(계산) : 셈을 헤아림
集計(집계) : 모아서 합계함
會計(회계) : 한데 몰아서 셈함
合計(합계) : 많은 수나 양을 합하여 셈함
計算書(계산서) : 물건 값의 청구서

활용문

중앙에 여닫이 큰 窓門(창문)이 있고, 벽에는 뻐꾹時計(시계)와 달력이 걸려 있습니다.

필순 丶 亠 亡 言 言 言 言 言 計

計								
셀 계								

高

6급 II

높을 고

高 | 0획

망루는 적이 공격해 오는 것을 잘 알 수 있도록 높이 세운 건물로 높다(高)는 의미이다.

동 崇(높을 숭)
반 低(낮을 저)
下(아래 하)

읽기한자

高空(고공) : 높은 하늘
高手(고수) : 기예가 뛰어남 또 그 사람
高祖(고조) : 할아버지의 할아버지
高級(고급) : 높은 계급이나 등급
高度(고도) : 높은 정도
高金利(고금리) : 높은 금리

활용문

서점은 책을 사러온 어린이 · 中學生(중학생) · 高等學生(고등학생) · 大學生(대학생)으로 가득 찼습니다.

필순 丶 亠 亠 亡 亩 亩 亭 高 高 高

高								
높을 고								

苦

6급

쓸 고

艹(艸) | 5획

막 눈이 나온 풀은 쓰지 않지만 오래된(古) 풀(草)은 쓰다는 것에서 쓰다, 괴롭다(苦)는 의미이다.

비 若(같을 약)
반 樂(즐길 락)
甘(달 감)

읽기 한자

苦樂(고락) : 괴로움과 즐거움
苦言(고언) : 듣기는 싫으나 유익한 말
苦學(고학) : 학비를 제 손으로 벌어서 배우는 일
生活苦(생활고) : 생활하는 데 있어서의 경제적인 고통
同苦同樂(동고동락) : 같이 고생하고 같이 즐김

활용문

이 때부터 베토벤에게는 뼈아픈 苦生(고생)이 始作(시작)되었습니다.

필순

一 十 卄 艹 艹 芊 苹 苦 苦

苦								
쓸 고								

古

6급

예 고

口 | 2획

조상에서 후손으로 10대(十)에 걸쳐 구전(口)된 옛날 일이라는 것에서 옛날(古)을 의미한다.

비 右(오른 우)
石(돌 석)
동 舊(예 구)
반 新(새 신)
今(이제 금)

읽기 한자

古家(고가) : 지은 지 오래된 집
古代(고대) : 옛 시대
古文(고문) : 옛 글
古書(고서) : 옛날의 책
古今(고금) : 옛적과 지금
古木(고목) : 오래 묵은 나무
古物(고물) : 오래 된 물건
古語(고어) : 고대의 언어
東西古今(동서고금) : 동양이나 서양에 있어서의 예나 지금, 어디서나

활용문

올림픽은 古代(고대) 그리스에서 처음으로 始作(시작)되었다.

필순

一 十 十 古 古

古								
예 고								

工 장인 공

7급 II

工 | 0획

작업을 할 때에 사용하는 잣대(工)에서 물건을 만든다(工)는 의미가 되었다.

비 江(강 강)
功(공 공)

읽기 한자

工高(공고) : 공업 고등 학교
工業(공업) : 물건을 제조하는 생산업
石工(석공) : 돌을 다루어 물건을 만드는 사람

쓰기 한자

工大(공대) : 공과 대학. 공학에 관한 전문적인 학문을 연구하는 단과 대학
工夫(공부) : 학문을 배우고 익힘
工場主(공장주) : 공장의 소유자. 공장의 주인
人工(인공) : 자연적이 아닌 사람이 만든 것

활용문

그 아파트는 지금 한창 工事(공사)가 진행되고 있다.

필순 一 丅 工

工								
장인 공								

空 빌 공

7급 II

穴 | 3획

머리(工) 위에 덮어씌운 천정(穴)은 하늘과 같다고 하는 것에서 텅빈(空) 것을 의미한다.

반 滿(찰 만)

읽기 한자

空席(공석) : 빈 좌석 空言(공언) : 헛된 말

쓰기 한자

空間(공간) : 빈자리, 빈틈
空手(공수) : 빈손. 맨손
空氣(공기) : 지구를 둘러싸고 있는 무색, 투명, 무취의 기체
空中(공중) : 하늘, 하늘과 땅 사이의 빈 곳 = 天空
空白(공백) : 종이나 책에서 글씨나 그림이 없는 곳. 아무 것도 없이 비어 있는 것

활용문

서울은 空氣(공기)오염이 심각합니다.

필순 丶 丷 宀 穴 穵 穵 空 空

空								
빌 공								

확·인·학·습 03

1. 다음 한자어(漢字語)의 독음을 쓰세요.

(1) 計算 (　　　)　(2) 工夫 (　　　)
(3) 高音 (　　　)　(4) 苦生 (　　　)
(5) 空間 (　　　)　(6) 古家 (　　　)

2. 다음 한자(漢字)의 훈(訓)과 음(音)을 쓰세요.

(1) 古 (　　　)
(2) 空 (　　　)
(3) 工 (　　　)

3. 다음 훈(訓)과 음(音)에 맞는 한자(漢字)를 쓰세요.

(1) 장인 공 (　　　)
(2) 빌 공 (　　　)
(3) 강 강 (　　　)

4. 다음(　)에 들어갈 한자(漢字)를 예(例)에서 찾아 그 번호를 쓰세요.

예(例)			
	① 古	② 工	③ 高
	④ 空	⑤ 計	⑥ 苦

(1) 同(　)同樂　(2) 土木(　)事
(3) (　)等學校　(4) (　)算書

정답						
1.	(1) 계산	(2) 공부	(3) 고음	(4) 고생	(5) 공간	(6) 고가
2.	(1) 예 고	(2) 빌 공	(3) 장인 공			
3.	(1) 工	(2) 空	(3) 江			
4.	(1) ⑥	(2) ②	(3) ③	(4) ⑤		

公

6급 II

공평할 공

八 | 2획

사사로운(厶) 일을 떨쳐버리니(八) 공평하다(公)는 의미이다.

반 私(사사 사)

읽기 한자

公開(공개) : 관람 · 집회 등을 일반에게 허용함
公共(공공) : 공중(公衆). 일반 사회
公式(공식) : 공적인 방식
公金(공금) : 공공단체의 소유로 있는 돈

활용문

또는 책 속의 主人公(주인공)과 對話(대화)를 나누며 마음껏 상상의 날개를 펴 보기도 합니다.

필순 丿 八 公 公

公								
공평할 공								

功

6급 II

공 공

力 | 3획

힘(力)을 다하고 궁리(工)를 다해 이루어진 결과에 대한 공(功)이 있다는 의미이다.

비 攻(칠 공)
巧(공교할 교)
切(끊을 절)

반 過(지날 과)

읽기 한자

成功(성공) : 뜻을 이룸
戰功(전공) : 싸움에서의 공로
功名心(공명심) : 공적과 명예를 구하는 마음
特功(특공) : 특별한 공로

활용문

그 일은 모두 成功(성공)이었다.

필순 一 丅 工 玎 功

功								
공 공								

共

6급 II

한가지 공

八 | 4획

많은 사람(廿)들이 힘을 합쳐서(六) 일하는 것에서 더불어, 같이(共)라는 의미이다.

동 同(한가지 동)
반 各(각각 각)

읽기 한자

共用(공용) : 공동으로 사용함
共有(공유) : 공동으로 소유함
共感(공감) : 남의 의견에 대하여 같이 느낌
共同(공동) : 여럿이 같이 함
公共(공공) : 사회의 구성원이 공동 이익을 위하여 힘을 같이함
共和國(공화국) : 공화 정치를 행하는 나라

활용문

에디슨이 살던 그 무렵의 거리와 公共(공공)건물은 희미하고 껌벅거리는 가스등으로 밝혔다.

필순 一 十 廾 卄 共 共

共								
한가지 공								

科

6급 II

과목 과

禾 | 4획

됫박(斗)으로 곡물(禾)을 달아 검사해서 종류를 나누는 것에서 구별, 과목(科)을 의미한다.

비 料(헤아릴 료)

읽기 한자

學科(학과) : 학술의 분과
科目(과목) : 학문의 구분
科學(과학) : 넓은 뜻으로 철학을 제외한 모든 학문
教科書(교과서) : 학교의 교과용으로 편찬된 도서

활용문

3學年(학년)이 되면서 아버지께 全科(전과)를 사달라고 졸랐더니 國語(국어)사전을 사다 주셨다.

필순 ノ 二 千 禾 禾 禾 禾 科 科

科								
과목 과								

果

6급 II

실과 과

木 | 4획

나무(木)에 달린 과일(田)의 모양을 본떴다.

비 東(동녘 동)
동 實(열매 실)
반 因(인할 인)

읽기한자

果木(과목) : 과일이 열리는 나무
果樹園(과수원) : 과실 나무를 재배하는 농원
果然(과연) : 진실로 그러함
果勇(과용) : 과단성이 있고 용감함
果物(과물) : 먹을 수 있는 나무의 열매

활용문

'스며들다'에서 한 장 한 장 앞쪽으로 넘겨 가다 보니 果然(과연) '버들개지'가 나왔다.

필순 丨 冂 日 日 旦 甲 果 果

果								
실과 과								

光

6급 II

빛 광

儿 | 4획

불빛(火)이 멀리까지 출렁이며(兀) 전해지는 것에서 빛, 광채(光)를 의미한다.

동 色(빛 색)

읽기한자

光明(광명) : 밝고 환함
光線(광선) : 빛이 내쏘는 빛줄기
發光(발광) : 광채를 냄
夜光(야광) : 밤에 빛나는 빛
光度(광도) : 발광체에서 발사하는 빛의 세기
電光石火(전광석화) : 극히 짧은 시간

활용문

光明(광명)한 세상을 만듭시다.

필순 丨 丨 小 丷 业 光

光								
빛 광								

확·인·학·습 04

1. 다음 한자어(漢字語)의 독음을 쓰세요.

(1) 成功 (　　　) (2) 果木 (　　　)
(3) 科目 (　　　) (4) 公式 (　　　)
(5) 光明 (　　　) (6) 共有 (　　　)

2. 다음 한자(漢字)의 훈(訓)과 음(音)을 쓰세요.

(1) 公 (　　　)
(2) 共 (　　　)
(3) 光 (　　　)

3. 다음 훈(訓)과 음(音)에 맞는 한자(漢字)를 쓰세요.

(1) 장인 공 (　　　)
(2) 사이 간 (　　　)
(3) 노래 가 (　　　)

4. 다음(　　)에 들어갈 한자(漢字)를 예(例)에서 찾아 그 번호를 쓰세요.

예(例)			
	① 公	② 光	③ 科
	④ 功	⑤ 共	⑥ 果

(1) (　　)同生活　(2) (　　)明正大
(3) 人文(　　)學　(4) 電(　　)石火

정답						
1.	(1) 성공	(2) 과목	(3) 과목	(4) 공식	(5) 광명	(6) 공유
2.	(1) 공평할 공	(2) 한가지 공	(3) 빛 광			
3.	(1) 工	(2) 間	(3) 歌			
4.	(1) ⑤	(2) ①	(3) ③	(4) ②		

校

8급

학교 교ː

木 | 6획

나무(木)를 엇갈리게(交) 해서 만든 도구를 의미하는 것으로 공부하는 학교(校)를 의미한다.

비 交(사귈 교)

읽기한자

校庭(교정) : 학교의 마당
校訓(교훈) : 학교의 교육 이념을 간명하게 표현한 표어
開校(개교) : 새로 세운 학교에서 수업을 시작함
本校(본교) : 분교에 대하여 중심이 되는 학교
分校(분교) : 본교 이외의 지역에 따로 분설한 학교

쓰기한자

校花(교화) : 학교의 상징으로 삼는 꽃
校歌(교가) : 학교를 상징하는 노래
校紙(교지) : 학교 내에서 학생들이 교사의 지도를 받아 편집 · 인쇄 · 배포하는 신문
學校(학교) : 학생에게 교육을 실시하는 기관

활용문

초등학생들의 校外(교외)활동 지도는 매우 중요합니다.

필순 一 十 才 木 木' 木` 杧 柼 校 校

校								
학교 교								

敎

8급

가르칠 교ː

攵(攴) | 7획

어른(老)과 아이(子)가 뒤섞여, 어른이 채찍(攵)으로 어린이를 엄격하게 가르치다(敎)는 의미이다.

비 孝(효도 효)
동 訓(가르칠 훈)
반 學(배울 학)

읽기한자

敎科書(교과서) : 학교의 교과용으로 편찬한 도서
敎區(교구) : 포교나 신자의 지도 · 감독의 편의상 설치한 구역
敎理(교리) : 종교상의 이치
敎本(교본) : 교과서
敎會(교회) : 종교단체의 신도의 모임

쓰기한자

敎室(교실) : 학습 활동이 이루어지는 방
敎人(교인) : 종교를 가지고 있는 사람
敎生(교생) : '교육 실습생'을 줄여 이르는 말
敎育(교육) : 가르침

활용문

敎生(교생)은 교육실습생의 준말입니다.

필순 ノ ㄨ 乂 考 孝 孝 孝 孝' 孝 孝 敎

敎								
가르칠 교								

交

6급

사귈 교

亠 | 4획

양손, 양발을 벌려서 서있는 사람이 다리를 교차시킨 형태에서 교차하다(交)는 의미이다.

비 校(학교 교)

읽기한자

交信(교신) : 통신을 주고 받음
交通(교통) : 오가는 일
國交(국교) : 국가간의 교제
交感(교감) : 서로 접촉하여 느낌
交代(교대) : 서로 번갈아 들어 대신함
社交(사교) : 사회적으로 교제하여 사귐

활용문

서울은 交通(교통)의 중심지입니다.

필순 丶 亠 亠 六 㐅 交

交								
사귈 교								

九

8급

아홉 구

乙 | 1획

1에서 9까지의 숫자 중에서 맨 마지막 숫자로 수가 많은 것을 의미한다.

비 久(오랠 구)
力(힘 력)

읽기한자

九死一生(구사일생) : 꼭 죽을 경우를 당하였다가 겨우 살아남

쓰기한자

九地(구지) : 땅의 가장 낮은 곳
九天(구천) : 가장 높은 하늘
九萬里(구만리) : 아득하게 먼 거리를 비유적으로 이르는 말

활용문

초등학교 이전에 九九(구구)단을 외는 아이들도 많이 있습니다.

필순 丿 九

九								
아홉 구								

口	7급 입 구(ː) 口 | 0획

입의 모양을 본떴다.

읽기한자

口頭(구두) : 직접 입으로 하는 말
口號(구호) : 외침. 말로 부름
窓口(창구) : 창을 뚫어 놓은 곳

쓰기한자

口語(구어) : 보통 대화에 쓰는 말
口答(구답) : 말로 대답함
出口(출구) : 어떤 곳으로 나가는 문턱
入口(입구) : 들어가는 통로

활용문

어두워서 출구(出口)를 찾을 수가 없었습니다.

필순 丨 冂 口

口									
입 구									

球	6급II 공 구 王(玉) | 7획

털(求)을 둥글게 해서 만든 구슬(玉)로 구슬, 둥근형의 물건, 공(球)을 의미한다.

비 求(구할 구)
救(구원할 구)

읽기한자

球速(구속) : 투수가 던지는 공의 속도
球場(구장) : 구기를 하는 운동장, 야구장
地球(지구) : 우리 인류가 살고 있는 천체

활용문

전기문 '토머스 에디슨'에는 '電球(전구)·電氣(전기)·電線(전선)·發電所(발전소)' 등 '電(전)' 자가 들어가는 말이 여러 개가 나온다.

필순 一 二 Ŧ 王 王一 玎 玎 玗 球 球 球

球									
공 구									

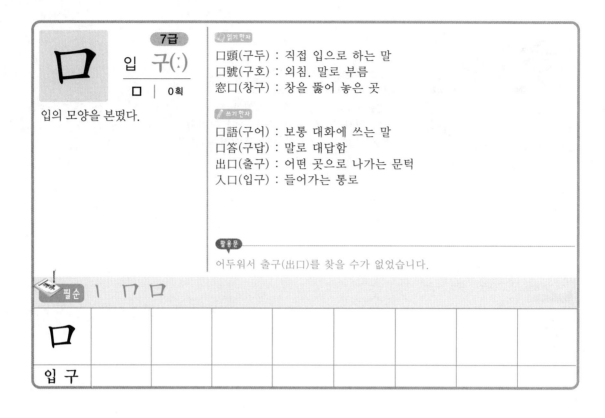

확·인·학·습 05

1. 다음 한자어(漢字語)의 독음을 쓰세요.

(1) 國交 (　　　)　(2) 九天 (　　　)
(3) 校長 (　　　)　(4) 地球 (　　　)
(5) 入口 (　　　)　(6) 教會 (　　　)

2. 다음 한자(漢字)의 훈(訓)과 음(音)을 쓰세요.

(1) 九 (　　　)
(2) 交 (　　　)
(3) 教 (　　　)

3. 다음 훈(訓)과 음(音)에 맞는 한자(漢字)를 쓰세요.

(1) 학교 교 (　　　)
(2) 입 구 (　　　)
(3) 가르칠 교 (　　　)

4. 다음(　)에 들어갈 한자(漢字)를 예(例)에서 찾아 그 번호를 쓰세요.

예(例)	① 校	② 交	③ 口
	④ 球	⑤ 九	⑥ 教

(1) 十中八(　)　(2) 地(　)科學
(3) 學(　)生活　(4) 一(　)二言

정답

1. (1) 국교　(2) 구천　(3) 교장　(4) 지구　(5) 입구　(6) 교회
2. (1) 아홉 구　(2) 사귈 교　(3) 가르칠 교
3. (1) 校　(2) 口　(3) 教
4. (1) ⑤　(2) ④　(3) ①　(4) ③

區

6급

구분할 지경 구

匸 | 9획

일정한 구역(匸) 안에 있는 건물, 인구(品)를 본떠서 구역(區)을 의미한다.

동 別(나눌 별)
分(나눌 분)

반 合(합할 합)

약 区

읽기한자

區間(구간) : 일정한 지점의 사이
區內(구내) : 한 구역의 안
區別(구별) : 종류에 따라 갈라놓음
區分(구분) : 구별하여 나눔

활용문

요즘 옷은 남녀의 區別(구별)이 없는 경우가 많다.

필순 一 丅 ㄗ 戸 戸 吕 吕 昌 咅 品 區

區								
구분할 구								

國

8급

나라 국

口 | 8획

영토(囗), 국방(戈), 국민(口), 주권(一)으로서 나라(國)를 의미한다.

비 圖(그림 도)
圓(둥글 원)
園(동산 원)

약 国

읽기한자

國樂(국악) : 자기 나라 고유의 음악
強國(강국) : 강한 나라
開國(개국) : 새로 나라를 세움

쓰기한자

國文(국문) : 나라 고유의 글자
國力(국력) : 한 나라가 지닌 정치, 경제, 문화, 군사 따위의 모든 방면에서의 힘
國事(국사) : 나라에 관한 일 또는 나라의 정치에 관한 일
國民(국민) : 국가를 구성하는 사람. 또는 그 나라의 국적을 가진 사람

활용문

명성황후는 國母(국모)의 대표적 인물이다.

필순 丨 冂 冂 冂 同 同 同 囗 國 國 國

國								
나라 국								

軍

8급

군사 군

車 | 2획

전차(車)를 빙 둘러싸고(冖) 있는 형태에서 군대, 전쟁(軍)을 의미한다.

비 車(수레 거/차)
運(옮길 운)

동 兵(병사 병)

읽기한자

行軍(행군) : 대열을 지어 걸어감
強軍(강군) : 힘이 센 군대

쓰기한자

空軍(공군) : 하늘을 지키는 군대
海軍(해군) : 바다를 지키는 군대
軍車(군차) : 군용차
水軍(수군) : 조선 시대에 바다에서 국방과 치안을 맡아보던 군대
女軍(여군) : 현역에 복무하고 있는 여자 군인 또는 여자 군인으로 조직된 군대

활용문

軍民(군민)이 함께 재해구조에 나섰다.

필순

軍								
군사 군								

郡

6급

고을 군:

阝(邑) | 7획

원래는 군주(君)의 영지(阝)였지만, 지금은 행정구역(郡)의 이름이 되어 고을(郡)을 의미한다.

비 群(무리 군)
君(임금 군)

동 邑(고을 읍)
洞(골 동)

읽기한자

郡界(군계) : 군과 군 사이의 경계
郡內(군내) : 고을 안
郡民(군민) : 그 군에 사는 백성
郡下(군하) : 군의 관할 하에 있는 땅

활용문

기념일을 경축하기 위한 郡民(군민)체육대회가 열리고 있다.

필순

郡								
고을 군								

根

6급

뿌리 근

木 | 6획

위쪽에 뻗는 나뭇가지(木)와는 반대로 땅 밑으로 뻗어가는(艮) 것에서 뿌리(根)를 의미한다.

비 板(널 판)
銀(은 은)
동 本(근본 본)

읽기한자

根本(근본) : 사물이 생겨나는 본 바탕
根氣(근기) : 근본이 되는 힘, 인내하고 감당할만한 정력
同根(동근) : 뿌리가 같음

활용문

그 사람은 根本(근본)이 나쁜 사람 같지는 않다.

필순 一 十 才 木 木7 木7 木3 相 根 根

根								
뿌리 근								

近

6급

가까울 근:

辶(辵) | 4획

나무 자르는 도끼(斤)소리는 멀리(辶)에선 들리지 않아 가깝다(近)는 의미이다.

비 折(꺾을 절)
반 遠(멀 원)

읽기한자

近代(근대) : 중고와 현대 사이의 시대
近方(근방) : 근처
近海(근해) : 육지에 가까운 바다
遠近(원근) : 멀고 가까움

활용문

북극곰은 북극 近方(근방)에서만 살죠, 여우도 마찬가지이고.

필순 ノ 厂 户 斤 斤 䜣 䜣 近

近								
가까울 근								

확·인·학·습 06

1. 다음 한자어(漢字語)의 독음을 쓰세요.

(1) 國民 (　　　)　(2) 近方 (　　　)
(3) 海軍 (　　　)　(4) 區間 (　　　)
(5) 根本 (　　　)　(6) 郡民 (　　　)

2. 다음 한자(漢字)의 훈(訓)과 음(音)을 쓰세요.

(1) 近 (　　　)
(2) 區 (　　　)
(3) 郡 (　　　)

3. 다음 훈(訓)과 음(音)에 맞는 한자(漢字)를 쓰세요.

(1) 아홉 구 (　　　)
(2) 군사 군 (　　　)
(3) 나라 국 (　　　)

4. 다음(　)에 들어갈 한자(漢字)를 예(例)에서 찾아 그 번호를 쓰세요.

예(例)			
	① 郡	② 近	③ 根
	④ 軍	⑤ 區	⑥ 國

(1) 工事(　)間　(2) 韓(　)文學
(3) 自國(　)人　(4) (　)邑里面

정답

1. (1) 국민 (2) 근방 (3) 해군 (4) 구간 (5) 근본 (6) 군민
2. (1) 가까울 근 (2) 구분할/지경 구 (3) 고을 군
3. (1) 九 (2) 軍 (3) 國
4. (1) ⑤ (2) ⑥ (3) ④ (4) ①

金

8급

쇠 금
성 김

金 | 0획

산에 보석이 있는 모양에서 금, 금전(金)을 의미한다.

비 今(이제 금)
針(바늘 침)
동 鐵(쇠 철)

읽기한자

公金(공금) : 공공단체의 소유로 되어 있는 돈
現金(현금) : 현재 가지고 있는 돈
金石(금석) : 쇠붙이와 돌

쓰기한자

入出金(입출금) : 들어오는 돈과 나가는 돈을 아울러 이르는 말
先金(선금) : 일부를 먼저 치르는 돈

활용문

어머니께서는 아파트를 사기위해 先金(선금)을 지불하셨다.

필순 ノ 人 亼 亼 全 余 金 金

金								
쇠 금								

今

6급II

이제 금

人 | 2획

사람(人)이 예부터 지금까지 계속해서 모여 있다(ㄱ)는 것에서 지금(今)을 의미한다.

비 吟(읊을 음)
含(머금을 함)
令(하여금 령)
반 古(예 고)

읽기한자

古今(고금) : 옛적과 지금
方今(방금) : 바로 이제, 금방
昨今(작금) : 어제와 오늘

활용문

을지문덕 장군은 그 장수의 얼굴에서 우중문의 속셈을 今方(금방) 알아 낼 수 있었습니다.

필순 ノ 人 亼 今

今								
이제 금								

急

6급II

급할 급

心 | 5획

앞 사람(人)을 붙잡는(彐) 듯한 기분(心)으로 성급해 하는 모습에서 서두르다(急)는 의미이다.

비 怒(노할 노)
동 速(빠를 속)

읽기한자

急行(급행) : 빨리 감
急電(급전) : 빠른 전보
急事(급사) : 급한 일
急速(급속) : 몹시 빠름

활용문

적의 진지를 거의 다 벗어났을 때, 적군 장수 하나가 急(급)하게 달려와 장군의 길을 막아 섰습니다.

필순

急								
급할 급								

級

6급

등급 급

糸 | 4획

실(糸)의 품질이 어디까지 미치느냐(及)하는 데서 등급(級)을 의미한다.

비 約(맺을 약)
給(줄 급)
동 等(무리/등급 등)

읽기한자

級數(급수) : 기술의 우열에 의한 등급
級訓(급훈) : 학급에서 필요하다고 인정한 교훈
高級(고급) : 높은 계급이나 등급
特級(특급) : 특별한 계급 · 등급
學級(학급) : 같은 때 · 같은 교실에서 학습하는 학생의 집단
等級(등급) : 신분 · 품질 등의 높고 낮음의 차례를 구별한 등수

활용문

우리 반의 級訓(급훈)은 정직이다.

필순

級								
등급 급								

氣

7급II

기운 기

气 | 6획

내뿜은 숨(气)처럼 막 지은 밥(米)에서 솟아오르는 증기(氣)를 의미한다.

비 汽(물 끓는 김 기)

약 気

읽기한자

氣分(기분) : 마음에 저절로 느껴지는 상태

氣運(기운) : 시세의 돌아가는 형편

氣體(기체) : 일정한 형상과 체적이 없는 물질

氣合(기합) : 정신을 집중하여 무슨 일에 임하는 기세, 또는 그때 지르는 소리

쓰기한자

心氣(심기) : 사물에 대하여 느끼는 마음

空氣(공기) : 지구를 둘러싼 기체

氣色(기색) : 얼굴에 나타나는 감정의 변화

활용문

저녁 空氣(공기)가 매우 쌀쌀하다.

필순 丿 𠂉 𠂉 气 气 气 气 氣 氣 氣

氣								
기운 기								

記

7급II

기록할 기

言 | 3획

무릎 꿇고 사람(己)이 말(言)한 것을 받아 적고 있는 모습에서 기록하다(記)는 의미이다.

비 紀(벼리 기)

동 錄(기록할 록)

識(기록할 지)

읽기한자

記者(기자) : 기사를 집필 · 편집하는 사람

記號(기호) : 무슨 뜻을 나타내거나 적어 보이는 표

明記(명기) : 똑똑히 밝히어 적음

速記(속기) : 빨리 적음

쓰기한자

記事(기사) : 사실을 적는 것

後記(후기) : 뒷날의 기록, 책 끝에 적은 글

登記(등기) : 법적 보호를 받을 수 있도록 기록함

日記(일기) : 날마다 그날그날 겪은 일이나 생각의 기록

記入(기입) : 적어 넣음

활용문

그는 매일 밤 日記(일기)를 쓰려고 노력하고 있다.

필순 丶 亠 亠 亠 言 言 言 訂 訂 記

記								
기록할 기								

확·인·학·습 07

가

1. 다음 한자어(漢字語)의 독음을 쓰세요.

(1) 急行 (　　　) (2) 級數 (　　　)
(3) 記事 (　　　) (4) 古今 (　　　)
(5) 空氣 (　　　) (6) 金言 (　　　)

2. 다음 한자(漢字)의 훈(訓)과 음(音)을 쓰세요.

(1) 記 (　　　)
(2) 急 (　　　)
(3) 級 (　　　)

3. 다음 훈(訓)과 음(音)에 맞는 한자(漢字)를 쓰세요.

(1) 기운 기 (　　　)
(2) 기록할 기 (　　　)
(3) 쇠 금 (　　　)

4. 다음(　)에 들어갈 한자(漢字)를 예(例)에서 찾아 그 번호를 쓰세요.

예(例)			
	① 氣	② 急	③ 記
	④ 級	⑤ 今	⑥ 金

(1) 漢字(　　)數 (2) 生活日(　　)
(3) 木(　　)土日 (4) (　　)行電車

정답

1. (1) 급행 (2) 급수 (3) 기사 (4) 고금 (5) 공기 (6) 금언
2. (1) 기록할 기 (2) 급할 급 (3) 등급 급
3. (1) 氣 (2) 記 (3) 金
4. (1) ④ (2) ③ (3) ⑥ (4) ②

旗

7급

기 기

方 | 10획

지휘관이 있는 곳에 깃발을 세워서 이정표로 한 것에서 깃발(旗)을 의미한다.

비 期(기약할 기)
其(그 기)

읽기한자

旗章(기장) : 국기 · 군기 · 깃발 등의 총칭
反旗(반기) : 반대의 뜻을 나타내는 행동이나 표시
半旗(반기) : 조의를 표하여 다는 국기

쓰기한자

校旗(교기) : 학교를 상징하는 깃발
旗手(기수) : 기를 가지고 신호를 하는 사람
國旗(국기) : 나라를 상징하는 깃발
白旗(백기) : 흰 빛깔의 기

활용문

각 학교별로 대표자가 校旗(교기)를 들고 입장하였다.

필순

旗								
기 기								

南

8급

남녘 남

十 | 7획

다행하고(幸) 좋은 방향(向)이 남쪽(南)이라는 의미이다.

반 北(북녘 북)

읽기한자

南行(남행) : 남쪽으로 감
南向(남향) : 남쪽으로 향함

쓰기한자

南下(남하) : 남쪽으로 내려감
南方(남방) : 남쪽. 남쪽지방
南道(남도) : 남과 북으로 되어 있는 도에서 남쪽에 있는 도를 이름
南山(남산) : 서울특별시 중구와 용산구 사이에 있는 산

활용문

南韓(남한)과 북한은 평화적인 통일이 필요합니다.

필순

南								
남녘 남								

男

7급 II

사내 남

田 | 2획

밭농사는 힘든 것으로 남자 일이기에 밭(田)과 힘(力)을 합쳐 사나이(男)라는 의미이다.

동 郎(사내 랑)
반 女(계집 녀)
娘(계집 낭)

읽기 한자

美男(미남) : 얼굴이 썩 잘 생긴 남자

쓰기 한자

男女(남녀) : 남자와 여자
男便(남편) : 부부 중에서 남자 쪽을 이르는 말
長男(장남) : 맏아들
男子(남자) : 남성인 사람. 사나이 ↔女子
生男(생남) : 아들을 낳음
男學生(남학생) : 남자 학생

활용문

보통 長男(장남)이 대를 이어 가업을 물려받는다.

필순 丨 冂 日 田 田 男 男

男								
사내 남								

內

7급 II

안 내:

入 | 2획

밖에서 건물 안(冂)으로 들어오는 것(入)에서 들어가다, 안, 속(內)을 의미한다.

동 裏(속 리)
반 外(바깥 외)

읽기 한자

內科(내과) : 내장의 기관에 생기는 병을 다스리는 의술
內堂(내당) : 내실
內戰(내전) : 나라 안의 전쟁

쓰기 한자

道內(도내) : 도의 안
內國(내국) : 자기 나라. 제 나라 안
內室(내실) : 아낙네가 거처하는 방
內空(내공) : 속이 비어 있음
內面(내면) : 물건의 안쪽. 인간의 정신 심리에 관한 면
內心(내심) : 속마음

활용문

우리 집 內事(내사)이니 군이 알려고 하지 말게나.

필순 丨 冂 內 內

內								
안 내								

女

8급

계집 녀

女 | 0획

손을 앞으로 끼고 무릎 꿇고 있는 부드러운 모습에서 여자, 처녀(女)를 의미한다.

동 娘(계집 낭)
반 男(사내 남)
郎(사내 랑)

읽기한자

男女有別(남녀유별) : 남자와 여자 사이에는 분별이 있어야 한다는 말

쓰기한자

女子(여자) : 여성인 사람
少女(소녀) : 아직 완전히 성숙하지 않은 어린 여자아이
女王(여왕) : 여자임금
女人(여인) : 어른이 된 여자

활용문

바로 그 少女(소녀)가 입양된 아이입니다.

필순 ㄑ 女 女

女								
계집 녀								

年

8급

해 년

干 | 3획

벼가 결실해서 사람에게 수확되기까지의 기간을 뜻하는 것으로 한해, 세월(年)을 의미한다.

비 午(낮 오)
동 歲(해 세)

읽기한자

今年(금년) : 올해
明年(명년) : 내년
新年(신년) : 새해

쓰기한자

年間(연간) : 한 해 동안
平年(평년) : 풍년도 흉년도 아닌 보통 수확을 올린 해
少年(소년) : 아직 완전히 성숙하지 않은 어린 사내아이
年中(연중) : 한 해 동안
年年生(연년생) : 한 살 터울로 아이를 낳음 또는 그 아이

활용문

저 두 남매는 年年生(연년생)입니다.

필순 ノ 𠂉 𠂉 仁 仨 年

年								
해 년								

확·인·학·습 08

나

1. 다음 한자어(漢字語)의 독음을 쓰세요.

(1) 南方 (　　　)　(2) 男女 (　　　)
(3) 內心 (　　　)　(4) 平年 (　　　)
(5) 女子 (　　　)　(6) 國旗 (　　　)

2. 다음 한자(漢字)의 훈(訓)과 음(音)을 쓰세요.

(1) 男 (　　　)
(2) 女 (　　　)
(3) 南 (　　　)

3. 다음 훈(訓)과 음(音)에 맞는 한자(漢字)를 쓰세요.

(1) 기 기 (　　　)
(2) 안 내 (　　　)
(3) 해 년 (　　　)

4. 다음(　　)에 들어갈 한자(漢字)를 예(例)에서 찾아 그 번호를 쓰세요.

예(例)			
	① 男	② 南	③ 年
	④ 女	⑤ 內	⑥ 旗

(1) (　　)北和合　(2) 男(　　)平等
(3) 每(　　)每月　(4) 道(　　)行事

정답
1. (1) 남방 (2) 남녀 (3) 내심 (4) 평년 (5) 여자 (6) 국기
2. (1) 사내 남 (2) 계집 녀 (3) 남녘 남
3. (1) 旗 (2) 內 (3) 年
4. (1) ② (2) ④ (3) ③ (4) ⑤

農

7급II

농사 농

辰 | 6획

아침 일찍(辰)부터 논에 나가 도구(曲)를 갖고 일하는 것에서 농사를 짓다(農)는 의미이다.

비 濃(짙을 농)

읽기 한자

農路(농로) : 농사에 이용되는 도로
農業(농업) : 땅을 이용하여 유용한 식물을 재배하거나 동물을 먹이는 생산업

쓰기 한자

農家(농가) : 농민의 집
農土(농토) : 농사짓는 땅
農夫(농부) : 농사짓는 일을 직업으로 하는 사람
農村(농촌) : 주민의 대부분이 농업에 종사하는 마을이나 지역
農事(농사) : 곡류, 과채류 따위의 씨나 모종을 심어 기르고 거두는 따위의 일

활용문

農夫(농부)가 논에서 열심히 일하고 있다.

필순

農								
농사 농								

多

6급

많을 다

夕 | 3획

저녁(夕)때를 두 개 중첩(多)시켜 오늘의 저녁때와 어제의 저녁때, 많다(多)는 의미이다.

비 夕(저녁 석)
반 少(적을 소)

읽기 한자

多讀(다독) : 많이 읽음
多幸(다행) : 운수가 좋음. 일이 좋게 됨
多年生(다년생) : 여러 해 동안 생존 함. 또, 그러한 식물
同時多發(동시다발) : 같은 시간이나 시기에 여럿이 일어남
千萬多幸(천만다행) : 매우 다행스러움

활용문

多讀(다독)은 좋은 글을 쓰기 위한 밑거름이다.

필순

多								
많을 다								

短

6급 II

짧을 단(:)

矢 | 7획

화살(矢)은 활보다 짧고, 콩(豆)은 감자나 오이보다 짧다(短)는 의미이다.

반 長(긴 장)

읽기한자

短信(단신) : 간략하게 쓴 편지
短身(단신) : 키가 작음
短文(단문) : 글 아는 것이 넉넉하지 못함. 짧은 글
短命(단명) : 명이 짧음
短時日(단시일) : 짧은 시일
一長一短(일장일단) : 장점도 있고 단점도 있어 완전하지 않음

활용문

자세히 본 즉 ①②③으로 갈라 뜻풀이를 한 끝에 각각 '스미다'라는 말이 들어 있는 短文(단문)을 싣고 있다.

필순

短								
짧을 단								

答

7급 II

대답 답

竹 | 6획

대쪽(竹)에 써 온 편지 내용에 합(合)당하게 답(答)을 써 보낸다는 의미이다.

동 兪(대답할 유)
반 問(물을 문)
諮(물을 자)

읽기한자

答禮(답례) : 말, 동작 또는 물건으로 남에게서 받은 예를 모두 갚는 일
對答(대답) : 묻는 말에 대하여 말로나 소리로써 자기의 뜻을 나타냄
和答(화답) : 시나 노래에 응하여 대답함
答信(답신) : 회답으로 통신이나 서신을 보냄. 또는 그 통신이나 서신

쓰기한자

答電(답전) : 회답의 전보
正答(정답) : 문제를 바르게 푼 답
名答(명답) : 격에 들어맞게 썩 잘한 답
答紙(답지) : 답안지

활용문

철수는 答紙(답지)에 답을 정성스럽게 써 내려갔다.

필순

答								
대답 답								

堂 6급II

집 당

土 | 8획

토대(土)위에 세운 높은(尙) 건물에서 어전, 큰 건물(堂)을 의미한다.

비 當(마땅 당)
동 家(집 가)
戶(집 호)
室(집 실)

읽기한자

堂堂(당당) : 번듯하게. 당당히
明堂(명당) : 아주 좋은 묘자리
食堂(식당) : 식사를 하도록 설비되어 있는 집

활용문

우리들은 아버지께서 기다리고 계신 食堂(식당)에서 점심을 먹었습니다.

필순 丨 丨丨 丨丨丿 丨丨丿丶 尙 ... 堂

堂								
집 당								

大 8급

큰 대(:)

大 | 0획

사람이 크게 손과 다리를 벌리고 있는 모습에서 크다(大)는 의미이다.

비 犬(개 견)
太(클 태)
동 偉(클 위)
太(클 태)
巨(클 거)
반 小(작을 소)

읽기한자

大路(대로) : 폭이 넓은 길
大成(대성) : 크게 이루어짐
大戰(대전) : 크게 싸움. 대규모의 전쟁
大會(대회) : 여러 사람의 모임. 다수인의 회합
遠大(원대) : 뜻, 계획 등의 규모가 큼

쓰기한자

大道(대도) : 큰 길
大地(대지) : 대자연의 넓고 큰 땅
大事(대사) : 큰 일
大海(대해) : 넓고 큰 바다
大國(대국) : 국력이 강하거나 국토가 넓은 나라

활용문

충효는 인륜의 大道(대도)이다.

필순 一 ナ 大

大								
큰 대								

확·인·학·습 09

1. 다음 한자어(漢字語)의 독음을 쓰세요.

(1) 農事 (　　　)　(2) 明堂 (　　　)
(3) 正答 (　　　)　(4) 多讀 (　　　)
(5) 大道 (　　　)　(6) 短身 (　　　)

2. 다음 한자(漢字)의 훈(訓)과 음(音)을 쓰세요.

(1) 多 (　　　)
(2) 答 (　　　)
(3) 短 (　　　)

3. 다음 훈(訓)과 음(音)에 맞는 한자(漢字)를 쓰세요.

(1) 농사 농 (　　　)
(2) 큰 대 (　　　)
(3) 대답 답 (　　　)

4. 다음(　)에 들어갈 한자(漢字)를 예(例)에서 찾아 그 번호를 쓰세요.

예(例)			
	① 多	② 短	③ 大
	④ 答	⑤ 農	⑥ 堂

(1) 東問西(　)　(2) 一長一(　)
(3) 千萬(　)幸　(4) (　)村生活

정답

1.	(1) 농사	(2) 명당	(3) 정답	(4) 다독	(5) 대도	(6) 단신
2.	(1) 많을 다	(2) 대답 답	(3) 짧을 단			
3.	(1) 農	(2) 大	(3) 答			
4.	(1) ④	(2) ②	(3) ①	(4) ⑤		

代

6급 II

대신할 대ː

亻(人) | 3획

국경에 세워두었던 말뚝 대신(弋)에 사람(人)을 당번병으로 세워둔 것에서 대신하다(代)는 의미이다.

비 伐(칠 벌)

읽기 한자

代用(대용) : 대신으로 씀
代行(대행) : 대신하여 행함
代理(대리) : 남을 대신하여 일을 처리함
交代(교대) : 서로 번갈아 들어서 대신함

활용문

그 당시 西洋(서양)에서는 양가죽이나 쇠가죽을 종이 代身(대신)으로 썼습니다.

필순 ノ 亻 仁 代 代

代								
대신 대								

對

6급 II

대할 대ː

寸 | 11획

작업하는 일(業)과 손(寸)이 서로 마주 대한다(對)는 의미이다.

비 業(업 업)

약 対

읽기 한자

對答(대답) : 묻는 말에 응함
對等(대등) : 양쪽이 서로 비슷함
對立(대립) : 마주 대하여 섬
對面(대면) : 서로 얼굴을 마주 보고 대함

활용문

또는 책 속의 主人公(주인공)과 對話(대화)를 나누며 마음껏 상상의 날개를 펴 보기도 합니다.

필순 丨 ⺍ ⺌ 业 业 丵 丵 丵 丵 丵 丵 丵 對 對

對								
대할 대								

待

6급

기다릴 대:

彳 | 6획

중요한 일로 관청(寺)에 갔어도(彳) 사람이 많아서 자신의 순번을 기다린다(待)는 의미이다.

비 時(때 시)
持(가질 지)
特(특별할 특)

읽기한자

待合室(대합실) : 정거장이나 병원 같은 곳에서 손님이 기다리도록 마련해 놓은 곳
待命(대명) : 상부에서 내리는 명령을 기다림
特待(특대) : 특별한 대우

활용문

뜻밖의 特待(특대)에 모두 놀라는 표정이었다.

필순 ノ ㇒ 彳 彳 彳 往 往 待 待

待								
기다릴 대								

道

7급II

길 도:

辶(辵) | 9획

사람(首)이 왔다갔다(辶)하고 있는 곳은 자연히 길(道)이 된다는 의미이다.

동 路(길 로)
途(길 도)

읽기한자

道界(도계) : 도와 도의 경계
道路(도로) : 사람이나 차들이 편히 다닐 수 있도록 만든 길
道術(도술) : 도가의 방술
道理(도리) : 사람이 어떤 입장에서 마땅히 행하여야 할 바른 길

쓰기한자

人道(인도) : 사람이 다니는 길
道中(도중) : 길 가운데, 여행길
道場(도장) : 검도나 유도, 태권도 등을 가르치고 연습하는 곳
車道(차도) : 찻길

활용문

이 건물은 道立(도립) 도서관입니다.

필순 丶 丷 䒑 䒑 丷 首 首 首 首 首 道 道 道

道								
길 도								

圖

6급II

그림 도

口 | 11획

논밭에 있는 장소를 도면에 표시한 것에서 도, 그리다, 생각하다는 의미이다.

비 圓(둥글 원)
園(동산 원)
團(둥글 단)

동 畫(그림 화)

약 図

읽기한자

圖表(도표) : 그림과 표
圖面(도면) : 토목, 건축, 기계 또는 토지, 임야 같은 것을 기하학적으로 제도기를 써서 그린 그림
圖式(도식) : 그림으로 그린 양식
圖章(도장) : 개인이나 단체의 이름을 새긴 물건, 인장
圖形(도형) : 그림의 형상

활용문

책을 '圖書(도서)'란 이름으로 부르기도 합니다.

필순

| 冂 冂 冂 冃 冃 円 円 岡 周 周 周 圖 圖

圖								
그림 도								

度

6급

법도 도(:)
헤아릴 탁

广 | 6획

집(广)의 크기를 손가락(廿)을 벌려 재는 것(又)에서 재다, 자, 눈금(度)을 의미한다.

비 席(자리 석)

읽기한자

強度(강도) : 강렬한 정도
角度(각도) : 한 점에서 갈리어 나간 두 선이 벌어진 크기
用度(용도) : 씀씀이. 쓰이는 데
溫度(온도) : 덥고 찬 정도. 온도계가 나타내는 정도
度地(탁지) : 토지를 측량함

활용문

갑자기 溫度(온도)가 뚝 떨어졌다.

필순

丶 亠 广 户 庐 庐 庐 度 度

度								
법도 도								

확·인·학·습 10

1. 다음 한자어(漢字語)의 독음을 쓰세요.

(1) 人道 (　　　) (2) 角度 (　　　)
(3) 下待 (　　　) (4) 代行 (　　　)
(5) 圖面 (　　　) (6) 對立 (　　　)

2. 다음 한자(漢字)의 훈(訓)과 음(音)을 쓰세요.

(1) 對 (　　　)
(2) 待 (　　　)
(3) 度 (　　　)

3. 다음 훈(訓)과 음(音)에 맞는 한자(漢字)를 쓰세요.

(1) 농사 농 (　　　)
(2) 기 기 (　　　)
(3) 길 도 (　　　)

4. 다음(　)에 들어갈 한자(漢字)를 예(例)에서 찾아 그 번호를 쓰세요.

예(例)			
	① 代	② 度	③ 對
	④ 待	⑤ 道	⑥ 圖

(1) 高速(　)路 (2) 韓國地(　)
(3) 古(　)社會 (4) (　)合室

정답						
1.	(1) 인도	(2) 각도	(3) 하대	(4) 대행	(5) 도면	(6) 대립
2.	(1) 대할 대	(2) 기다릴 대	(3) 법도 도/헤아릴 탁			
3.	(1) 農	(2) 旗	(3) 道			
4.	(1) ⑤	(2) ⑥	(3) ①	(4) ④		

讀

6급Ⅱ

읽을 독
구절 두

言 | 15획

물건을 팔(賣) 때에 가락에 맞추어 손님을 불러(言) 소리를 내어 읽다(讀)는 의미이다.

비 續(이을 속)
賣(팔 매)

약 読

읽기한자

讀者(독자) : 책, 신문 따위의 출판물을 읽는 사람
速讀(속독) : 책 따위를 보통보다 빨리 읽음
正讀(정독) : 글의 참뜻을 바르게 파악함
讀後感(독후감) : 책을 읽고 난 뒤의 소감
訓讀(훈독) : 한자의 뜻을 새기어 읽음

활용문

철수는 방학숙제로 책을 읽고 讀後感(독후감)을 썼다.

필순

讀								
읽을 독								

東

8급

동녘 동

木 | 4획

나뭇가지(木) 사이에서 태양(日)이 나오는 형태로 해가 뜨는 방향, 동녘(東)을 의미한다.

반 西(서녘 서)

읽기한자

東向(동향) : 동쪽을 향함
東洋(동양) : 유라시아 대륙의 동부 지역

쓰기한자

東海(동해) : 동쪽에 있는 바다
東天(동천) : 동쪽 하늘
東問西答(동문서답) : 묻는 말에 대하여 엉뚱한 소리로 하는 대답
東西(동서) : 동쪽과 서쪽

활용문

東學(동학)은 제3대 교주 손병희 때 천도교로 바뀌었다.

필순

東								
동녘 동								

同

7급

한가지 동

口 | 3획

동굴 크기가 처음부터 끝까지 어디나 같다는 것에서 같다(同)라는 의미이다.

비 洞(골 동)
동 共(한가지 공)
반 異(다를 이)

읽기 한자

同感(동감) : 같은 느낌
同苦同樂(동고동락) : 괴로움과 즐거움을 함께 함
同窓(동창) : 같은 학교에서 공부를 한 관계
草綠同色(초록동색) : 같은 무리끼리 어울린다는 뜻

쓰기 한자

同國(동국) : 같은 나라
同年(동년) : 같은 해. 같은 나이
同時(동시) : 같은 시간, 같은 때
同氣(동기) : 형제자매, 친동기
同學(동학) : 한 곳에서 학문을 닦음
同色(동색) : 같은 빛깔
同名(동명) : 이름이 같음
同心(동심) : 마음을 같이 함

활용문

알고 보니 그 사람은 나와 同名(동명)이었다.

필순 丨 冂 冂 冋 同 同

同								
한가지 동								

冬

7급

겨울 동(:)

冫 | 3획

샘물 입구(夂)가 얼어(冫) 물이 나오지 않게 된 추운 계절을 의미하여 겨울(冬)의 의미이다.

반 夏(여름 하)

읽기 한자

冬服(동복) : 겨울철에 입는 옷

쓰기 한자

冬休(동휴) : 겨울철 휴가
冬木(동목) : 겨울이 되어 잎이 떨어진 나무
冬月(동월) : 겨울 밤의 달
冬天(동천) : 겨울 하늘
冬日(동일) : 겨울 날
立冬(입동) : 24절기의 하나, 겨울이 시작되는 절기
三冬(삼동) : 겨울 석달

활용문

立冬(입동)이 지나니 날씨가 제법 쌀쌀해졌습니다.

필순 ノ ク 夂 冬 冬

冬								
겨울 동								

洞

7급

골 동:
밝을 통:

氵(水) | 6획

같은(同) 우물이나 시냇물(氵)을 사용하는 동네(洞)란 의미이다.

비 同(한가지 동)
동 里(마을 리)
明(밝을 명)

읽기한자

風洞(풍동) : 인공으로 바람을 일으켜 기류가 물체에 미치는 작용이나 영향을 실험하는 터널형의 장치
通洞(통동) : 광산의 중요한 갱도
洞開(통개) : 문 따위를 활짝 열어 놓음

쓰기한자

洞民(동민) : 한 동네에 사는 사람
洞門(동문) : 마을 입구에 있는 문
洞口(동구) : 동네 입구
洞里(동리) : 지방 행적 구역인 동(洞)과 리(里). 마을
洞天(동천) : 산천으로 둘러싸인 경치가 좋은 곳

활용문

洞口(동구) 밖 과수원 길 아카시아 꽃이 활짝 폈네.

필순

洞								
골 동								

動

7급 II

움직일 동:

力 | 9획

아무리 무거운(重) 것이라도 힘(力)을 가하면 움직인다는 것에서 움직이다(動)는 의미이다.

반 靜(고요할 정)
寂(고요할 적)

읽기한자

動作(동작) : 어떤 일을 하기 위해서 몸을 움직이는 일
動向(동향) : 마음의 움직임. 개인이나 집단의 심리, 행동이 움직이는 방향
感動(감동) : 깊이 느끼어 마음이 움직임
發動(발동) : 움직이기 시작함

쓰기한자

出動(출동) : 나가서 행동함
不動(부동) : 움직이지 않음
自動(자동) : 스스로 움직임
動物(동물) : 스스로 움직일 수 있으며 지각 · 생식 · 생장의 기능을 가진 생물
生動(생동) : 살아 움직임
活動(활동) : 활발하게 움직임
手動(수동) : 손으로 움직임

활용문

不動(부동)자세로 서 있어!

필순

動								
움직일 동								

확·인·학·습 11

다

1. 다음 한자어(漢字語)의 독음을 쓰세요.

(1) 同名 (　　　　) (2) 動力 (　　　　)
(3) 讀者 (　　　　) (4) 洞門 (　　　　)
(5) 立冬 (　　　　) (6) 東海 (　　　　)

2. 다음 한자(漢字)의 훈(訓)과 음(音)을 쓰세요.

(1) 同 (　　　　)
(2) 動 (　　　　)
(3) 東 (　　　　)

3. 다음 훈(訓)과 음(音)에 맞는 한자(漢字)를 쓰세요.

(1) 움직일 동 (　　　　)
(2) 겨울 동 (　　　　)
(3) 골 동 (　　　　)

4. 다음(　　)에 들어갈 한자(漢字)를 예(例)에서 찾아 그 번호를 쓰세요.

예(例)	① 洞	② 同	③ 東
	④ 動	⑤ 冬	⑥ 讀

(1) 一心(　　)體 (2) 春夏秋(　　)
(3) (　　)物王國 (4) (　　)後感

정답

1. (1) 동명 (2) 동력 (3) 독자 (4) 동문 (5) 입동 (6) 동해
2. (1) 한가지 동 (2) 움직일 동 (3) 동녘 동
3. (1) 動 (2) 冬 (3) 洞
4. (1) ② (2) ⑤ (3) ④ (4) ⑥

童

6급Ⅱ

아이 동(:)

立 | 7획

마을(里)에 들어가면 서서(立) 노는 것은 아이(童)라는 의미이다.

비 里(마을 리)
동 兒(아이 아)

읽기한자

童心(동심) : 어린이의 마음
使童(사동) : 관청, 회사, 단체 같은 곳에서 잔심부름하는 소년
神童(신동) : 재주와 슬기가 남달리 썩 뛰어난 아이
童話(동화) : 어린이를 상대로 하는 재밌고 교훈이 되는 이야기

활용문

그러나 나는 아버지께서 사다 주신 名作童話集(명작동화집) 20권 가운데 두 권밖에 읽지 않았습니다.

필순 丶 亠 亠 立 立 产 音 音 音 音 章 童

童								
아이 동								

頭

6급

머리 두

頁 | 7획

사람 머리(頁)의 위치가 이 용기(豆)처럼 몸 위쪽에 있는 것에서 머리(頭)라는 의미이다.

비 顔(얼굴 안)
額(이마 액)
동 首(머리 수)
頁(머리 혈)
반 尾(꼬리 미)

읽기한자

頭角(두각) : 짐승 따위의 머리에 있는 뿔. 뛰어난 학식, 재능
頭目(두목) : 여러 사람 중 그 우두머리가 되는 사람
口頭(구두) : 마주 대하여 입으로 전하는 말

활용문

전공 분야에서 頭角(두각)을 드러내며,

필순 一 丆 百 百 戸 豆 豆 豆 豇 豇 頭 頭 頭 頭 頭 頭

頭								
머리 두								

登

7급

오를 등

癶 | 7획

양발을 벌리고(癶) 디딤대(豆)에 오르는 것에서 오르다(登)는 의미이다.

비 燈(등 등)
동 昇(오를 승)
반 降(내릴 강)

읽기 한자

登用(등용) : 인재를 골라 뽑음

쓰기 한자

登校(등교) : 학교에 감
登山(등산) : 산에 오름
登天(등천) : 하늘에 오름
登年(등년) : 여러 해가 걸림
登場(등장) : 무대 같은 데에 나옴. 무슨 일에 어떤 사람이 나타남
登記(등기) : 일정한 사항을 등기부에 기재하여 권리를 명확하게 하는 일

활용문

편지를 登記(등기)로 붙였다.

필순

登								
오를 등								

等

6급 II

무리 등

竹 | 6획

관청(寺)에서 글자를 쓰는 죽간(竹)의 길이를 맞춘 데에서 같은 크기(等)를 갖추다는 의미이다.

비 待(기다릴 대)
　 特(특별할 특)
동 群(무리 군)
반 獨(홀로 독)

읽기 한자

等級(등급) : 위, 아래를 구별한 등수
對等(대등) : 양쪽 사이에 낫고 못함 또는 높고 낮음이 없음
等高線(등고선) : 지도에서 표준 해면으로부터 같은 높이에 있는 지점을 연결하여 놓은 선

활용문

내년에 高等學校(고등학교)에 입학합니다.

필순

等								
무리 등								

樂

6급II

즐길 락
노래 악
좋아할 요

木 | 11획

나무(木) 틀에 실(絲)이나 북(白)을 달아 악기를 만들어 풍악을 즐긴다(樂)는 의미이다.

비 藥(약 약)
동 喜(기쁠 희)
반 悲(슬플 비) 哀(슬플 애)
苦(쓸 고)
약 楽

읽기한자

樂勝(낙승) : 힘 안들이고 수월하게 이김
樂園(낙원) : 편안하게 살 수 있는 즐거운 곳
苦樂(고락) : 괴로움과 즐거움
行樂(행락) : 잘 놀고 즐겁게 지냄
同苦同樂(동고동락) : 괴로움과 즐거움을 함께 함
音樂(음악) : 가락으로 감정을 표현하는 예술
愛樂(애요) : 사랑하고 좋아함

활용문

조용한 音樂(음악)이 흐릅니다.

필순 ′ ｲ 𠂊 白 白 ⽩ 約 約 約 𢆶 𢆶 䜌 樂 樂 樂

樂								
즐길 락								

來

7급

올 래(:)

人 | 6획

옛날 보리를 하늘이 내려주신 것이라 하여 보리 형태를 써서 오다(來)라고 한 의미이다.

반 往(갈 왕)
去(갈 거)
약 来

읽기한자

古來(고래) : 예로부터 지금에 이르기까지
近來(근래) : 가까운 요즈음

쓰기한자

來春(내춘) : 내년 봄
來日(내일) : 오늘의 바로 다음 날
來年(내년) : 올해의 다음 해
來月(내월) : 요번 달의 바로 다음 달
來韓(내한) : 외국인이 한국에 옴
外來(외래) : 외국에서 들어 옴

활용문

마이클 잭슨의 來韓(내한)공연이 떠오릅니다.

필순 一 ｱ ｱ 双 双 夾 來 來

來								
올 래								

확·인·학·습 12

1. 다음 한자어(漢字語)의 독음을 쓰세요.

(1) 登校 (　　　) (2) 來年 (　　　)
(3) 童心 (　　　) (4) 口頭 (　　　)
(5) 對等 (　　　) (6) 行樂 (　　　)

2. 다음 한자(漢字)의 훈(訓)과 음(音)을 쓰세요.

(1) 樂 (　　　)
(2) 童 (　　　)
(3) 登 (　　　)

3. 다음 훈(訓)과 음(音)에 맞는 한자(漢字)를 쓰세요.

(1) 동녘 동 (　　　)
(2) 오를 등 (　　　)
(3) 올 래 (　　　)

4. 다음(　)에 들어갈 한자(漢字)를 예(例)에서 찾아 그 번호를 쓰세요.

예(例)			
	① 頭	② 樂	③ 登
	④ 童	⑤ 等	⑥ 來

(1) 音(　)時間 (2) 自由平(　)
(3) 口(　)文學 (4) 外國(　)話

정답

1. (1) 등교 (2) 내년 (3) 동심 (4) 구두 (5) 대등 (6) 행락
2. (1) 즐길 락/노래 악 (2) 아이 동 (3) 오를 등
3. (1) 東 (2) 登 (3) 來
4. (1) ② (2) ⑤ (3) ① (4) ④

力

7급 II

힘 력

力 | 0획

팔에 힘을 넣었을 때에 생기는 알통에 빗대어 힘, 효능(力)을 의미한다.

비 方(모 방)
刀(칼 도)

읽기한자

死力(사력) : 목숨을 아끼지 아니하고 쓰는 힘
速力(속력) : 빠른 힘
才力(재력) : 재주와 능력

쓰기한자

主力(주력) : 주장되는 힘
力道(역도) : 체육에서 역기를 들어올리는 운동
水力(수력) : 물의 힘
學力(학력) : 학문의 역량. 학문의 쌓은 정도
力不足(역부족) : 힘이나 기량 등이 모자람
全力(전력) : 온힘
電力(전력) : 전기의 힘

활용문

이 사업에 全力(전력)을 다 할 예정입니다.

필순 ㇇ 力

力								
힘 력								

例

6급

법식 례

亻(人) | 6획

사람(人)이 물건을 늘어놓는다(列)고 하는 것에서 늘어져 있는 것(例)과 같은 의미이다.

비 列(벌릴 렬)
烈(매울 렬)
동 式(법 식)

읽기한자

事例(사례) : 일의 실례
先例(선례) : 이미 있었던 사례
用例(용례) : 쓰고 있는 예
一例(일례) : 하나의 보기
例文(예문) : 예(例)로서 드는 문장
例題(예제) : 연습을 위해 보기로서 내는 문제
例事(예사) : 보통으로 있는 평범한 일

활용문

事例(사례)를 들어 설명해주세요.

필순 ノ 亻 亻 仁 伤 伤 例 例

例								
법식 례								

禮 6급

예도 례:

示 | 13획

제단에(示) 제물을 풍성하게(豊) 차려놓고 제사 지내는 것이 예(禮)의 근본이라는 의미이다.

비 豊(풍년 풍)
약 礼

읽기 한자

禮度(예도) : 예의와 법도
禮服(예복) : 의식 때에 입는 옷
目禮(목례) : 눈짓으로 하는 인사
禮物(예물) : 사례의 뜻을 표하거나 예의를 나타내기 위하여 보내는 금전이나 물품

활용문

선생님은 아이들에게 目禮(목례)로써 인사를 했다.

필순

禮								
예도 례								

老 7급

늙을 로:

老 | 0획

늙은이의 모양에서 늙다, 쇠퇴하다(老)는 의미이다.

동 耆(늙을 기)
반 少(적을 소)
幼(어릴 유)
稚(어릴 치)

읽기 한자

老病(노병) : 늙어서 병든 몸이 됨
老弱(노약) : 늙은 사람과 약한 사람을 통틀어 이르는 말

쓰기 한자

老母(노모) : 늙은 어머니
老後(노후) : 늙어진 후
老色(노색) : 늙은이가 입기에 알맞은 옷의 빛깔. 회색 따위
老少(노소) : 늙은 사람과 젊은 사람
老父(노부) : 늙은 아버지. 윗사람에게 자기의 늙은 아버지를 일컫는 말
老木(노목) : 늙은 나무
老年(노년) : 늙은 나이. 늙은 사람

활용문

어느새 우리도 老年(노년)에 접어드는군요.

필순

老								
늙을 로								

路

6급

길 로:

⻊(足) | 6획

갈림길까지 와서(足) 어디로 갈 것인가 누구나(各)가 서성이니 길(路)을 의미한다.

비 略(간략할 략)
동 道(길 도)

읽기한자

路面(노면) : 길바닥
路上(노상) : 길바닥. 길 위
農路(농로) : 농사에 이용되는 도로
通路(통로) : 통행하는 길
道路(도로) : 사람이나 차들이 편히 다닐 수 있도록 만든 길
路線(노선) : 한 지점에서 다른 지점에 이르는 도로, 선로, 자동차의 교통선

활용문

지하철 路線(노선)을 잘 보고 오세요.

필순

路								
길 로								

綠

6급

푸를 록

糸 | 8획

작은 칼(彔)로 표피를 벗긴 대나무 같은 색으로 염색한 실(糸)에서 녹색(綠)을 의미한다.

비 錄(기록할 록)
동 靑(푸를 청)

읽기한자

綠地(녹지) : 초목이 무성한 땅
綠草(녹초) : 푸른 풀
新綠(신록) : 늦은 봄이나 초여름의 초목에 돋은 새 잎의 푸른 빛
草綠同色(초록동색) : 같은 종류끼리 어울린다는 뜻
靑綠(청록) : 녹색과 파랑의 중간색

활용문

草綠色(초록색)불이 켜지면 횡단보도를 건너세요.

필순

綠								
푸를 록								

확·인·학·습 13

1. 다음 한자어(漢字語)의 독음을 쓰세요.

(1) 水力 (　　　)　(2) 路面 (　　　)
(3) 綠地 (　　　)　(4) 老母 (　　　)
(5) 禮度 (　　　)　(6) 例文 (　　　)

2. 다음 한자(漢字)의 훈(訓)과 음(音)을 쓰세요.

(1) 例 (　　　)
(2) 綠 (　　　)
(3) 禮 (　　　)

3. 다음 훈(訓)과 음(音)에 맞는 한자(漢字)를 쓰세요.

(1) 늙을 로 (　　　)
(2) 올 래 (　　　)
(3) 힘 력 (　　　)

4. 다음(　)에 들어갈 한자(漢字)를 예(例)에서 찾아 그 번호를 쓰세요.

예(例)			
	① 綠	② 例	③ 力
	④ 禮	⑤ 老	⑥ 路

(1) 火(　)發電　(2) 山林(　)地
(3) 男女(　)少　(4) 道(　)工事

정답

1. (1) 수력 (2) 노면 (3) 녹지 (4) 노모 (5) 예도 (6) 예문
2. (1) 법식 례 (2) 푸를 록 (3) 예도 례
3. (1) 老 (2) 來 (3) 力
4. (1) ③ (2) ① (3) ⑤ (4) ⑥

六

8급

여섯 륙

八 | 2획

무궁화 꽃잎 5개와 꽃술 1개를 이어서 여섯(六)을 나타낸다.

비 穴(굴 혈)

읽기한자

六面體(육면체) : 여섯 개의 면을 가진 다면체, 입방체, 직방체 등
六禮(육례) : 인생의 여섯 가지의 중요한 예의
六書(육서) : 한자 구성의 여섯 가지 유형. 상형, 지사, 회의, 형성, 전주, 가차

쓰기한자

六事(육사) : 사람이 지켜야 할 여섯 가지 일
六學年(육학년) : 초등학교에서 가장 높은 학년
六寸(육촌) : 여섯 치, 사촌(四寸)의 자녀끼리의 촌수

활용문

가까워야 六寸(육촌), 七寸(칠촌)이겠지.

필순 丶 亠 亣 六

六								
여섯 륙								

里

7급

마을 리:

里 | 0획

밭(田)과 흙(土)이 보이는 경치에서 시골, 촌(里)을 의미한다.

비 理(다스릴 리)
동 村(마을 촌)
洞(골 동)

읽기한자

不遠千里(불원천리) : 천리를 멀다 여기지 아니함

쓰기한자

洞里(동리) : 마을
里門(이문) : 동네 어귀에 세운 문
里中(이중) : 동리, 마을의 안
里長(이장) : 행정 구역인 동리의 사무를 맡아보는 사람
下里(하리) : 아랫동네
十里(십리) : 약 4km

활용문

아버지는 里長(이장)으로 활동하고 있습니다.

필순 丨 冂 日 日 旦 甲 里

里								
마을 리								

理

6급 II

다스릴 리:

王(玉) | 7획

임금의(王) 명령을 받아 마을(里)을 다스린다(理)는 의미이다.

비 里(마을 리)
동 治(다스릴 치)

읽기한자

道理(도리) : 사람이 마땅히 행하여야 할 바른 길
公理(공리) : 널리 일반에 통용되는 도리
心理(심리) : 마음의 움직임이나 상태
事理(사리) : 일의 이치
合理(합리) : 이치에 맞음

활용문

道理(도리)에 어긋난 행위를 하지 말아라.

필순

理									
다스릴 리									

利

6급 II

이할 리:

刂(刀) | 5획

칼(刂)날이 벼(禾)잎 끝과 같이 날카롭게 잘 베어지는 것에서 날카롭다(利)는 의미이다.

비 和(화할 화)
科(과목 과)
반 害(해할 해)

읽기한자

利用(이용) : 이롭게 씀
有利(유리) : 이로움
公利(공리) : 공공의 이익
便利(편리) : 어떤 일을 하는데 편하고 이용하기 쉬움

활용문

어른들도 무엇을 알아보거나 일을 해 나가는 데 도움을 받기 위해서 책을 利用(이용)합니다.

필순

利									
이할 리									

라

李 6급
오얏/성 리:
木 | 3획

나무(木)의 열매(子)란 뜻인데 특히 오얏나무(李)의 열매를 가리킨다.

비 季(계절 계)
秀(빼어날 수)

읽기한자

行李(행리) : 여행할 때 쓰는 모든 도구
李朝(이조) : 이씨 조선을 줄여 이르는 말
李花(이화) : 자두나무의 꽃
李太白(이태백) : 중국 당나라의 시인

활용문

누나는 李花(이화)여자대학교 학생입니다.

필순 一 十 才 木 本 李 李

李								
오얏/성 리								

林 7급
수풀 림
木 | 4획

나무(木)가 많이 심어져 있는 모습에서 수풀(林)을 의미한다.

비 森(수풀 삼)
木(나무 목)
동 森(수풀 삼)

읽기한자

林野(임야) : 나무가 무성한 들
林業(임업) : 산림(山林)을 경영하는 사업

쓰기한자

育林(육림) : 나무를 기름
農林(농림) : 농사를 짓는 일과 나무를 기르는 일
林立(임립) : 수풀처럼 죽 늘어섬
林木(임목) : 수풀의 나무
林山(임산) : 수림(樹林)이 잘 자랄 수 있는 산
山林(산림) : 산에 우거진 숲

활용문

山林(산림)이 훼손되는 것을 꼭 막아야 합니다.

필순 一 十 才 木 木 村 材 林

林								
수풀 림								

확·인·학·습 14

1. 다음 한자어(漢字語)의 독음을 쓰세요.

(1) 洞里 (　　　) (2) 六寸 (　　　)
(3) 林木 (　　　) (4) 行李 (　　　)
(5) 理由 (　　　) (6) 利用 (　　　)

2. 다음 한자(漢字)의 훈(訓)과 음(音)을 쓰세요.

(1) 理 (　　　)
(2) 李 (　　　)
(3) 利 (　　　)

3. 다음 훈(訓)과 음(音)에 맞는 한자(漢字)를 쓰세요.

(1) 여섯 륙 (　　　)
(2) 마을 리 (　　　)
(3) 수풀 림 (　　　)

4. 다음(　)에 들어갈 한자(漢字)를 예(例)에서 찾아 그 번호를 쓰세요.

예(例)			
	① 林	② 利	③ 理
	④ 里	⑤ 李	⑥ 六

(1) 三十(　)計 (2) 山(　)草木
(3) 事(　)分別 (4) 海運(　)用

정답

1. (1) 동리 (2) 육촌 (3) 임목 (4) 행리 (5) 이유 (6) 이용
2. (1) 다스릴 리 (2) 성/오얏 리 (3) 이할 리
3. (1) 六 (2) 里 (3) 林
4. (1) ⑥ (2) ① (3) ③ (4) ②

立 설 립

7급II

立 | 0획

사람이 서 있는 모양을 본떴다.

비 竝(나란히 병)

읽기 한자

對立(대립) : 둘이 서로 대치하여 버팀
成立(성립) : 사물이 이루어짐
樹立(수립) : 사업이나 공을 이룩하여 세움

쓰기 한자

立國(입국) : 나라를 세움. 건국
立場(입장) : 당하고 있는 처지
立木(입목) : 땅 위에 서 있는 채로의 나무
立方(입방) : 어떤 선을 한 변으로 하는 입방체의 부피를 나타냄
立冬(입동) : 24절기의 하나로 겨울이 시작됨을 이름
國立(국립) : 나라에서 세움

활용문

國立(국립)도서관에서 책을 빌려야겠습니다.

필순 丶 亠 亠 立 立

立								
설 립								

萬 일만 만:

8급

艹(艸) | 9획

벌의 모양을 본뜬 글자로 그 수가 많다는 데서 만(萬)을 의미한다.

비 莫(없을 막)
약 万

읽기 한자

萬感(만감) : 온갖 느낌
千萬多幸(천만다행) : 매우 다행함
萬民平等(만민평등) : 세상 모든 사람에게 차별 없이 동등함

쓰기 한자

萬物(만물) : 세상에 있는 모든 것
萬事(만사) : 여러 가지 온갖 일
萬全(만전) : 조금도 허술함이 없이 아주 완전함
萬國旗(만국기) : 여러 나라 국기

활용문

법 앞에서는 萬民(만민)이 평등하다.

필순 一 十 廾 廾 艹 芇 苩 苜 萬 萬 萬 萬

萬								
일만 만								

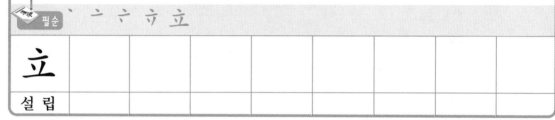

每

7급 II

매양 매(:)

毋 | 3획

풀(𠂉)은 어머니(毋)처럼 차례로 아이를 늘리므로, 그때마다, 매번(每)이라는 의미이다.

비 母(어미 모)
梅(매화 매)

읽기 한자

每番(매번) : 번번이

쓰기 한자

每年(매년) : 해마다
每事(매사) : 일마다, 모든 일
每日(매일) : 날마다
每月(매월) : 달마다
每人(매인) : 한 사람 한 사람

활용문

그는 每事(매사)에 빈틈이 없습니다.

필순

每								
매양 매								

面

7급

낯 면:

面 | 0획

얼굴 주위에 여기부터 여기까지 얼굴이다라고 표시한 것에서 낯짝, 얼굴(面)을 의미한다.

동 顔(낯 안)
容(얼굴 용)

읽기 한자

面會(면회) : 직접 얼굴을 대하여 만나 봄
對面(대면) : 서로 얼굴을 마주 보고 대함
反面(반면) : 앞에 말한 것과는 다름을 나타내는 말
路面(노면) : 길바닥
體面(체면) : 남을 대하는 체재와 면목

쓰기 한자

三面(삼면) : 세 방면
方面(방면) : 어떤 분야
面前(면전) : 눈 앞, 보는 앞
面色(면색) : 얼굴빛. 안색
面長(면장) : 면 행정 기관의 우두머리
面里(면리) : 지방 행정 구역인 면과 리
場面(장면) : 일이 일어나는 장소의 모양

활용문

남쪽 方面(방면)으로 여행했습니다.

필순

面								
낯 면								

名 (7급 II)

이름 명

口 | 3획

어두워(夕)지면 얼굴이 보이지 않으므로 큰소리(口)로 이름을 서로 불러 이름(名)을 의미한다.

비 各(각각 각)

읽기 한자

名藥(명약) : 효력이 좋아 소문난 약
名言(명언) : 이치에 들어맞는 훌륭한 말
名作(명작) : 훌륭한 작품. 유명한 작품
作名(작명) : 이름을 지음
題名(제명) : 표제의 이름. 명승지에 자기의 이름을 기록함

쓰기 한자

名山(명산) : 이름난 산
名所(명소) : 유명한 장소
名答(명답) : 격에 들어맞게 썩 잘한 답
有名(유명) : 많은 사람들에게 이름이 알려짐

활용문

그 말이야 말로 名言(명언)이군요.

필순 丿 ク 夕 夕 名 名

名								
이름 명								

命 (7급)

목숨 명:

口 | 5획

모여든(亼) 사람들에게 명령(叩)하고 있는 형태에서 명령하다(命)는 의미이다.

비 令(하여금 령)
동 壽(목숨 수)

읽기 한자

命題(명제) : 제목을 정함. 논리적인 판단을 언어나 기호로 표현한 것
運命(운명) : 운수와 명수
特命(특명) : 특별한 명령

쓰기 한자

人命(인명) : 사람의 목숨
命名(명명) : 이름을 지어 붙임
命中(명중) : 겨냥한 곳에 바로 맞음
命數(명수) : 타고난 수명. 운명과 재수
命日(명일) : 사람이 죽은 날. 기일
天命(천명) : 하늘이 내린 운명

활용문

人命(인명)은 在天(재천)이요.

필순 丿 人 亼 亼 合 合 合 命

命								
목숨 명								

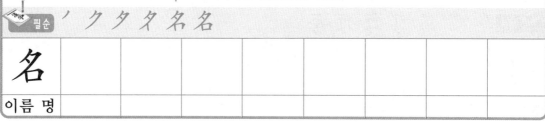

확·인·학·습 15

마

1. 다음 한자어(漢字語)의 독음을 쓰세요.

(1) 自立 (　　　)　(2) 名山 (　　　)
(3) 方面 (　　　)　(4) 萬物 (　　　)
(5) 每事 (　　　)　(6) 命中 (　　　)

2. 다음 한자(漢字)의 훈(訓)과 음(音)을 쓰세요.

(1) 面 (　　　)
(2) 萬 (　　　)
(3) 立 (　　　)

3. 다음 훈(訓)과 음(音)에 맞는 한자(漢字)를 쓰세요.

(1) 매양 매 (　　　)
(2) 목숨 명 (　　　)
(3) 이름 명 (　　　)

4. 다음(　)에 들어갈 한자(漢字)를 예(例)에서 찾아 그 번호를 쓰세요.

예(例)	① 面	② 立	③ 名
	④ 每	⑤ 命	⑥ 萬

(1) 白(　)書生　(2) (　)山大川
(3) 千(　)多幸　(4) 自(　)心

정답

1. (1) 자립 (2) 명산 (3) 방면 (4) 만물 (5) 매사 (6) 명중
2. (1) 낮 면 (2) 일만 만 (3) 설 립
3. (1) 每 (2) 命 (3) 名
4. (1) ① (2) ③ (3) ⑥ (4) ②

明

6급II

밝을 명

日 | 4획

창문(日)으로 비쳐드는 달빛(月)에서 밝다(明)는 의미이다.

동 朗(밝을 랑)

반 暗(어두울 암)

읽기 한자

明記(명기) : 분명히 기록함
明白(명백) : 아주 분명함
明分(명분) : 당연히 지켜야할 분수
明日(명일) : 내일
自明(자명) : 증명이나 설명의 필요가 없이 그 자체만으로도 충분함
發明(발명) : 아직까지 없던 어떠한 물건이나 방법을 새로 만들어 냄

활용문

서양에서는 1450년경 독일의 구텐베르크가 납과 주석을 섞어 만든 活字(활자)를 利用(이용)한 활자 인쇄술을 發明(발명)하였습니다.

필순 丨 冂 月 日 明 明 明 明

明								
밝을 명								

母

8급

어미 모:

毋 | 1획

여인이 성장하여 성인이 되면 젖무덤이 붙는 형태가 되어 엄마, 어머니(母)를 의미한다.

비 每(매양 매)

반 父(아비 부)

읽기 한자

母體(모체) : 어머니의 몸
母親(모친) : 어머니
分母(분모) : 분수 또는 분수식의 횡선 아래에 적은 수나 식

쓰기 한자

母女(모녀) : 어머니와 딸
母國(모국) : 자기가 태어난 나라
母校(모교) : 자기가 다니거나 졸업한 학교
父母(부모) : 아버지와 어머니

활용문

이곳이 그의 母國(모국)입니다.

필순 乚 ㄇ 母 母 母

母								
어미 모								

木

8급

나무 목

木 | 0획

나무의 모양을 본떴다.

비 林(수풀 림)
禾(벼 화)

동 樹(나무 수)

읽기한자

角木(각목) : 각재로 된 나무
樹木(수목) : 살아 있는 나무

쓰기한자

木工(목공) : 나무를 다루어서 물건을 만드는 일
木花(목화) : 솜을 만드는 식물
木手(목수) : 나무를 다듬어 집이나 물건을 만드는 사람
植木(식목) : 나무를 심음
草木(초목) : 풀과 나무
山川草木(산천초목) : 산과 내와 풀과 나무, 자연을 이르는 말

활용문

4월 5일은 植木日(식목일)입니다.

필순 一 十 才 木

木								
나무 목								

目

6급

눈 목

目 | 0획

눈의 모양을 본떴다.

비 日(날 일)
曰(가로 왈)

동 眼(눈 안)

읽기한자

科目(과목) : 학문의 구분 또는 교과를 구성하는 단위
頭目(두목) : 우두머리
面目(면목) : 얼굴의 생김새. 남을 대하는 낯. 사물의 모양
名目(명목) : 표면상으로 내세우는 일컬음이나 명칭, 구실, 이유
目前(목전) : 눈 앞. 당장

활용문

저번에도 말씀드렸지만 이 감상이야기 시간도 다른 科目(과목) 못지않게 중요한 시간입니다.

필순 丨 冂 月 月 目

目								
눈 목								

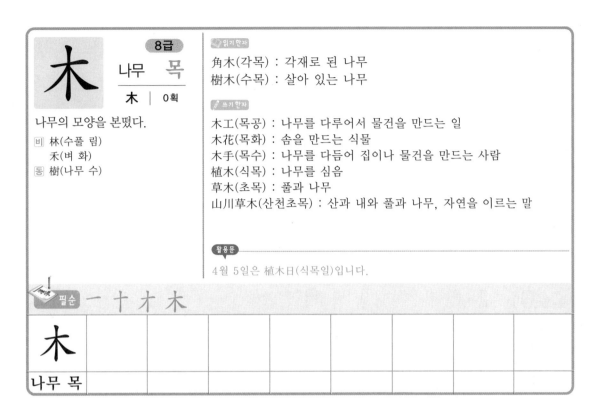

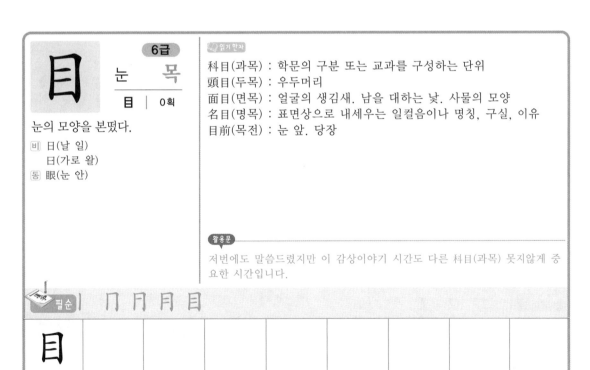

門

8급

문 **문**

門 | 0획

두 개의 개폐문의 형태에서 집의 출입구, 문(門)이라는 의미이다.

비 問(물을 문)
聞(들을 문)

읽기 한자

開門(개문) : 문이 열림
窓門(창문) : 공기나 빛이 들어올 수 있도록 벽에 놓은 작은 문

쓰기 한자

家門(가문) : 집안과 문중
門前(문전) : 문 앞
入門(입문) : 무엇을 배우는 길에 처음 들어섬
同門(동문) : 같은 학교에서 공부하였거나 같은 스승에게서 배운 사람
門下生(문하생) : 문하에서 가르침을 받는 제자
大門(대문) : 큰 문

활용문

大門(대문) 앞에 개 한 마리가 있습니다.

필순

門								
문 문								

文

7급

글월 **문**

文 | 0획

몸에 문신을 한 것에서 문양이라든가 쓴 것(文)을 의미한다.

동 章(글 장)

읽기 한자

文書(문서) : 글로써 일정한 사상을 적어 표시한 것
文章(문장) : 생각, 느낌, 사상을 표현하기 위하여 글자로 기록한 것
文體(문체) : 작자의 사상이나 개성 등이 나타나 있는 특색. 문장의 양식
公文書(공문서) : 공무원이 그 직무상 작성한 서류

쓰기 한자

文語(문어) : 글자로 나타낸 모든 말
文人(문인) : 시, 소설, 수필, 희곡 따위를 쓰는 사람
文物(문물) : 문화의 산물. 모든 문화에 관한 것
文答(문답) : 글로써 회답함

활용문

그는 소위 '文學(문학)소년'이라고 불릴 정도로 책 읽기를 좋아했다.

필순

文								
글월 문								

확·인·학·습 16

1. 다음 한자어(漢字語)의 독음을 쓰세요.

(1) 明日 (　　　　)　　(2) 門前 (　　　　)
(3) 題目 (　　　　)　　(4) 母校 (　　　　)
(5) 文語 (　　　　)　　(6) 木工 (　　　　)

2. 다음 한자(漢字)의 훈(訓)과 음(音)을 쓰세요.

(1) 明 (　　　　)
(2) 目 (　　　　)
(3) 文 (　　　　)

3. 다음 훈(訓)과 음(音)에 맞는 한자(漢字)를 쓰세요.

(1) 어미 모 (　　　)
(2) 나무 목 (　　　)
(3) 문 문 (　　　)

4. 다음(　　)에 들어갈 한자(漢字)를 예(例)에서 찾아 그 번호를 쓰세요.

예(例)			
	① 明	② 母	③ 目
	④ 木	⑤ 文	⑥ 門

(1) (　　)前成市　　(2) 父(　　)兄弟
(3) 清風(　　)月　　(4) 人(　　)地理

정답

1. (1) 명일 (2) 문전 (3) 제목 (4) 모교 (5) 문어 (6) 목공
2. (1) 밝을 명 (2) 눈 목 (3) 글월 문
3. (1) 母 (2) 木 (3) 門
4. (1) ⑥ (2) ② (3) ① (4) ⑤

마

問

7급

물을 문:

口 | 8획

문(門) 앞에서 안의 사람에게 큰 소리(口)로 물어보는 것에서 묻다, 방문하다(問)는 의미이다.

비 聞(들을 문)
間(사이 간)
반 答(대답 답)

읽기한자

問病(문병) : 앓는 사람을 찾아보고 위로함
問題(문제) : 해답을 필요로 하는 물음
反問(반문) : 물음에 대답하지 아니하고 되받아서 물음

쓰기한자

問答(문답) : 물음과 대답
問名(문명) : 이름을 물음
問字(문자) : 남에게 글자를 배움
學問(학문) : 배우고 익힘. 체계가 선 지식, 학식
不問(불문) : 밝히지 않고 덮어 둠
下問(하문) : 윗사람이 아랫사람에게 물음

활용문

이번 회의는 問答(문답)형식으로 진행될 것입니다.

필순 丨 冂 冂 冃 冃 門 門 門 門 問 問

問								
물을 문								

聞

6급II

들을 문(:)

耳 | 8획

문(門) 안쪽에서 귀(耳)를 기울여 되묻는 것에서 듣다(聞)는 의미이다.

비 問(물을 문)
間(사이 간)
開(열 개)
동 聽(들을 청)

읽기한자

聞人(문인) : 이름이 널리 알려진 사람들
名聞(명문) : 세상의 평판이나 명성
新聞(신문) : 새로운 소식
後聞(후문) : 뒷소문
風聞(풍문) : 바람결에 들리는 소문. 실상없이 떠도는 말

활용문

그는 디트로이트와 포트 휴런을 왕래하는 열차에서 과일, 채소, 新聞(신문)을 팔았다.

필순 丨 冂 冂 冃 冃 門 門 門 門 門 門 閂 聞 聞

聞								
들을 문								

物

7급 II

물건 물

牛 | 4획

무리(勿)가 되어 움직이는 소(牛)떼는 가장 큰 재산이었다는 것에서 물건(物)이라는 의미이다.

동 件(물건 건)
品(물건 품)

읽기 한자

物體(물체) : 물건의 형체
古物(고물) : 헐거나 낡은 물건
風物(풍물) : 어떤 지방이나 계절 특유의 구경거리나 산물. 농악에 쓰는 꽹과리, 날라리 등을 일컬음
現物(현물) : 금전에 대하여 물품을 일컫는 말

쓰기 한자

人物(인물) : 사람
名物(명물) : 그 지방 특유의 이름난 물건
物力(물력) : 물건의 힘. 온갖 물건의 재료와 노력
植物(식물) : 한 자리에 바로 서서 자라는 생물
物主(물주) : 밑천을 대어 주는 사람

활용문

인간은 動植物(동식물)과는 다릅니다.

필순 ノ 𠂉 牛 牜 牜' 牞 物 物

物								
물건 물								

米

6급

쌀 미

米 | 0획

숙이고 있는 벼 알의 형태에서 쌀(米)을 나타낸다.

비 未(아닐 미)
末(끝 말)
光(빛 광)

읽기 한자

米作(미작) : 벼를 심고 가꾸고 거두는 일
白米(백미) : 희게 쓿은 멥쌀
米飮(미음) : 쌀이나 좁쌀을 물을 많이 붓고 푹 끓이어 체에 받친 음식

활용문

흑미가 白米(백미)보다 건강에 좋다.

필순 丶 丷 丷 半 米 米

米								
쌀 미								

美

6급

아름다울 미(:)

羊 | 3획

당당하게 서있는 사람(大)처럼 살이 찐 양(羊)의 모습에서 아름답다(美)는 의미이다.

비 米(쌀 미)
羊(양 양)

동 麗(고울 려)

반 醜(추할 추)

읽기한자

美感(미감) : 아름다움에 대한 느낌. 미에 대한 감각
美術(미술) : 공간 및 시각의 미를 표현하는 예술
美名(미명) : 훌륭하게 내세운 이름
美文(미문) : 아름다운 글귀를 써서 꾸민 문장

활용문

다음 美術(미술)시간에는 색종이를 준비해 오세요.

필순

美								
아름다울 미								

民

8급

백성 민

氏 | 1획

여인(女)이 시초(氏)가 되어 많은 사람이 태어나는 것에서 백성, 사람(民)을 의미한다.

반 君(임금 군)

읽기한자

民意(민의) : 국민의 뜻
民族(민족) : 인종을 같이 하며 문화적 전통, 언어를 공통으로 하는 사회 집단
區民(구민) : 한 구 안에 사는 사람
訓民正音(훈민정음) : 세종이 정인지, 성삼문 등의 도움으로 세종 25년(1443년)에 창제하여 반포한 국문 글자의 명칭

쓰기한자

民心(민심) : 백성의 마음
民主(민주) : 주권이 국민에게 있음
住民(주민) : 일정한 지역에 살고 있는 사람
民事(민사) : 사법적인 법률관계에서 일어나는 일

활용문

民家(민가)에 들러 도움을 청해야겠습니다.

필순

民								
백성 민								

확·인·학·습 17

1. 다음 한자어(漢字語)의 독음을 쓰세요.

(1) 下問 (　　　　)　　(2) 美色 (　　　　)
(3) 後聞 (　　　　)　　(4) 民主 (　　　　)
(5) 白米 (　　　　)　　(6) 人物 (　　　　)

2. 다음 한자(漢字)의 훈(訓)과 음(音)을 쓰세요.

(1) 聞 (　　　　)
(2) 美 (　　　　)
(3) 物 (　　　　)

3. 다음 훈(訓)과 음(音)에 맞는 한자(漢字)를 쓰세요.

(1) 물을 문 (　　　)
(2) 백성 민 (　　　)
(3) 물건 물 (　　　)

4. 다음(　)에 들어갈 한자(漢字)를 예(例)에서 찾아 그 번호를 쓰세요.

예(例)			
	① 美	② 民	③ 聞
	④ 問	⑤ 物	⑥ 米

(1) 大韓(　　)國　　(2) 自(　　)自答
(3) 草食動(　　)　　(4) 新(　　)紙上

정답						
1.	(1) 하문	(2) 미색	(3) 후문	(4) 민주	(5) 백미	(6) 인물
2.	(1) 들을 문	(2) 아름다울 미	(3) 물건 물			
3.	(1) 問	(2) 民	(3) 物			
4.	(1) ②	(2) ④	(3) ⑤	(4) ③		

朴

6급

성 박

木 | 2획

나무(木)의 껍질(卜)이 자연 그대로 꾸밈이 없다는 데서 순박하다(朴)는 의미이다.

비 材(재목 재)

읽기한자

朴直(박직) : 순박하고 정직함
朴野(박야) : 질박하고 촌스러움

활용문

우리나라에는 朴氏(박씨)가 참 많습니다.

필순 一 十 才 木 朴 朴

朴								
성 박								

反

6급 II

돌이킬
돌아올 반:

又 | 2획

손(又)에 밀려 굽어진 판자(厂)는 손을 떼면 원래 되돌아오기에 돌아오다(反)는 의미이다.

비 友(벗 우)

읽기한자

反感(반감) : 불쾌하게 생각하여 반항하는 감정
反旗(반기) : 반대의 뜻을 나타내는 행동이나 표시
反動(반동) : 한 동작에 대하여 반대로 일어나는 동작
反問(반문) : 물음에 대답하지 아니하고 되받아서 물음
反省(반성) : 자기의 과거 행위에 대하여 그 선악, 가부를 고찰함

활용문

反省(반성)을 하고 있으니까, 이제 그만 용서해줘요.

필순 一 厂 万 反

反								
돌이킬 반								

半

6급 II

반 반:

十 | 3획

소는 농가의 재산으로 소(牛)를 2등분(八)한 한쪽을 의미하여 반쪽분(半)이라는 의미이다.

비 羊(양 양)
美(아름다울 미)

읽기 한자

半球(반구) : 구의 절반
半月(반월) : 반달. 한 달의 절반인 15일
上半身(상반신) : 아래위로 절반 나눈 그 윗몸
半百(반백) : 백의 반 곧 쉰
半生(반생) : 생의 절반

활용문

아버지는 '동네 半(반) 바퀴'만 돌고 석효를 데리고 집으로 돌아왔다.

필순 丶 丷 丷 丷 半

半								
반 반								

班

6급 II

나눌 반

王(玉) | 6획

구슬(玉)을 구별하여 전체를 몇 개인가로 나누어(刂) 각각의 조직을 반으로 나누다(班)는 의미이다.

동 分(나눌 분)
別(나눌 별)

읽기 한자

班長(반장) : 반의 통솔자
班名(반명) : 반의 이름
文班(문반) : 문관의 반열

활용문

경우에 따라서는 合班(합반)수업이 필요하기도 합니다.

필순 一 二 千 王 王 刃 玏 玏 班 班

班								
나눌 반								

바

發 6급 II

필 발

癶 | 7획

활(弓)이나 손에 든 창(殳)을 두 손(癶)으로 쏜다(發)는 의미이다.

비 廢(폐할 폐)

약 発

읽기한자

發明(발명) : 지금까지 쓰지 않던 새로운 물건 또는 방법을 만들거나 고안하여 냄

發生(발생) : 처음 일어남

發電(발전) : 전기를 일으킴

發表(발표) : 널리 드러내어 세상에 알림

활용문

전기문 '토머스 에디슨'에는 '電球(전구)·電氣(전기)·電線(전선)·發電所(발전소)' 등 '電'자 들어가는 말이 여러 개가 나온다.

필순

發								
필 발								

方 7급 II

모 방

方 | 0획

두 척의 배를 나란히 붙인 모양을 본뜬 것으로 모나다(方)는 의미이다.

비 放(놓을 방)

읽기한자

方今(방금) : 바로 이제

方向(방향) : 향하는 쪽

近方(근방) : 근처

向方(향방) : 향하는 곳

方式(방식) : 일정한 형식

多方面(다방면) : 여러 방면

쓰기한자

方道(방도) : 일에 대한 방법과 도리

東方(동방) : 동쪽 지방

前方(전방) : 적군과 마주 대하고 있는 지역

方正(방정) : 하는 일이 점잖고 바름. 물건이 네모지고 반듯함

地方(지방) : 어느 한 방면의 땅

方面(방면) : 어떤 분야

활용문

前方(전방)에서 복무하는 군인들은 추위하고도 싸워야 한다.

필순

方								
모 방								

확·인·학·습 18

1. 다음 한자어(漢字語)의 독음을 쓰세요.

(1) 朴直 (　　　)　　(2) 半月 (　　　)
(3) 發火 (　　　)　　(4) 班長 (　　　)
(5) 反問 (　　　)　　(6) 地方 (　　　)

2. 다음 한자(漢字)의 훈(訓)과 음(音)을 쓰세요.

(1) 反 (　　　)
(2) 班 (　　　)
(3) 朴 (　　　)

3. 다음 훈(訓)과 음(音)에 맞는 한자(漢字)를 쓰세요.

(1) 물을 문 (　　　)
(2) 모 방 (　　　)
(3) 백성 민 (　　　)

4. 다음(　)에 들어갈 한자(漢字)를 예(例)에서 찾아 그 번호를 쓰세요.

예(例)			
	① 反	② 發	③ 班
	④ 方	⑤ 朴	⑥ 半

(1) 同時多(　)　　(2) 行(　)不明
(3) 學級(　)長　　(4) 正(　)合

정답
1. (1) 박직 (2) 반월 (3) 발화 (4) 반장 (5) 반문 (6) 지방
2. (1) 돌이킬/돌아올 반 (2) 나눌 반 (3) 성 박
3. (1) 問 (2) 方 (3) 民
4. (1) ② (2) ④ (3) ③ (4) ①

放

6급Ⅱ

놓을 방(:)

攵(攴) | 4획

손(方)에 채찍(攵)을 들어 죄인을 때리고 섬으로 유배하는 것에서 떼내다(放)의 의미이다.

비 政(정사 정)
故(연고 고)
效(본받을 효)

반 防(막을 방)

읽기 한자

放生(방생) : 사람에게 잡힌 생물을 놓아서 살려 줌
放心(방심) : 마음을 다잡지 아니하고 풀어놓아 버림
放電(방전) : 축전지에 저장된 전기를 방출하는 현상

활용문

여러분들도 放心(방심)하지 말고 행동해야 합니다.

필순 丶 亠 方 方 方' 於 放

放								
놓을 방								

白

8급

흰 백

白 | 0획

햇빛(日)이 비치면 번쩍번쩍 빛나서(丿) 밝게 보이는 것에서 희다(白)는 의미이다.

비 百(일백 백)
自(스스로 자)

반 黑(검을 흑)

읽기 한자

白米(백미) : 희게 쓿은 멥쌀. 흰쌀
白夜(백야) : 여름에 태양광선 때문에 박명이 계속되는 짧은 밤
半白(반백) : 흑백이 서로 반씩 섞인 머리털
白衣民族(백의민족) : 예로부터 흰옷을 즐겨 입은 데서 한국 민족을 일컬음

쓰기 한자

白花(백화) : 흰 꽃
白文(백문) : 구두점이나 주석이 전혀 붙어 있지 않은 순수한 한문
白日場(백일장) : 시문 짓기를 겨루는 공개 행사
白紙(백지) : 아무것도 쓰거나 그리지 않은 흰 종이

활용문

靑軍(청군)과 白軍(백군)으로 나뉘어서 차전놀이가 진행 중입니다.

필순 ′ 亻 白 白 白

白								
흰 백								

百

7급

일백 백

白 | 1획

하나(一)에서 일백까지 세면 크게 외쳐(白) 일단락 지은 데서 그 의미가 된 글자이다.

비 白(흰 백)

읽기한자

百年大計(백년대계) : 먼 뒷날까지에 걸친 큰 계획
百發百中(백발백중) : 총, 활 같은 것이 겨눈 곳에 꼭꼭 맞음
百戰百勝(백전백승) : 싸우는 때마다 모조리 이김

쓰기한자

百方(백방) : 온갖 방법, 여러 방향 또는 방면
百花(백화) : 온갖 꽃
數百(수백) : 백의 두서너 배가 되는 수, 또는 그런 수의
百姓(백성) : 국민의 예스러운 말
百家(백가) : 많은 학자 또는 작자
百年草(백년초) : 선인장

활용문

百方(백방)으로 뛰어다니기 너무 힘듭니다.

필순 一 丆 丆 百 百 百

百								
일백 백								

番

6급

차례 번

田 | 7획

손(爫)으로 벼(禾)를 논(田)에 차례차례(番) 심는다는 의미이다.

비 留(머무를 류)
동 第(차례 제)
序(차례 서)

읽기한자

每番(매번) : 번번이
番外(번외) : 차례나 순서와는 별도
番號(번호) : 차례를 나타내는 호수. 순번의 번호를 외치는 일
軍番(군번) : 군인에게 매기는 일련 번호
番地(번지) : 번호를 매겨서 나눈 땅
番番(번번)이 : 여러 번 다

활용문

番號(번호)대로 줄을 서세요.

필순 ノ ノ 丆 丆 平 乎 采 釆 畨 畨 番 番

番								
차례 번								

바

別

6급

다를 나눌 별

刂(刀) | 5획

잡아온 동물의 뼈와 고기를 칼(刂)로 끊어 나누는(另) 것에서 나누다(別)는 의미이다.

비 列(벌릴 렬)
동 異(다를 이) 他(다를 타) 分(나눌 분) 班(나눌 반)
반 同(같을 동) 共(한가지 공)

읽기한자

別堂(별당) : 뒤에 따로 지은 집
別室(별실) : 소실. 따로 마련된 방
別世(별세) : 세상을 떠남
作別(작별) : 서로 헤어짐
區別(구별) : 종류에 따라 갈라 놓음. 차별함

활용문

졸업식에서 학생들은 서로 作別(작별)을 아쉬워 했다.

필순 丨 冂 口 号 另 別 別

別								
다를/나눌 별								

病

6급

병 병:

疒 | 5획

아궁이의 불(丙)처럼 열이 나는 병(疒)이란 데서 병들다(病)라는 의미이다.

동 疾(병 질)

읽기한자

病苦(병고) : 병으로 인한 고통
病死(병사) : 병으로 죽음
病席(병석) : 병자가 눕는 자리
病室(병실) : 환자가 드는 방
病者(병자) : 병에 걸려서 앓는 사람
問病(문병) : 앓는 사람을 찾아보고 위로함

활용문

그런데 어느 해 겨울에, 샛별이 어머니가 重病(중병)에 걸려 자리에 눕고 말았습니다.

필순 丶 亠 广 疒 疒 疔 疔 病 病 病

病								
병 병								

확·인·학·습 19

바

1. 다음 한자어(漢字語)의 독음을 쓰세요.

(1) 放生 (　　　　)　　(2) 數百 (　　　　)
(3) 番外 (　　　　)　　(4) 問病 (　　　　)
(5) 白紙 (　　　　)　　(6) 作別 (　　　　)

2. 다음 한자(漢字)의 훈(訓)과 음(音)을 쓰세요.

(1) 放　(　　　　)
(2) 別　(　　　　)
(3) 番　(　　　　)

3. 다음 훈(訓)과 음(音)에 맞는 한자(漢字)를 쓰세요.

(1) 일백 백 (　　　　)
(2) 모 방　(　　　　)
(3) 흰 백　(　　　　)

4. 다음(　　)에 들어갈 한자(漢字)를 예(例)에서 찾아 그 번호를 쓰세요.

예(例)			
	① 番	② 百	③ 病
	④ 別	⑤ 放	⑥ 白

(1) (　　)衣民族　　(2) 特(　　)活動
(3) (　　)萬長者　　(4) (　　)地記入

정답

1. (1) 방생　(2) 수백　(3) 번외　(4) 문병　(5) 백지　(6) 작별
2. (1) 놓을 방　(2) 다를/나눌 별　(3) 차례 번
3. (1) 百　(2) 方　(3) 白
4. (1) ⑥　(2) ④　(3) ②　(4) ①

服

6급

옷 복

月 | 4획

몸(月)의 신분(卩)에 알맞도록 손(又)으로 골라서 입은 옷(服)을 의미한다.

비 報(알릴 보)
　腹(배 복)
동 衣(옷 의)

읽기한자

服藥(복약) : 약을 먹음
服用(복용) : 약을 먹음
不服(불복) : 복종하지 않음
冬服(동복) : 겨울철에 입는 옷
服色(복색) : 신분, 직업 등에 맞춰 차려 입은 옷의 꾸밈새
感服(감복) : 마음에 깊이 느껴 충심으로 복종함
禮服(예복) : 의식 때 입는 옷. 예절을 특별히 차릴 때 입는 옷

활용문

겨울이 지났으니 冬服(동복)을 넣어야 되겠다.

필순 丿 刀 月 月 月⁷ 肜 服 服

服								
옷 복								

本

6급

근본 본

木 | 1획

나무 뿌리 가운데 굵은 뿌리를 표시한 것에서 근본(本)을 의미한다.

비 木(나무 목)
　未(아닐 미)
동 根(뿌리 근)

읽기한자

本家(본가) : 본집. 친정
本校(본교) : 분교에 대하여 근간이 되는 학교
本文(본문) : 문서 중의 주장되는 글
本色(본색) : 본디의 면목. 본디의 형태나 형체
本然(본연) : 본디 생긴 그대로의 상태
根本(근본) : 초목의 뿌리. 사물이 발생하는 근원

활용문

本校(본교)와 分校(분교)에 크게 연연하지 마십시오.

필순 一 十 才 木 本

本								
근본 본								

父 8급

아비 부

父 | 0획

도끼를 갖고 짐승을 잡으러가는 어른의 모습에서, 그 집의 주인이므로 아버지(父)를 의미한다.

반 母(어미 모)

읽기한자

父子有親(부자유친) : 아버지와 아들 사이의 도는 친애에 있음
父親(부친) : 아버지

쓰기한자

父子(부자) : 아버지와 아들
老父(노부) : 늙은 아버지
祖父(조부) : 할아버지
父兄(부형) : 아버지와 형을 아울러 이르는 말
父女(부녀) : 아버지와 딸
父母(부모) : 아버지와 어머니

활용문

父母(부모)님에게 효도하는 것은 인간의 도리입니다.

필순 ノ ハ グ 父

父								
아비 부								

夫 7급

지아비 부

大 | 1획

갓을 쓴 사내의 모양으로 지아비, 사내(夫)를 의미한다.

반 婦(며느리 부)

읽기한자

病夫(병부) : 병든 남편
勇夫(용부) : 용감한 사나이

쓰기한자

工夫(공부) : 사람의 도리를 배움
人夫(인부) : 품삯을 받고 쓰이는 사람
夫人(부인) : 남의 아내를 일컫는 존칭어
農夫(농부) : 농사짓는 일을 직업으로 하는 사람
車夫(차부) : 마차나 우차 따위를 부리는 사람

활용문

형님은 입시工夫(공부)에 여념이 없습니다.

필순 一 二 夫 夫

夫								
지아비 부								

部

6급 II

때 부

阝(邑) | 8획

나라(阝)를 작게 구획(咅)한 마을에서 나누다, 부분(部)을 의미한다.

비 郞(사내 랑)
동 隊(무리 대)
반 單(홑 단)
獨(홀로 독)
孤(외로울 고)

읽기한자

部長(부장) : 한 부(部)의 우두머리
部下(부하) : 아랫사람
全部(전부) : 사물의 모두
部門(부문) : 갈라놓은 부류
部分(부분) : 전체를 몇 개로 나눈 것의 하나

활용문

어느 날 을지문덕 장군은 自身(자신)이 직접 적진에 다녀올 계획을 部下(부하) 장수들에게 말하였습니다.

필순 丶 亠 亠 立 立 产 音 咅 咅' 部' 部

部								
떼 부								

北

8급

북녘 북
달아날 배

匕 | 3획

두 사람이 서로 등을 지고 있는 모양을 본떴다.

비 兆(억조 조)
반 南(남녘 남)

읽기한자

北部(북부) : 북쪽의 부분
北風(북풍) : 북쪽에서 불어오는 바람
北向(북향) : 북쪽을 향함

쓰기한자

全北(전북) : 전라북도의 준말
北村(북촌) : 북쪽에 있는 마을
北韓(북한) : 남북으로 갈린 우리나라의 북쪽
南北(남북) : 남쪽과 북쪽
北學(북학) : 조선 영조 · 정조 때에, 실학자들이 청나라의 앞선 문물제도 및 생활양식을 받아들일 것을 내세운 학풍

활용문

南北(남북)으로 갈린 우리 현실이 너무 안타깝군요.

필순 丨 ㅓ ㅕ 비 北

北								
북녘 북								

확·인·학·습 20

1. 다음 한자어(漢字語)의 독음을 쓰세요.

(1) 服色 (　　　　)　　(2) 夫人 (　　　　)
(3) 全部 (　　　　)　　(4) 父子 (　　　　)
(5) 北村 (　　　　)　　(6) 本家 (　　　　)

2. 다음 한자(漢字)의 훈(訓)과 음(音)을 쓰세요.

(1) 夫 (　　　　)
(2) 北 (　　　　)
(3) 服 (　　　　)

3. 다음 훈(訓)과 음(音)에 맞는 한자(漢字)를 쓰세요.

(1) 아비 부 (　　　　)
(2) 지아비 부 (　　　　)
(3) 북녘 북 (　　　　)

4. 다음(　　)에 들어갈 한자(漢字)를 예(例)에서 찾아 그 번호를 쓰세요.

예(例)			
	① 本	② 北	③ 夫
	④ 父	⑤ 部	⑥ 服

(1) 東西南(　　)　　(2) (　　)分集合
(3) 西洋衣(　　)　　(4) (　　)文學習

정답

1. (1) 복색　(2) 부인　(3) 전부　(4) 부자　(5) 북촌　(6) 본가
2. (1) 지아비 부 (2) 북녘 북/달아날 배　(3) 옷 복
3. (1) 父　(2) 夫　(3) 北
4. (1) ②　(2) ⑤　(3) ⑥　(4) ①

分

6급 II

나눌 분(:)

刀 | 2획

한 자루의 막대봉을 칼(刀)로서 두 개로 나누는(八) 것에서 나누다(分)는 의미이다.

비 今(이제 금)
동 區(나눌 구)
配(나눌 배)
別(나눌 별)
반 合(합할 합)

읽기 한자

分明(분명) : 흐리지 않고 똑똑함
分別(분별) : 일이나 물건을 제 분수대로 각각 나눠서 가름
分野(분야) : 몇으로 나눈 각각의 범위
分業(분업) : 손을 나눠서 일함
區分(구분) : 따로따로 갈라 나눔
親分(친분) : 친밀한 정분
名分(명분) : 표면상의 이유

활용문

백열전구를 만든 것은 그 일의 한 部分(부분)에 지나지 않았다.

필순 丿 八 分 分

分								
나눌 분								

不

7급 II

아닐 불

一 | 3획

〈~하지 않다. ~이 아니다〉라고 말하는 것처럼 말을 부정하는 의미이다.

비 丕(클 비)
동 未(아닐 미)
否(아닐 부)

읽기 한자

不利(불리) : 해로움
不分明(불분명) : 분명하지 못함
不合理(불합리) : 도리에 맞지 않음
不幸(불행) : 행복하지 못함
不和(불화) : 사이가 서로 화합하지 못함

쓰기 한자

不平(불평) : 마음에 들지 않아 못마땅하게 여김
不正(부정) : 바르지 않음, 옳지 않음
不足(부족) : 넉넉하지 못함, 모자람
不孝(불효) : 어버이를 효성스럽게 잘 섬기지 아니하는 행위

활용문

별일은 없는지 너무 不安(불안)합니다.

필순 一 ア 不 不

不								
아닐 불								

四 8급

넉 사:

囗 | 2획

막대기 넷을 세로로 놓고 모양을 보기 좋게 변형하였다.

비 匹(짝 필)
西(서녘 서)

읽기한자

四角(사각) : 네 개의 각
四部(사부) : 네 개의 부서
四行(사행) : 인간이 지켜야 할 네 가지의 도리

쓰기한자

四方(사방) : 동 · 서 · 남 · 북 네 방위를 통틀어 이르는 말
四海(사해) : 사방의 바다
四寸(사촌) : 삼촌의 아들 · 딸
四民(사민) : 온 백성

활용문

四寸(사촌) 형은 이번에 사법고시를 통과했습니다.

필순 丨 冂 冂 四 四

四								
넉 사								

事 7급II

일 사:

亅 | 7획

역술사는 여러 가지를 점치는 것이 직업이라는 데서 일, 직업(事)을 의미한다.

비 車(수레 거/차)
동 業(업/일 업)

읽기한자

事業(사업) : 일. 일정한 목적과 계획 밑에서 경영하는 경제적 활동
事親(사친) : 어버이를 섬김
成事(성사) : 일을 이룸
行事(행사) : 어떠한 일을 행함

쓰기한자

事後(사후) : 무슨 일을 치르거나 손댄 뒤
事物(사물) : 일과 물건
人事(인사) : 남에게 공경하는 뜻으로 하는 예의

활용문

事前(사전)에 그 일이 있을 것이라고 말을 했어야죠.

필순 一 ㄱ 弓 弖 㝵 写 事 事

事								
일 사								

사

社

6급II

모일 사

示 | 3획

물건을 낳아주는 흙(土)을 공경해 제사하는(示) 것에서 토지신, 동료, 사회(社)를 의미한다.

비 祈(빌 기)
祀(제사 사)
동 會(모을 회)
集(모일 집)

읽기한자

社交(사교) : 여러 사람이 모여 서로 교제함
社會(사회) : 같은 무리끼리 모여 이루는 집단
本社(본사) : 지사에 대해 주가 되는 회사

활용문

電信會社(전신회사)에 다니다 뉴욕으로 간 그는 고장 난 기계를 새로 만들어 주고 큰돈을 받았다.

필순 一 二 亍 亓 示 示 社 社

社								
모일 사								

使

6급

하여금 부릴 사:

亻(人) | 6획

상관인 웃어른(人)이 아전(吏)으로 하여금(使) 어떤 일을 하도록 부린다(使)는 의미이다.

비 史(사기 사)
吏(관리 리)
반 勞(일할 로)

읽기한자

使動(사동) : 행동의 주체가 자발적으로 못하고 다른 사람이나 물건의 시킴이나 힘으로 인해 행함
使命(사명) : 사자로서 받은 명령
使用(사용) : 물건을 씀

활용문

火藥(화약)은 中國(중국)에서 이미 發明(발명)되어 使用(사용)되고 있었다.

필순 丿 亻 亻 亻 佢 佢 使 使

使								
하여금 사								

확·인·학·습 21

1. 다음 한자어(漢字語)의 독음을 쓰세요.

(1) 分明 (　　　)　　(2) 社會 (　　　)
(3) 事業 (　　　)　　(4) 不平 (　　　)
(5) 四寸 (　　　)　　(6) 使命 (　　　)

2. 다음 한자(漢字)의 훈(訓)과 음(音)을 쓰세요.

(1) 不 (　　　)
(2) 使 (　　　)
(3) 四 (　　　)

3. 다음 훈(訓)과 음(音)에 맞는 한자(漢字)를 쓰세요.

(1) 넉 사 (　　　)
(2) 아닐 불 (　　　)
(3) 일 사 (　　　)

4. 다음(　　)에 들어갈 한자(漢字)를 예(例)에서 찾아 그 번호를 쓰세요.

예(例)			
	① 事	② 四	③ 不
	④ 分	⑤ 使	⑥ 社

(1) (　　)會生活　　(2) 身土(　　)二
(3) (　　)字成語　　(4) (　　)命感

정답
1. (1) 분명 (2) 사회 (3) 사업 (4) 불평 (5) 사촌 (6) 사명
2. (1) 아닐 불 (2) 하여금/부릴 사 (3) 넉 사
3. (1) 四 (2) 不 (3) 事
4. (1) ⑥ (2) ③ (3) ② (4) ⑤

死

6급

죽을 사:

歹 | 2획

사람이 죽으면(歹) 살이 떨어지고 뼈(匕)가 되는 것에서 죽다, 죽이다(死)는 의미이다.

반 生(살 생)
活(살 활)

읽기 한자

死別(사별) : 여의어 이별함
死線(사선) : 죽을 고비
死色(사색) : 죽은 사람과 같은 안색
死藥(사약) : 먹으면 죽는 독약
死活(사활) : 죽느냐 사느냐의 갈림길
死力(사력) : 죽을 힘, 결사적으로 쓰는 힘

활용문

그 남자는 아내와의 死別(사별)이 믿겨지지 않는 듯한 표정이었다.

필순 一 丆 歹 歹 歿 死

死								
죽을 사								

山

8급

메 산

山 | 0획

멀리서 본 산의 모양을 본떴다.

반 川(내 천)
江(강 강)
海(바다 해)

읽기 한자

山神(산신) : 산을 맡아 지킨다는 신
山野(산야) : 산과 들
山行(산행) : 산에 놀러 가는 일

쓰기 한자

山村(산촌) : 산 속에 있는 마을
山草(산초) : 산에 나는 풀
山間(산간) : 산과 산 사이에 산골짜기가 많은 곳
山林(산림) : 산에 우거진 숲
靑山(청산) : 풀과 나무가 무성한 푸른 산

활용문

아버지는 일요일마다 登山(등산)을 하십니다.

필순 丨 山 山

山								
메 산								

算

7급

셈 산

竹 | 8획

조개(貝)를 양손(廾)에 갖고 장난을 하듯이 대나무(竹) 막대로 수를 센다(算)는 의미이다.

동 數(셈 수)

읽기 한자

計算(계산) : 셈을 헤아림
勝算(승산) : 꼭 이길만한 가망성

쓰기 한자

算出(산출) : 계산하여 냄
口算(구산) : 입으로 계산함
算數(산수) : 셈 공부
心算(심산) : 속셈

활용문

나는 돈벌이나 할 心算(심산)으로 그 일을 택한 것은 아닙니다.

필순 ⺈ ⺊ ⺮ 𥫗 竹 竹 竹 竹 笞 笞 筲 筲 算 算

算									
셈 산									

三

8급

석 삼

一 | 2획

막대기 셋(三)을 가로로 놓은 모양을 본떴다.

읽기 한자

三代(삼대) : 조부와 아버지와 아들
三族(삼족) : 부모와 형제와 처자. 부계, 모계, 처계의 족속
作心三日 (작심삼일) : 결심이 삼일을 가지 못함

쓰기 한자

三男(삼남) : 셋째 아들
三面(삼면) : 세 방면
三色(삼색) : 세 가지의 빛깔

활용문

어머니는 우리 三男(삼남)매를 키우시느라 고생이 많으셨다.

필순 一 二 三

三									
석 삼									

사

上

7급 II

윗 상:

一 | 2획

중앙에 선을 한(一) 줄 쓰고 그 위에 표시한 점(卜)의 모양에서 위(上)을 의미한다.

반 下(아래 하)

읽기 한자

上京(상경) : 시골에서 서울로 올라옴
上席(상석) : 일터, 계급 또는 모임에서 위가 되는 자리
上體(상체) : 몸의 윗 부
上向(상향) : 위를 향함
路上(노상) : 길바닥

쓰기 한자

上空(상공) : 높은 하늘
上記(상기) : 위에 적음, 또는 그 글귀
上水道(상수도) : 도시의 음료수를 계통적으로 급수하는 설비

활용문

그녀는 上氣(상기)된 얼굴로 다가왔다.

필순 丨 ⺊ 上

上								
윗 상								

色

7급

빛 색

色 | 0획

눈표적은 안색이나 의복의 색깔이다라는 것에서 색(色)을 의미한다.

비 邑(고을 읍)
동 光(빛 광)

읽기 한자

色感(색감) : 색채 감각
色度(색도) : 명도를 제외한 광선의 빛깔의 종별을 수량적으로 지정한 수치
本色(본색) : 본디의 형태나 형체
特色(특색) : 보통의 것과 다른 점
行色(행색) : 길 떠나는 사람의 차림새
和色(화색) : 얼굴에 드러난 환한 빛

쓰기 한자

色紙(색지) : 물감을 들인 종이, 색종이
白色(백색) : 흰 색
正色(정색) : 장난기 없이 진지함

활용문

名色(명색)이 사장인데 그럴 리는 없을 거야.

필순 ⺈ ⺈ ⺈ 㐫 刍 色

色								
빛 색								

확·인·학·습 22

1. 다음 한자어(漢字語)의 독음을 쓰세요.

(1) 死別 (　　　)　(2) 白色 (　　　)
(3) 山村 (　　　)　(4) 上記 (　　　)
(5) 三面 (　　　)　(6) 口算 (　　　)

2. 다음 한자(漢字)의 훈(訓)과 음(音)을 쓰세요.

(1) 死 (　　　)
(2) 算 (　　　)
(3) 色 (　　　)

3. 다음 훈(訓)과 음(音)에 맞는 한자(漢字)를 쓰세요.

(1) 메 산 (　　　)
(2) 윗 상 (　　　)
(3) 석 삼 (　　　)

4. 다음(　)에 들어갈 한자(漢字)를 예(例)에서 찾아 그 번호를 쓰세요.

예(例)			
	① 色	② 三	③ 上
	④ 算	⑤ 死	⑥ 山

(1) (　)戰水戰　(2) 作心(　)日
(3) (　)下左右　(4) 各人各(　)

정답

1. (1) 사별 (2) 백색 (3) 산촌 (4) 상기 (5) 삼면 (6) 구산
2. (1) 죽을 사 (2) 셈 산 (3) 빛 색
3. (1) 山 (2) 上 (3) 三
4. (1) ⑥ (2) ② (3) ③ (4) ①

사

生 (8급)

날 생

生 | 0획

흙 속에서 눈이 나오는 모습에서 싹이 트다, 태어나다(生)라는 의미이다.

동 出(날 출)
반 死(죽을 사)

읽기 한자

生成(생성) : 사물이 생겨남
發生(발생) : 생겨남. 일이 비롯하여 일어남
生計(생계) : 살아나갈 방도
九死一生(구사일생) : 죽을 고비를 여러 차례 겪고 겨우 살아남
放生(방생) : 사람에게 잡힌 생물을 놓아서 살려 줌
野生(야생) : 자연 그대로의 상태로 자라는 일

쓰기 한자

平生(평생) : 일생
生動(생동) : 생기있게 살아 움직임
生命(생명) : 사람이 살아서 숨쉬고 활동할 수 있게 하는 힘
生活(생활) : 사람이나 동물이 일정한 환경에서 활동하며 살아감

활용문

그는 아직도 아이의 出生(출생)신고를 하지 않았다.

필순 ノ 𠂉 𠂉 牛 生

生								
날 생								

西 (8급)

서녘 서

襾 | 0획

해가 서쪽에서 기울 무렵 새가 집으로 들어가는 것에서 서쪽(西)을 의미한다.

비 酉(닭 유)
　四(넉 사)
반 東(동녘 동)

읽기 한자

西洋(서양) : 동양에서 유럽과 아메리카주의 여러 나라를 이르는 말
西風(서풍) : 서쪽에서 불어오는 바람

쓰기 한자

西面(서면) : 앞을 서쪽으로 향함
西方(서방) : 서쪽 지방
西海(서해) : 서쪽에 있는 바다
東西(동서) : 동쪽과 서쪽

활용문

東西(동서)간의 화합은 아주 중요합니다.

필순 一 丆 冇 两 西 西

西								
서녘 서								

書

6급II

글 서

日 | 6획

붓(聿)으로 종이(日)에 글자를 쓰고 있는 형태에서 쓰다, 서적(書)을 의미한다.

비 晝(낮 주)
畫(그림 화)

읽기한자

書堂(서당) : 글방
書信(서신) : 편지
書體(서체) : 글씨의 모양
書式(서식) : 증서 · 원서 등을 쓰는 일정한 법식
書記(서기) : 기록을 맡아 보는 사람

활용문

그 後(후)로 教科書(교과서)나 동화집, 그리고 잡지나 신문을 읽다가 모르는 말이 나오면 곧 국어 사전을 찾아보곤 하였다.

필순 ㄱ ⺕ ⺕ ⺕ 聿 聿 書 書 書 書

書								
글 서								

夕

7급

저녁 석

夕 | 0획

해가 저물고 달이 뜨기 시작할 무렵의 모습에서 저녁(夕)을 의미한다.

동 夜(밤 야)
반 朝(아침 조)
旦(아침 단)

읽기한자

夕陽(석양) : 저녁때의 해
朝夕(조석) : 아침과 저녁

쓰기한자

秋夕(추석) : 한가위
夕食(석식) : 저녁 식사
夕日(석일) : 저녁때의 해. 석양

활용문

七夕(칠석)은 음력으로 칠월 초이렛날을 말한다.

필순 ノ ク 夕

夕								
저녁 석								

石	6급 돌 석
	石 | 0획

벼랑(厂) 밑에 흩어져 있는 돌(口)의 모양으로 돌(石)을 나타냈다.

비 古(예 고)
右(오른 우)

읽기한자

石工(석공) : 돌을 다루어 물건을 만드는 사람
石油(석유) : 천연으로 지하에서 산출되는 가연성 광물성 기름
石山(석산) : 돌산
石門(석문) : 돌로 만든 문
石手(석수) : 돌을 다루어 물건을 만든 사람

활용문

石油(석유)값이 계속 오르니 걱정이군요.

필순 一 丆 丆 石 石

石								
돌 석								

席	6급 자리 석
	巾 | 7획

풀로 짠 깔개에 면포(巾)를 씌운 방석을 집안(广)에 두고 자리, 앉는 곳(席)을 의미한다.

비 度(법도 도)
동 座(자리 좌)

읽기한자

空席(공석) : 빈 좌석
同席(동석) : 자리를 같이함
上席(상석) : 윗자리
出席(출석) : 자리에 나감
病席(병석) : 병자가 눕는 자리
主席(주석) : 주가 되는 자리
合席(합석) : 한자리에 같이 앉음

활용문

病席(병석)에 누워계신 선생님께 병문안을 가야합니다.

필순 丶 亠 广 广 庐 庐 庐 产 席 席

席								
자리 석								

확·인·학·습 23

1. 다음 한자어(漢字語)의 독음을 쓰세요.

(1) 出生 (　　　) (2) 夕食 (　　　)
(3) 東西 (　　　) (4) 木石 (　　　)
(5) 書記 (　　　) (6) 空席 (　　　)

2. 다음 한자(漢字)의 훈(訓)과 음(音)을 쓰세요.

(1) 書 (　　　)
(2) 席 (　　　)
(3) 石 (　　　)

3. 다음 훈(訓)과 음(音)에 맞는 한자(漢字)를 쓰세요.

(1) 서녘 서 (　　　)
(2) 날 생 (　　　)
(3) 저녁 석 (　　　)

4. 다음(　)에 들어갈 한자(漢字)를 예(例)에서 찾아 그 번호를 쓰세요.

예(例)			
	① 石	② 西	③ 席
	④ 書	⑤ 生	⑥ 夕

(1) 東問(　)答 (2) 九死一(　)
(3) 白面(　)生 (4) 外野(　)

정답

1. (1) 출생 (2) 석식 (3) 동서 (4) 목석 (5) 서기 (6) 공석
2. (1) 글 서 (2) 자리 석 (3) 돌 석
3. (1) 西 (2) 生 (3) 夕
4. (1) ② (2) ⑤ (3) ④ (4) ③

先

8급

먼저 선

儿 | 4획

풀 눈이 쭉쭉 뻗치는 것(生)과 사람이 걸어서(儿) 앞으로 나가기에 먼저(先)라는 의미이다.

동 前(앞 전)
반 後(뒤 후)

읽기한자

先代(선대) : 이전의 대. 조상의 세대
先頭(선두) : 첫머리
先親(선친) : 돌아간 자기의 아버지
先行(선행) : 앞서 감
行先地(행선지) : 떠나가는 목적지

쓰기한자

先後(선후) : 먼저와 나중
先手(선수) : 기선을 제하여 공격의 위치에 섬
先子(선자) : 예전에 살았던 사람
先祖(선조) : 먼저 산 조상
先生(선생) : 스승 교원에 대한 일컬음

활용문

先發(선발)대로 출발했으니 곧 올 것이다.

필순 丿 𠂉 𠂉 生 生 先

先								
먼저 선								

線

6급 II

줄 선

糸 | 9획

샘물(泉)이 솟아올라 실(糸)이 가늘고 길게 이어져 실처럼 가늘고 긴 선(線)을 의미한다.

비 終(마칠 종)

읽기한자

光線(광선) : 빛의 줄기
戰線(전선) : 전투 부대의 배치선
直線(직선) : 곧은 줄
一線(일선) : 하나의 선
線路(선로) : 열차나 전차의 바퀴가 굴러가는 레일의 길
電線(전선) : 전기를 통하는 도체로 쓰는 금속선
地平線(지평선) : 하늘과 땅이 맞닿아 보이는 경계

활용문

電線(전선)에 감전되지 않도록 조심하세요.

필순 幺 幺 幺 糸 糸 糸 糸 糸 約 約 約 約 線 線 線

線								
줄 선								

雪

6급 II

눈 설

雨 | 3획

비(雨)처럼 하늘에서 내려와서, 손바닥(⺕)에 올릴 수 있는 눈(雪)을 가리키는 말이다.

비 雲(구름 운)
電(번개 전)

읽기 한자

雪天(설천) : 눈이 오는 하늘
大雪(대설) : 많은 눈
白雪(백설) : 흰 눈

활용문

白雪公主(백설공주)가 너무 아름답습니다.

필순 一 ㄏ 冖 币 币 雨 雨 雪 雪 雪 雪

雪								
눈 설								

姓

7급 II

성 성:

女 | 5획

여자(女)가 아기를 낳으면(生) 그 아기에게 성(姓)이 붙는다는 의미이다.

비 性(성품 성)

읽기 한자

同姓同本(동성동본) : 성도 같고 본관도 같음
通姓名(통성명) : 서로 성명을 통함

쓰기 한자

姓字(성자) : 성을 표시하는 글자
同姓(동성) : 같은 성
國姓(국성) : 성과 본이 임금과 같은 성
姓名(성명) : 성과 이름

활용문

同姓同本(동성동본)이라고 해서 결혼을 금지하는 것은 문제가 있다.

필순 ㄑ 女 女 女' 女' 女' 姓 姓

姓								
성 성								

成 6급II

이룰 성

戈 | 3획

도끼(戊)로 몇 번이고 나무를 깎아(丁)서 물건을 만드는 것에서 충분히 완성되다(成)는 의미이다.

비 城(재 성)
동 就(나아갈 취)
　 達(통달할 달)
반 敗(패할 패)

읽기한자

成功(성공) : 목적을 이룸
成果(성과) : 이루어진 결과
成事(성사) : 일을 이룸
成立(성립) : 사물이 이루어짐
成分(성분) : 물체를 이루는 바탕이 되는 원질
成長(성장) : 자라서 점점 커짐

활용문

飮食物(음식물)이 사람의 몸을 자라게 하듯이 책은 사람의 마음을 成長(성장)시킵니다.

필순 丿 厂 万 万 成 成 成

成								
이룰 성								

省 6급II

살필 성
덜 생

目 | 4획

눈(目)을 가늘게(少) 뜨고 잘 본다는 것에서 주의해서 잘 본다, 잘 생각한다(省)는 의미이다.

비 看(볼 간)
　 劣(못할 렬)
동 察(살필 찰)
　 略(줄일 략)

읽기한자

反省(반성) : 자기의 과거의 행위에 대하여 스스로 그 선악 · 가부를 고찰함
自省(자성) : 스스로 반성함
人事不省(인사불성) : 정신을 잃고 의식을 모름
省力(생력) : 힘을 덞

활용문

反省(반성)을 하고 있으니까.

필순 丨 小 小 少 少 省 省 省 省

省								
살필 성								

확·인·학·습 24

1. 다음 한자어(漢字語)의 독음을 쓰세요.

(1) 成立 (　　　)　　(2) 一線 (　　　)
(3) 先祖 (　　　)　　(4) 國姓 (　　　)
(5) 大雪 (　　　)　　(6) 反省 (　　　)

2. 다음 한자(漢字)의 훈(訓)과 음(音)을 쓰세요.

(1) 省 (　　　)
(2) 線 (　　　)
(3) 雪 (　　　)

3. 다음 훈(訓)과 음(音)에 맞는 한자(漢字)를 쓰세요.

(1) 먼저 선 (　　　)
(2) 성 성 (　　　)
(3) 셈 산 (　　　)

4. 다음(　)에 들어갈 한자(漢字)를 예(例)에서 찾아 그 번호를 쓰세요.

예(例)			
	① 省	② 線	③ 先
	④ 姓	⑤ 雪	⑥ 成

(1) 白(　)公主　　(2) 同(　)同本
(3) 自手(　)家　　(4) 學校(　)生

정답

1. (1) 성립　(2) 일선　(3) 선조　(4) 국성　(5) 대설　(6) 반성
2. (1) 살필 성/덜 생　(2) 줄 선　(3) 눈 설
3. (1) 先　(2) 姓　(3) 算
4. (1) ⑤　(2) ④　(3) ⑥　(4) ③

사

世 7급 II

인간 세:

一 | 4획

옛날 30년을 '일세'라 하여, 연 수가 긴 것을 나타내고, 〈세월의 단락〉의 의미로 사용했다.

비 也(이끼 야)

읽기 한자

世代(세대) : 여러 대
世界(세계) : 온 세상
世孫(세손) : 시조로부터 몇 대째의 자손임을 나타내는 말
世習(세습) : 세상의 풍습
近世(근세) : 오래 되지 아니한 세상
別世(별세) : 세상을 떠남
現世(현세) : 지금 세상

쓰기 한자

世上(세상) : 사람이 살고 있는 온 누리
後世(후세) : 나중 세상
世道(세도) : 세상을 올바르게 다스리는 도리

활용문

全世界(전세계) 사람들이 월드컵에 열광하고 있습니다.

필순 一 十 廾 廿 世

世								
인간 세								

小 8급

작을 소:

小 | 0획

칼(亅)로 나누면(八) 크기가 작아진다(小)는 의미이다.

비 少(적을 소)
동 微(작을 미)
반 大(큰 대)

읽기 한자

小計(소계) : 한 부분만의 합계
小作(소작) : 남의 땅을 빌려 농사를 지음
弱小(약소) : 약하고 작음

쓰기 한자

小心(소심) : 주의 깊다. 속이 좁다
小數(소수) : 0보다 크고 1보다 작은 수
小話(소화) : 짤막한 이야기
中小(중소) : 규모나 수준 따위가 중간 정도인 것과 그 이하인 것

활용문

小雪(소설)은 24절기의 하나로 입동과 대설 사이에 있습니다.

필순 亅 小 小

小								
작을 소								

少

7급

적을 소:

小 | 1획

작은 것(小)을 나누면(丿) 더욱 작아진다는 것에서 적다(少)는 의미이다.

비 小(작을 소)
반 多(많을 다)
老(늙을 로)

읽기한자

多少(다소) : 많음과 적음

쓰기한자

老少(노소) : 늙은이와 젊은이
少年(소년) : 아직 완전히 성숙하지 않은 어린 사내아이
少女(소녀) : 아직 완전히 성숙하지 않은 어린 여자아이
少年軍(소년군) : 보이 스카우트
少數(소수) : 적은 수효

활용문

少數(소수)만이 그 시위에 참가했을 뿐이다.

필순 亅 亅 小 少

少								
적을 소								

所

7급

바 소:

戶 | 4획

나무를 자르는(斤) 곳(戶)이 소리가 나는 곳을 말하는 것에서 장소(所)를 의미한다.

읽기한자

所感(소감) : 느낀 바
所信(소신) : 믿는 바
急所(급소) : 신체 중에서 그 곳을 해치면 생명에 관계되는 부분
現住所(현주소) : 현재 살고 있는 곳
所在(소재) : 있는 바. 있는 곳

쓰기한자

所有(소유) : 가진 물건, 또 가짐
場所(장소) : 어떤 일이 이루어지거나 일어나는 곳
住所(주소) : 사는 곳

활용문

住所(주소)가 정확하지 않습니다.

필순 ` ㄱ ㅋ 戶 戶' 所 所 所

所								
바 소								

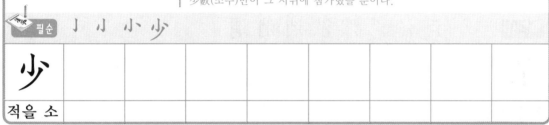

消

6급Ⅱ

사라질 소

氵(水) | 7획

물(氵)이 점점 줄어가는 것(肖)에서 사라지다, 없어지다(消)라는 의미이다.

반 顯(나타날 현)
現(나타날 현)

읽기한자

消失(소실) : 사라져 없어짐
消風(소풍) : 답답한 마음을 풀기 위해 바람을 쐼
消日(소일) : 하는 일 없이 세월을 보냄
消火(소화) : 불을 끔

활용문

할머니에게는 消日(소일)거리가 필요하다.

필순 丶 冫 氵 氵 氵 氵 氵 消 消 消

消								
사라질 소								

速

6급

빠를 속

辶(辵) | 7획

땔감을 단단히 꿰매(束)듯이, 마음을 꼭 매고 걸어가(辶)는 것에서 빠르다(速)는 의미이다.

비 束(묶을 속)
동 急(급할 급)

읽기한자

速記(속기) : 빨리 적음
速讀(속독) : 빨리 읽음
速成(속성) : 빨리 이룸
速度(속도) : 빠른 정도
速力(속력) : 속도의 크기
速行(속행) : 빨리 감

활용문

速力(속력)을 너무 올리지 마세요.

필순 一 𠃊 𠃊 𠃊 申 束 束 束 涑 涑 速

速								
빠를 속								

확·인·학·습 25

1. 다음 한자어(漢字語)의 독음을 쓰세요.

(1) 老少 (　　　)　　(2) 消火 (　　　)
(3) 速力 (　　　)　　(4) 小心 (　　　)
(5) 所有 (　　　)　　(6) 世上 (　　　)

2. 다음 한자(漢字)의 훈(訓)과 음(音)을 쓰세요.

(1) 消 (　　　)
(2) 少 (　　　)
(3) 速 (　　　)

3. 다음 훈(訓)과 음(音)에 맞는 한자(漢字)를 쓰세요.

(1) 인간 세 (　　　)
(2) 작을 소 (　　　)
(3) 바 소 (　　　)

4. 다음(　)에 들어갈 한자(漢字)를 예(例)에서 찾아 그 번호를 쓰세요.

예(例)			
	① 少	② 速	③ 世
	④ 小	⑤ 消	⑥ 所

(1) 男女老(　)　　(2) (　)界大戰
(3) 高(　)道路　　(4) 弱(　)國家

정답

1. (1) 노소 (2) 소화 (3) 속력 (4) 소심 (5) 소유 (6) 세상
2. (1) 사라질 소 (2) 적을 소 (3) 빠를 속
3. (1) 世 (2) 小 (3) 所
4. (1) ① (2) ③ (3) ② (4) ④

孫

6급

손자 손(:)

子 | 7획

인간(子)은 수없이 연결된 실다발처럼 다음에서 다음으로 이어진다(系)는 것에서 손자(孫)를 의미한다.

비 係(맬 계)

반 祖(할아비 조)

읽기 한자

孫子(손자) : 아들의 아들
世孫(세손) : 시조로부터 몇 대째의 자손임을 나타내는 말
子孫(자손) : 아들과 손자
外孫(외손) : 딸이 낳은 자식
後孫(후손) : 몇 대가 지난 후의 자손
子子孫孫(자자손손) : 자손의 여러 대

활용문

좋은 풍습을 後孫(후손)에게 물려주어야 한다.

필순

孫								
손자 손								

水

8급

물 수

水 | 0획

냇물의 움직임을 나타낸 모양을 의미한다.

비 氷(얼음 빙)

반 火(불 화)

읽기 한자

水路(수로) : 물길
藥水(약수) : 약물
水理(수리) : 땅 속에 흐르는 물의 줄기

쓰기 한자

水上(수상) : 물의 위, 또는 물길
食水(식수) : 먹는 물
水草(수초) : 물속이나 물가에 자라는 풀
山水(산수) : 산과 물이라는 뜻으로, 경치를 이르는 말
水門(수문) : 물의 흐름을 막거나 유량을 조절하기 위하여 설치한 문

활용문

홍수를 막기 위해 水門(수문)을 열어둘 필요가 있다.

필순

水								
물 수								

手

7급 II

손 수(:)

手 | 0획

다섯 개의 손가락과 손바닥과 팔의 형태에서 손(手)을 의미한다.

반 足(발 족)

읽기한자

手術(수술) : 피부나 조직을 외과 기구로 째거나 자르거나 하여 병을 다스리는 일
失手(실수) : 부주의로 잘못함
訓手(훈수) : 바둑 · 장기 등에서 끼어들어 방법을 가르쳐 줌
自手成家(자수성가) : 물려받은 재산이 없는 사람이 제 힘으로 한 살림을 이룩함

쓰기한자

旗手(기수) : 깃발을 든 사람　手動(수동) : 손으로 움직임
歌手(가수) : 노래를 부르는 것을 직업으로 삼는 사람
手工(수공) : 손으로 만든 공예　手足(수족) : 손발
木手(목수) : 나무를 다듬어 집이나 물건을 만드는 사람

활용문

그는 아프신 어머니의 手足(수족)이 되어 정성으로 간호했다.

필순 ㇀ 二 三 手

手									
손 수									

數

7급

셈 수:

攵(攴) | 11획

드문 드문 흩어져 있는(婁) 물건을 막대기를 들고 돌아다니며 치면서(攵) 하나 둘 셈하는 데서, '셈, 세다'(數)는 의미이다.

비 樓(다락 루)
동 算(셈 산)
약 数

읽기한자

數理(수리) : 수학의 이론이나 이치
等數(등수) : 차례를 매겨 붙인 번호
級數(급수) : 일정한 법칙에 따라 증감하는 수를 일정한 순서로 배열한 수열
分數(분수) : 어떤 정수를 다른 정수로 나눈 결과를 가로줄을 그어 나타낸 수

쓰기한자

數萬(수만) : 만의 두서너 배가 되는 수
數日(수일) : 두서너 날
數學(수학) : 수나 양 및 공간의 도형에 있어서의 온갖 관계를 연구하는 학문

활용문

數萬(수만)명의 군사가 일제히 포를 쏘아댔다.

필순 ㇀ 口 日 日 甘 旦 昌 畕 婁 婁 婁 婁 婁 數 數

數									
셈 수									

사

樹 6급

나무 수

木 | 12획

북(鼓)을 치듯이 나무(木)가 바람에 흔들리면서 나무, 수목, 세우다(樹) 등의 의미이다.

동 木(나무 목)

읽기한자

樹林(수림) : 나무가 우거진 숲
樹立(수립) : 사업이나 공(功)을 이룩하여 세움
樹木(수목) : 살아있는 나무
植樹(식수) : 나무를 심음

활용문

樹木(수목)이 우거진 숲을 헤쳐 나가야 한다.

필순

樹								
나무 수								

術 6급 II

재주 술

行 | 5획

차조(朮) 줄기처럼 쭉 뻗어있는 길(行)에서, '길'의 의미이다. 여기에서, '꾀, 재주'(術)의 뜻이 나왔다.

비 述(펼 술)
동 技(재주 기)
藝(재주 예)

읽기한자

道術(도술) : 도가나 도사의 조화를 부리는 술법
手術(수술) : 피부나 기타의 조직을 외과 기구로 째거나 자르거나 하여 병을 다스리는 일
戰術(전술) : 전쟁 실시의 방책
話術(화술) : 말재주

활용문

다음 美術(미술)시간에는 색종이를 준비해 오세요.

필순

術								
재주 술								

확·인·학·습 26

1. 다음 한자어(漢字語)의 독음을 쓰세요.

(1) 手動 (　　　) (2) 植樹 (　　　)
(3) 水中 (　　　) (4) 數日 (　　　)
(5) 道術 (　　　) (6) 子孫 (　　　)

2. 다음 한자(漢字)의 훈(訓)과 음(音)을 쓰세요.

(1) 孫 (　　　)
(2) 樹 (　　　)
(3) 術 (　　　)

3. 다음 훈(訓)과 음(音)에 맞는 한자(漢字)를 쓰세요.

(1) 셈 수 (　　　)
(2) 손 수 (　　　)
(3) 물 수 (　　　)

4. 다음(　)에 들어갈 한자(漢字)를 예(例)에서 찾아 그 번호를 쓰세요.

예(例)			
	① 術	② 數	③ 樹
	④ 手	⑤ 水	⑥ 孫

(1) (　)學公式 (2) 樂山樂(　)
(3) 植(　)行事 (4) 自(　)成家

정답

1. (1) 수동 (2) 식수 (3) 수중 (4) 수일 (5) 도술 (6) 자손
2. (1) 손자 손 (2) 나무 수 (3) 재주 술
3. (1) 數 (2) 手 (3) 水
4. (1) ② (2) ⑤ (3) ③ (4) ④

사

習

6급

익힐 습

羽 | 5획

날개(羽)를 퍼덕이면 옆구리의 흰(白)털이 보인다는 데서 익히다, 배우다(習)는 의미이다.

동 練(익힐 련)

읽기한자

敎習(교습) : 가르쳐서 익히게 함
自習(자습) : 혼자의 힘으로 배워서 익힘
風習(풍습) : 풍속과 습관을 아울러 이르는 말
學習(학습) : 배워서 익힘

활용문

그런 風習(풍습)은 빨리 고치는 것이 좋다.

필순 ㄱ ㄱ ㅋ 羽 羽 羽 羽 習 習 習 習

習

익힐 습

勝

6급

이길 승

力 | 10획

배(舟)에 스며드는 물을 퍼내는 힘(券)의 모습에 위험상태를 이겨내어 견디다(勝)는 의미이다.

반 敗(질 패)
負(질 부)

읽기한자

勝利(승리) : 겨루어 이김
勝者(승자) : 겨루어 이긴 사람
勝算(승산) : 꼭 이길 가망성
勝戰(승전) : 싸움에 이김
名勝地(명승지) : 경치 좋기로 이름난 곳

활용문

당시 일본에 나라를 빼앗겼던 우리 國民(국민)들에게 두 선수의 勝利(승리)는 큰 힘이 되었고 민족적 긍지를 심어 주었다.

필순 丿 刀 月 月 月 月 月 月 胖 胅 勝 勝

勝

이길 승

市

7급II

저자 시:

巾 | 2획

천(巾)을 사러 가는(亠) 곳이니 저자, 시장(市)이라는 의미이다.

비 示(보일 시)

읽기한자

門前成市(문전성시) : 집 앞이 방문객으로 시장을 이루다시피 함
開市(개시) : 처음 또는 하루 중 처음 이루어지는 거래

쓰기한자

市內(시내) : 시의 구역 안
市立(시립) : 시에서 설립하여 관리 · 유지함
市場(시장) : 많은 물건을 모아 놓고 사고파는 곳
市中(시중) : 도시의 안

활용문

市內(시내)버스를 타도 그 곳에 갈 수 있습니까?

필순 丶 亠 亣 市 市

市								
저자 시								

時

7급II

때 시

日 | 6획

태양(日)이 일한다(寺)는 것은 시간이 경과한다는 것으로 시간의 길이(時)를 의미한다.

비 寺(절 사)
侍(모실 시)
동 辰(때 신)

읽기한자

時計(시계) : 시간의 측정이나 시각의 지시에 쓰이는 장치
時急(시급) : 시간이 절박하여 몹시 급함
時代(시대) : 그 당시
時速(시속) : 한 시간에 닫는 속도
今時(금시) : 지금

쓰기한자

時間(시간) : 세월의 흐름
時世(시세) : 그 때의 세상
時空(시공) : 시간과 공간
日時(일시) : 날짜와 시간을 아울러 이르는 말

활용문

이 시계는 時間(시간)이 잘 맞습니까?

필순 丨 冂 月 日 日一 日十 日土 日土 時 時

時								
때 시								

始

6급 II

비로소 시:

女 | 5획

인간은 여인(女)으로부터 태어나 길러(台)지게 되니 시초(始)라는 의미이다.

동 初(처음 초)

반 末(끝 말)
終(마칠 종)

읽기 한자

始動(시동) : 처음으로 움직임
始發(시발) : 맨 처음의 출발이나 발차
始作(시작) : 처음으로 함
始祖(시조) : 한 겨레의 맨 처음되는 조상

활용문

이튿날 아침 에디슨은 다시 실험을 始作(시작)했다.

필순 ㄑ 女 女 女ㄥ 女ム 始 始 始

始								
비로소 시								

食

7급 II

밥
먹을 식

食 | 0획

밥(良)을 그릇에 모아(亼) 담은 모양에서 밥, 먹다(食)는 의미이다.

동 飯(밥 반)
餐(밥 찬)

읽기 한자

食堂(식당) : 식사를 하도록 설비하여 놓은 방
食代(식대) : 먹은 음식값
食道樂(식도락) : 여러 음식을 두루 맛보는 것을 즐거움으로 삼는 일
夜食(야식) : 밤에 음식을 먹음
衣食住(의식주) : 옷과 음식과 집
會食(회식) : 여럿이 모여 함께 음식을 먹는 일

쓰기 한자

食口(식구) : 한 집안에 살며 끼니를 함께 하는 사람
食前(식전) : 밥을 먹기 전
食事(식사) : 끼니로 음식을 먹음 또는 그 음식
火食(화식) : 불에 익힌 음식을 먹음 또는 그 음식

활용문

우리 食口(식구)는 모두 10명입니다.

필순 ノ 人 亼 今 今 今 食 食 食

食								
밥 식								

확·인·학·습 27

1. 다음 한자어(漢字語)의 독음을 쓰세요.

(1) 勝者 (　　　)　　(2) 火食 (　　　)
(3) 市內 (　　　)　　(4) 教習 (　　　)
(5) 始動 (　　　)　　(6) 時日 (　　　)

2. 다음 한자(漢字)의 훈(訓)과 음(音)을 쓰세요.

(1) 勝 (　　　)
(2) 習 (　　　)
(3) 食 (　　　)

3. 다음 훈(訓)과 음(音)에 맞는 한자(漢字)를 쓰세요.

(1) 저자 시 (　　　)
(2) 밥 식 (　　　)
(3) 때 시 (　　　)

4. 다음(　)에 들어갈 한자(漢字)를 예(例)에서 찾아 그 번호를 쓰세요.

예(例)	① 勝	② 食	③ 時
	④ 市	⑤ 習	⑥ 始

(1) 學(　)活動　　(2) (　)間問題
(3) (　)用植物　　(4) (　)道郡邑

정답
1. (1) 승자 (2) 화식 (3) 시내 (4) 교습 (5) 시동 (6) 시일
2. (1) 이길 승 (2) 익힐 습 (3) 먹을/밥 식
3. (1) 市 (2) 食 (3) 時
4. (1) ⑤ (2) ③ (3) ② (4) ④

사

植 7급

심을 식

木 | 8획

나무(木)를 똑바로(直) 세워서 키우는 것에서 심다(植)는 의미이다.

비 稙(올벼 직)
반 拔(뽑을 발)

읽기 한자

植樹(식수) : 나무를 심음

쓰기 한자

植字(식자) : 인쇄소에서 활자로 판을 짜는 일
植木(식목) : 나무를 심음 또는 그 나무
植物(식물) : 생물계에서 동물과 둘로 크게 구분되는 일군의 생물의 총칭

활용문

4월 5일은 植木日(식목일)입니다.

필순 一 十 才 木 木 朩 朩 朩 朩 植 植 植

植								
심을 식								

式 6급

법 식

弋 | 3획

도구(弋)를 사용해서 작업(工)을 하는 것에서 작업의 정해진 방식, 방법(式)을 의미한다.

동 規(법 규)
法(법 법)
律(법 률)
則(법칙 칙)

읽기 한자

開式(개식) : 의식을 시작함
定式(정식) : 일정한 방식
方式(방식) : 일정한 형식
式場(식장) : 식을 올리는 장소
公式(공식) : 공적인 방식
圖式(도식) : 그림으로 그린 양식
形式(형식) : 일정한 상태
書式(서식) : 원서 · 신고서 등을 쓰는 일정한 법식

활용문

신랑, 신부가 式場(식장)을 빠져 나왔다.

필순 一 二 亍 三 式 式

式								
법 식								

信

6급 II

믿을 신:

亻(人) | 7획

사람(人) 말(言)에는 거짓이 없어야 하는데, 신령에게 맹세한다고 해서 믿다(信)는 의미이다.

비 計(셀 계)
訃(부고 부)

읽기한자

信心(신심) : 종교를 믿는 마음
信用(신용) : 믿고 씀
信號(신호) : 서로 떨어져 있는 곳에서 일정한 부호를 써서 의사를 통하는 방법

활용문

나는 自信(자신)있게 대답하였다.

필순 丿 亻 亻 仁 仁 信 信 信 信

信									
믿을 신									

身

6급 II

몸 신

身 | 0획

아기를 갖게 되면 몸을 소중히 보살피는 것에서 몸, 알맹이(身)를 의미한다.

동 體(몸 체)
반 心(마음 심)

읽기한자

身病(신병) : 몸의 병
身上(신상) : 개인에 관한 일
身體(신체) : 사람의 몸
代身(대신) : 남을 대리함
身分(신분) : 개인의 사회적 지위
身長(신장) : 사람의 키

활용문

오늘은 學校(학교)에서 身體(신체)검사를 했다.

필순 ′ 亻 门 白 自 自 身

身									
몸 신									

新

6급II

새 신

斤 | 9획

도끼(斤)로 막 자른(立) 생나무(木)의 모양에서 새롭다, 처음(新)을 의미한다.

비 親(친할 친)
반 舊(예 구)
古(예 고)

읽기한자

新聞(신문) : 새로운 소식
新書(신서) : 새로 간행된 책
新世代(신세대) : 새로운 세대
新式(신식) : 새로운 형식
新作(신작) : 새로 지어 만듦
新正(신정) : 새해의 첫머리

활용문

그는 디트로이트와 포트 휴런을 왕래하는 열차에서 과일, 채소, 新聞(신문)을 팔았다.

필순

新								
새 신								

神

6급II

귀신 신

示 | 5획

번개처럼 일어(申)나는 힘을 두려워해 신령님을 제사하(示)는 것에서 신(神)을 의미한다.

비 祖(할아비 조)
동 鬼(귀신 귀)

읽기한자

神明(신명) : 하늘과 땅의 신령
神主(신주) : 죽은 사람의 위를 베푸는 나무 패
神通(신통) : 신기하게 깊이 통달함
神話(신화) : 어떤 신격을 중심으로 한 하나의 전승적인 설화

활용문

단군神話(신화)에서 왜 마늘하고 쑥을 먹으라고 했을까요?

필순

神								
귀신 신								

확·인·학·습 28

1. 다음 한자어(漢字語)의 독음을 쓰세요.

(1) 方式 (　　　) (2) 植物 (　　　)
(3) 新人 (　　　) (4) 所信 (　　　)
(5) 出身 (　　　) (6) 神主 (　　　)

2. 다음 한자(漢字)의 훈(訓)과 음(音)을 쓰세요.

(1) 植 (　　　)
(2) 神 (　　　)
(3) 新 (　　　)

3. 다음 훈(訓)과 음(音)에 맞는 한자(漢字)를 쓰세요.

(1) 심을 식 (　　　)
(2) 셈 수 (　　　)
(3) 적을 소 (　　　)

4. 다음(　　)에 들어갈 한자(漢字)를 예(例)에서 찾아 그 번호를 쓰세요.

예(例)			
	① 身	② 植	③ 神
	④ 信	⑤ 式	⑥ 新

(1) 古代(　　)話 (2) 交通(　　)號
(3) (　　)後行事 (4) (　　)木日

정답

1. (1) 방식 (2) 식물 (3) 신인 (4) 소신 (5) 출신 (6) 신주
2. (1) 심을 식 (2) 귀신 신 (3) 새 신
3. (1) 植 (2) 數 (3) 少
4. (1) ③ (2) ④ (3) ⑤ (4) ②

室 집 실

8급

宀 | 6획

사람이 잠자는 침실은 집(宀) 안쪽에 있는(至) 것에서 방, 거처(室)를 의미한다.

비 至(이를 지)
동 家(집 가)
堂(집 당)

읽기 한자

待合室(대합실) : 역 또는 병원 등에 손님이 기다리도록 마련한 곳
圖書室(도서실) : 도서를 모아두고 열람하게 하는 방
別室(별실) : 따로 마련된 방
病室(병실) : 환자가 누워있는 방
音樂室(음악실) : 음악을 연주할 때만 쓰는 방

쓰기 한자

家室(가실) : 집 안이나 안방
室內(실내) : 방이나 건물 따위의 안
地下室(지하실) : 어떤 건물 아래에 땅을 파고 만들어 놓은 방
室長(실장) : 부서의 우두머리
教室(교실) : 학습 활동이 이루어지는 방

활용문

매일매일 教室(교실)청소를 해야 합니다.

필순 室 (9획)

室								
집 실								

失 잃을 실

6급

大 | 2획

사람(人)이 큰(大) 실수를 하여 물건을 잃었다(失)는 의미이다.

비 矢(화살 시)
夫(지아비 부)
반 得(얻을 득)

읽기 한자

失利(실리) : 손해를 봄
失手(실수) : 부주의로 잘못함
失神(실신) : 정신을 잃음
失言(실언) : 실수로 잘못 말함
失業(실업) : 생업을 잃음
失意(실의) : 실망
失禮(실례) : 언행이 예의에 벗어남

활용문

失手(실수)하지 않도록 정신 바짝 차리고 일해라.

필순 失 (5획)

失								
잃을 실								

心 7급

마음 심

心 | 0획

옛날 사람은 무언가를 생각하는 마음의 활용이 심장에 있다고 생각하여, 마음(心)을 의미한다.

반 身(몸 신)

읽기 한자

心理(심리) : 마음의 움직임
本心(본심) : 본마음
童心(동심) : 어린이의 마음
作心三日(작심삼일) : 결심이 삼일을 가지 못함
心身(심신) : 몸과 마음

쓰기 한자

中心(중심) : 가운데
心氣(심기) : 마음으로 느끼는 기분
重心(중심) : 중력의 중심
心地(심지) : 마음의 본바탕. 마음자리
心事(심사) : 마음에 새기는 일

활용문

아버지의 心氣(심기)가 많이 불편하십니다.

필순 丶 心 心 心

心								
마음 심								

十 8급

열 십

十 | 0획

1에서 10까지의 전부를 한 자루에 쥔 모양을 본떴다.

읽기 한자

十夜(십야) : 열 밤
十分(십분) : 아주 충분히

쓰기 한자

十里(십리) : 약 4킬로미터
十字(십자) : '十' 자와 같은 모양
十全(십전) : 모두 갖추어져서 결점이 없음
十長生(십장생) : 오래도록 살고 죽지 않는다는 열 가지. 해, 산, 물, 돌, 구름, 소나무, 불로초, 거북, 학, 사슴이다

활용문

우리는 농구 경기에서 실력을 十分(십분) 발휘했다.

필순 一 十

十								
열 십								

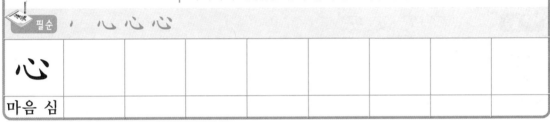

安 7급Ⅱ 편안 안

宀 | 3획

집안(宀)에 여인(女)이 있어 집을 지키면 가정이 평화롭다는 데서 편안하다(安)는 의미이다.

비 宋(성 송)
동 康(편안 강)
便(편할 편)
逸(편안할 일)

읽기한자

安樂死(안락사) : 소생할 가능성이 없는 병자를 고통이 적은 방법으로 죽음에 이르게 하는 일
安定(안정) : 안전하게 자리잡음

쓰기한자

便安(편안) : 불편이 없음
安心(안심) : 근심 걱정이 없고 마음이 편안함
安住(안주) : 편안하게 삶
問安(문안) : 웃어른에게 안부를 여쭘
不安(불안) : 걱정되어 마음이 편하지 않음
平安(평안) : 무사하여 마음에 걱정이 없음

활용문

부모님에게 問安(문안)인사를 드리러 갑니다.

필순 丶 丶 宀 安 安 安

安								
편안 안								

愛 6급 사랑 애(:)

心 | 9획

님을 빨리 만나고 싶어, 배를 움직여(受)도 마음뿐(心) 배가 나아가지 않아 사랑하다(愛)는 이미이다.

반 惡(미워할 오)

읽기한자

愛校(애교) : 학교를 사랑함
愛國(애국) : 자기 나라를 사랑함
愛讀(애독) : 즐겨서 읽음
愛社(애사) : 자기가 근무하는 회사를 아끼고 사랑함
愛用(애용) : 즐겨 씀
愛人(애인) : 사랑하는 사람

활용문

레슬링에서 양정모 선수가 금메달을 차지하여 몬트리올 하늘 아래 愛國歌(애국가)가 울려 퍼지고 태극기가 펄럭이게 한 것이다.

필순 一 丶 丶 爫 爫 爫 爫 悉 悉 悉 愛 愛 愛

愛								
사랑 애								

확·인·학·습 29

1. 다음 한자어(漢字語)의 독음을 쓰세요.

(1) 失言 (　　　)　　(2) 中心 (　　　)
(3) 安住 (　　　)　　(4) 愛國 (　　　)
(5) 十全 (　　　)　　(6) 地下室 (　　　)

2. 다음 한자(漢字)의 훈(訓)과 음(音)을 쓰세요.

(1) 失 (　　　)
(2) 愛 (　　　)
(3) 安 (　　　)

3. 다음 훈(訓)과 음(音)에 맞는 한자(漢字)를 쓰세요.

(1 집 실 (　　　)
(2) 마음 심 (　　　)
(3) 열 십 (　　　)

4. 다음(　)에 들어갈 한자(漢字)를 예(例)에서 찾아 그 번호를 쓰세요.

예(例)			
	① 失	② 安	③ 十
	④ 心	⑤ 愛	⑥ 室

(1) (　)中八九　　(2) 全(　)全力
(3) (　)外活動　　(4) (　)全運行

정답

1. (1) 실언　(2) 중심　(3) 안주　(4) 애국　(5) 십전　(6) 지하실
2. (1) 잃을 실　(2) 사랑 애　(3) 편안 안
3. (1) 室　(2) 心　(3) 十
4. (1) ③　(2) ④　(3) ⑥　(4) ②

野

6급

들 야:

里 | 4획

사람이 살고 있는 마을(里)에서 쭉 뻗어간(子) 곳의 풍경에서 넓은 들판(野)이란 의미이다.

비 豫(미리 예)
반 與(더불 여)

읽기 한자

野心(야심) : 야망을 이루려고 하는 마음
野外(야외) : 들판
野生(야생) : 동식물이 산이나 들에서 저절로 남
野人(야인) : 벼슬을 하지 않는 사람
野合(야합) : 좋지 못한 목적 밑에 서로 어울림
分野(분야) : 몇으로 나눈 각각의 범위

활용문

이 곳은 野生(야생)동물의 낙원이다.

필순 丨 ㄇ 日 日 旦 甲 里 𨤾 𨤾 野 野

野								
들 야								

夜

6급

밤 야:

夕 | 5획

사람(人)들이 집(亠)에서 휴식하는 것은 달(月)이 뜨는 밤(夜)이라는 의미이다.

비 液(진 액)
반 晝(낮 주)
午(낮 오)

읽기 한자

夜光(야광) : 밤에 빛나는 빛
夜學(야학) : 밤에 공부함
夜行(야행) : 밤에 길을 감
夜話(야화) : 밤에 모여 앉아 하는 이야기
白夜(백야) : 희미하게 밝은 상태가 계속 되는 굉장히 짧은 밤
晝夜(주야) : 밤낮

활용문

그는 晝夜(주야)로 쉬지 않고 공부한다.

필순 丶 亠 广 亣 产 夜 夜 夜

夜								
밤 야								

弱

6급 II

약할 약

弓 | 7획

새끼 새가 날개를 펼친 모양을 본떠서 약하다, 어리다(弱)는 의미이다.

비 羽(깃 우)
반 強(강할 강)

읽기 한자

弱體(약체) : 약한 몸
強弱(강약) : 강함과 약함
老弱者(노약자) : 늙은이와 약한 사람
心弱(심약) : 마음이 약함

활용문

이 싸움에서 크게 져 힘이 弱(약)해진 수나라는 결국 얼마 못 가 망하였습니다.

필순 ㄱ ㄱ 弓 弓 弓 弓' 弓' 弱 弱 弱

弱								
약할 약								

藥

6급 II

약 약

艹(艸) | 15획

병으로 열이 날 때 먹이면 편해지(樂)는 풀(艹)에서 약(藥)을 의미한다.

비 樂(즐길 락)
약 薬

읽기 한자

藥物(약물) : 약제가 되는 물질
藥水(약수) : 약물
藥用(약용) : 약으로 씀
藥草(약초) : 약풀
醫藥(의약) : 의료에 쓰는 약품
藥果(약과) : 가당하기 어렵지 않은 일
洋藥(양약) : 서양 의술로 만든 약
韓藥(한약) : 한방에서 쓰는 의약

활용문

병원에서 藥物(약물)치료를 받고 있습니다.

필순 一 十 十一 艹 艹 艹 ... 藥

藥								
약 약								

洋 6급

큰바다 양

氵(水) | 6획

양(羊) 몸에 나 있는 털처럼 강(氵)이 갈래갈래 나뉘었다가 흘러가는 넓은 바다(洋)를 의미한다.

비 羊(양 양)
注(부을 주)

읽기 한자

大洋(대양) : 큰 바다
洋式(양식) : 서양식
洋洋(양양) : 바다가 한없이 넓음
海洋(해양) : 넓은 바다
洋銀(양은) : 구리 · 아연 · 니켈을 합금하여 만든 쇠

활용문

東洋人(동양인)들은 서양인들보다 키가 작습니다.

필순 丶 丶 氵 氵 氵' 氵䒑 氵兰 氵羊 洋

洋								
큰바다 양								

陽 6급

볕 양

阝(阜) | 9획

절벽(阝)에 온화한 해(日)가 비추고 있는 것(昜)에서 양지, 양달(陽)을 의미한다.

비 揚(날릴 양)
楊(버들 양)
場(마당 장)

동 景(볕 경)

반 陰(그늘 음)

읽기 한자

陽氣(양기) : 만물이 움직이거나 또는 살아나려고 하는 기운
夕陽(석양) : 저녁때의 해
陽地(양지) : 볕이 바로 드는 땅

활용문

太陽(태양)열을 이용한 태양열 주택까지 널리 보급되었다.

필순 ㇇ 阝 阝 阝' 阝口 阝日 阝旦 阝旦 阝昜 陽 陽 陽

陽								
볕 양								

확·인·학·습 30

1. 다음 한자어(漢字語)의 독음을 쓰세요.

(1) 弱體 (　　　)　　(2) 藥果 (　　　)
(3) 夜光 (　　　)　　(4) 夕陽 (　　　)
(5) 野生 (　　　)　　(6) 洋式 (　　　)

2. 다음 한자(漢字)의 훈(訓)과 음(音)을 쓰세요.

(1) 弱 (　　　)
(2) 藥 (　　　)
(3) 洋 (　　　)

3. 다음 훈(訓)과 음(音)에 맞는 한자(漢字)를 쓰세요.

(1) 편안 안 (　　　)
(2) 집 실 (　　　)
(3) 셈 수 (　　　)

4. 다음(　)에 들어갈 한자(漢字)를 예(例)에서 찾아 그 번호를 쓰세요.

예(例)			
	① 弱	② 藥	③ 陽
	④ 夜	⑤ 洋	⑥ 野

(1) (　)生動物　　(2) 醫(　)分業
(3) (　)間學習　　(4) (　)小國家

정답

1.	(1) 약체	(2) 약과	(3) 야광	(4) 석양	(5) 야생	(6) 양식
2.	(1) 약할 약	(2) 약 약	(3) 큰바다 양			
3.	(1) 安	(2) 室	(3) 數			
4.	(1) ⑥	(2) ②	(3) ④	(4) ①		

아

語

7급

말씀 어:

言 | 7획

너와 내(吾)가 서로 입으로 말(言)을 나눈다는 것에서 얘기하다, 말(語)을 의미한다.

동 說(말씀 설)
話(말씀 화)
談(말씀 담)
言(말씀 언)

읽기한자

語感(어감) : 말이 주는 느낌
語根(어근) : 용언의 원 요소를 분해하여서 다시 더 나누지 못할 부분
語頭(어두) : 말의 처음
成語(성어) : 고인이 만든 말
古語(고어) : 고대의 언어
用語(용어) : 사용하는 말

쓰기한자

語文(어문) : 말과 글. 언어와 문장
語氣(어기) : 말하는 솜씨. 말하는 기세. 어투
語學(어학) : 어떤 나라의 언어, 특히 문법을 연구하는 학문
外國語(외국어): 다른 나라의 말

활용문

저는 語文學(어문학)을 전공하고 싶습니다.

필순 丶 亠 亖 言 言 言 言 訂 訂 訐 語 語 語 語

語								
말씀 어								

言

6급

말씀 언

言 | 0획

마음(忄)에 있는 바를 입(口)으로 말한다(言)는 의미이다.

동 語(말씀 어)
談(말씀 담)
話(말씀 화)
說(말씀 설)

읽기한자

言文(언문) : 말과 글
公言(공언) : 공식적인 발언
言動(언동) : 언어와 행동
言明(언명) : 말로써 의사를 분명히 나타냄
言語(언어) : 생각이나 느낌을 음성으로 전달하는 수단과 체계
名言(명언) : 이치에 들어맞는 훌륭한 말

활용문

이번 계기로 담배를 피우지 않겠다고 公言(공언) 했습니다.

필순 丶 亠 亖 言 言 言 言

言								
말씀 언								

業

6급Ⅱ

업 업

木 | 9획

북을 올려놓은 받침대를 본떴는데, 받침대를 조각하는 것을 일삼는다 하여 일(業)을 의미한다.

동 事(일 사)

읽기한자

業主(업주) : 영업주
業體(업체) : 사업이나 기업의 주체
開業(개업) : 영업이나 사업을 시작함
本業(본업) : 그 사람의 주된 직업
生業(생업) : 살아가기 위해 하는 일

활용문

드디어 고된 作業(작업)이 모두 끝나고 역사적인 밤이 왔다.

필순

業								
업 업								

然

7급

그럴 연

灬(火) | 8획

불(灬)로 개(犬)고기(肉)를 그을려 태워(然) 먹는 일은 당연(然)하기에 그러하다(然)는 의미이다.

비 燃(탈 연)

읽기한자

果然(과연) : 빈말이 아니라 정말로
本然(본연) : 본디 그대로의 자연

쓰기한자

天然(천연) : 사람의 힘을 가하지 않은 상태
然後(연후) : 그러한 뒤
自然(자연) : 꾸밈없이, 산천초목과 같은 자연물

활용문

自然(자연)의 소중함을 알아야 합니다.

필순

然								
그럴 연								

아

英 6급

꽃부리 영

艹(艸) | 5획

풀(艹)이 성장하여 한복판(央)에 멋있는 꽃이 피는 형상에서 꽃부리(英)라는 의미이다.

비 央(가운데 앙)

읽기한자

英語(영어) : 영국의 언어
英特(영특) : 영걸스럽고 특별함
育英(육영) : 영재를 가르쳐 기름

활용문

나는 수학보다 英語(영어)를 더 잘 합니다.

필순 一 十 艹 艹 艹 芇 芷 英 英

英								
꽃부리 영								

永 6급

길 영:

水 | 1획

강물의 흐름이 지류에 합치기도 하면서 흘러내려 바다로 가는 형태에서 길다(永)는 의미이다.

비 水(물 수)
氷(얼음 빙)
동 久(오랠 구)
반 短(짧을 단)

읽기한자

永別(영별) : 영원한 이별
永生(영생) : 영원토록 삶
永遠(영원) : 한없이 오래 계속 되는 일

활용문

그가 남긴 위대한 정신과 음악의 유산들은 全世界(전세계) 인류의 영혼 속에 永遠(영원)히 살아 있을 것입니다.

필순 丶 亅 ㇇ 水 永

永								
길 영								

확·인·학·습 31

1. 다음 한자어(漢字語)의 독음을 쓰세요.

(1) 業主 (　　　)　　(2) 天然 (　　　)
(3) 永遠 (　　　)　　(4) 言文 (　　　)
(5) 英語 (　　　)　　(6) 語氣 (　　　)

2. 다음 한자(漢字)의 훈(訓)과 음(音)을 쓰세요.

(1) 然 (　　　)
(2) 英 (　　　)
(3) 業 (　　　)

3. 다음 훈(訓)과 음(音)에 맞는 한자(漢字)를 쓰세요.

(1) 말씀 어 (　　　)
(2) 그럴 연 (　　　)
(3) 편안 안 (　　　)

4. 다음(　)에 들어갈 한자(漢字)를 예(例)에서 찾아 그 번호를 쓰세요.

예(例)			
	① 業	② 英	③ 言
	④ 永	⑤ 語	⑥ 然

(1) 家內工(　)　　(2) 國(　)國文
(3) 自(　)學習　　(4) (　)國女王

정답						
1.	(1) 업주	(2) 천연	(3) 영원	(4) 언문	(5) 영어	(6) 어기
2.	(1) 그럴 연	(2) 꽃부리 영	(3) 업 업			
3.	(1) 語	(2) 然	(3) 安			
4.	(1) ①	(2) ⑤	(3) ⑥	(4) ②		

五 8급

다섯 오:

二 | 2획

한쪽 손의 손가락을 전부 편 모양을 본떴다.

읽기 한자

五感(오감) : 다섯 가지 감각
五目(오목) : 바둑놀이의 하나
五線紙(오선지) : 악보를 적도록 5선을 그어 놓은 종이

쓰기 한자

五時(오시) : 다섯 시
五色(오색) : 다섯 가지의 빛깔
五歌(오가) : 판소리 열두 마당 중 현존하는 다섯 작품

활용문

쉬는 시간에 五目(오목) 한판 두는 게 어때?

필순 一 丅 五 五

五								
다섯 오								

午 7급 II

낮 오:

十 | 2획

열두 시(十二)를 가리키는 시계 바늘 모양으로 정오의 낮(午)을 의미한다.

비 年(해 년)
동 晝(낮 주)
반 夜(밤 야)

읽기 한자

子午線(자오선) : 어떤 지점에서 정북과 정남을 통해 천구에 상상으로 그은 선

쓰기 한자

正午(정오) : 낮 열두 시
午前(오전) : 자정부터 낮 열두 시까지의 시간
午後(오후) : 정오로부터 자정까지의 사이
午時(오시) : 오전 열한 시부터 오후 한 시까지

활용문

오늘 午前(오전)과 午後(오후)동안 아무것도 먹지 못했다.

필순 ノ 𠂉 𠂉 午

午								
낮 오								

溫

6급

따뜻할 온

氵(水) | 10획

찬 음식을 쪄서 따뜻이(昷) 하듯이 물(氵)을 데우는 것에서 따뜻하다(溫)는 의미이다.

동 暖(따뜻할 난)

반 冷(찰 랭)
寒(찰 한)
凍(얼 동)

읽기 한자

溫氣(온기) : 따뜻한 기운
溫度(온도) : 덥고 찬 정도
溫室(온실) : 난방 장치가 된 방
溫水(온수) : 따뜻한 물
氣溫(기온) : 대기의 온도
溫和(온화) : 성질 · 태도가 온순하고 인자함

활용문

溫水(온수)가 준비됐으니 샤워를 해라.

필순 丶 冫 氵 氵 汈 沔 泗 泗 泗 淠 淵 溫 溫

溫								
따뜻할 온								

王

8급

임금 왕

王(玉) | 0획

하늘과 땅과 인간(三)을 통치하(丨)는 임금(王)을 의미한다.

비 玉(옥 옥)

동 主(임금 주)
皇(임금 황)

반 民(백성 민)
臣(신하 신)

읽기 한자

王孫(왕손) : 임금의 자손
親王(친왕) : 황제의 아들이나 형제
王族(왕족) : 임금의 일가

쓰기 한자

王家(왕가) : 왕의 집안
花王(화왕) : 여러 가지 꽃 가운데 왕이라는 뜻으로, '모란꽃'을 달리 이르는 말
國王(국왕) : 나라의 임금
王室(왕실) : 임금의 집안

활용문

젊었어도 王族(왕족)이라 사람들은 깍듯이 대했다.

필순 一 二 干 王

王								
임금 왕								

아

外

8급

바깥 외:

夕 | 2획

저녁(夕)때 거북이 등을 두드려서 점(卜)을 치면 줄금이 바깥쪽에 생겨 바깥(外)을 의미한다.

반 內(안 내)

읽기 한자

外界(외계) : 바깥 세계
外科(외과) : 신체 외부의 상처나 내장의 질병을 수술하는 의학의 한 분과
外孫(외손) : 딸이 낳은 자식
外野(외야) : 야구에서 내야 뒤쪽, 파울라인 안의 지역
外向(외향) : 바깥으로 드러남
號外(호외) : 정한 호수 외에 임시로 발간하는 신문

쓰기 한자

外食(외식) : 자기 집 아닌 밖에서 식사함
內外(내외) : 안과 밖
市外(시외) : 도시의 밖. 또는 시 구역 밖의 지역

활용문

봄이 되자 野外(야외)로 나가는 행락객이 많아졌다.

필순 ノ ク 夕 夘 外

外								
바깥 외								

勇

6급II

날랠 용:

力 | 7획

힘(力)이 용솟음(甬) 쳐서 행동이 날래고 용감하다(勇)는 의미이다.

비 男(사내 남)
동 猛(사나울 맹)

읽기 한자

勇氣(용기) : 씩씩한 의기
勇名(용명) : 용감하고 사납다는 명성
才勇(재용) : 재주와 용기

활용문

그는 나에게 희망과 勇氣(용기)를 불어넣어 주었다.

필순 ㇇ ㇇ 乛 乃 乃 甬 甬 勇 勇

勇								
날랠 용								

확·인·학·습 32

1. 다음 한자어(漢字語)의 독음을 쓰세요.

(1) 溫度 (　　　)　(2) 午後 (　　　)
(3) 花王 (　　　)　(4) 外向 (　　　)
(5) 五時 (　　　)　(6) 勇氣 (　　　)

2. 다음 한자(漢字)의 훈(訓)과 음(音)을 쓰세요.

(1) 溫 (　　　)
(2) 勇 (　　　)
(3) 午 (　　　)

3. 다음 훈(訓)과 음(音)에 맞는 한자(漢字)를 쓰세요.

(1) 다섯 오 (　　　)
(2) 임금 왕 (　　　)
(3) 바깥 외 (　　　)

4. 다음(　)에 들어갈 한자(漢字)를 예(例)에서 찾아 그 번호를 쓰세요.

예(例)			
	① 勇	② 王	③ 午
	④ 五	⑤ 外	⑥ 溫

(1) (　)室家族　(2) 室內(　)度
(3) (　)前時間　(4) (　)線紙

정답
1. (1) 온도 (2) 오후 (3) 화왕 (4) 외향 (5) 오시 (6) 용기
2. (1) 따뜻할 온 (2) 날랠 용 (3) 낮 오
3. (1) 五 (2) 王 (3) 外
4. (1) ② (2) ⑥ (3) ③ (4) ④

用

6급 II

쓸 용

用 | 0획

무엇인가 물건을 만들 때 산산히 흩어지지 않도록 못을 사용한 데서 이용하다(用)는 의미이다.

읽기 한자

利用(이용) : 대상을 필요에 따라 이롭게 씀
用度(용도) : 씀씀이
用意(용의) : 마음을 먹음
用水(용수) : 물을 사용함
有用(유용) : 쓸모가 있음
用紙(용지) : 어떤 일에 쓰이는 종이
用例(용례) : 쓰고 있는 예

활용문

어른들도 무엇을 알아보거나 일을 해 나가는 데 도움을 받기 위해서 책을 利用(이용)합니다.

필순 丿 冂 月 月 用

用								
쓸 용								

右

7급 II

오를
오른(쪽) 우

口 | 2획

밥을 먹을 때 음식물을 입(口)으로 나르(𠂇)는 손의 모습에서 오른쪽(右)을 의미한다.

비 佑(도울 우)
반 左(왼 좌)

읽기 한자

右番(우번) : 좌우로 나누었을 때의 오른쪽 번 ≒오른번
左右合作(좌우합작) : 좌익과 우익 세력이 서로 연합 함

쓰기 한자

左右(좌우) : 왼쪽과 오른쪽
右方(우방) : 오른편
右心室(우심실) : 심장 안의 오른쪽 윗부분

활용문

左右(좌우)를 살피면서 조심스럽게 접근했다.

필순 丿 ナ 𠂇 右 右

右								
오른 우								

運

6급Ⅱ

옮길 운:

辶(辵) | 9획

병사(軍)들이 전차를 끌면서 걸어가(辶)는 모습에서 나르다(運)는 의미이다.

비 連(이을 련)
동 移(옮길 이)
動(움직일 동)

읽기한자

運動(운동) : 돌아다니며 움직임
運命(운명) : 운수와 명수
幸運(행운) : 행복한 운수
運身(운신) : 몸을 움직임
運行(운행) : 운전하며 진행함
家運(가운) : 집안의 운수
運數(운수) : 천명으로 당하는 선악, 행·불행의 상
運用(운용) : 움직여 씀
國運(국운) : 나라의 운명

활용문

아침 運動(운동)은 건강에 좋습니다.

필순

運 옮길 운

園

6급

동산 원

口 | 10획

밭의 과일(袁)을 품안에 감추려는 듯한 기분으로 울타리(囗)를 하여 정원(園)을 의미한다.

비 圓(둥글 원)
團(둥글 단)

읽기한자

庭園(정원) : 집안의 뜰
樂園(낙원) : 안락하게 살 수 있는 즐거운 곳
農園(농원) : 주로 원예 작물을 심어 가꾸는 농장
果樹園(과수원) : 과수를 기업적으로 재배하는 곳

활용문

며칠 前(전)에 어린이 大公園(대공원)에 갔을 때 일입니다.

필순

園 동산 원

遠

6급

멀 원:

辶(辵) | 10획

품안에 물건을 넣고(袁) 멀리에 보내는(辶) 것에서 멀다(遠)는 의미이다.

반 近(가까울 근)

약 逺

읽기한자

遠近(원근) : 멀고 가까움

遠大(원대) : 규모가 큼

遠洋(원양) : 육지에서 멀리 떨어진 넓은 바다

遠心力(원심력) : 물체가 원운동을 할 때 구심력에 반대하여 바깥쪽으로 작용하는 힘

永遠(영원) : 한없이 오래 지속되는 일

활용문

그가 남긴 위대한 정신과 음악의 유산들은 全世界(전세계) 인류의 영혼 속에 永遠(영원)히 살아 있을 것입니다.

필순 一 十 土 土 吉 吉 声 声 青 袁 袁 遠 遠 遠

遠								
멀 원								

月

8급

달 월

月 | 0획

산의 저편에서 나오는 초승달의 모습을 본떴다.

비 肉(고기 육)

반 日(날 일)

읽기한자

月例(월례) : 매월 행하는 정례(定例)

清風明月(청풍명월) : 맑은 바람과 밝은 달

月光(월광) : 달빛

쓰기한자

月下(월하) : 달빛이 비치는 아래

來月(내월) : 다음 달

月色(월색) : 달빛

日月(일월) : 해와 달

활용문

來月(내월)이면 벌써 2년 째 되는 달입니다.

필순 丿 刀 月 月

月								
달 월								

확·인·학·습 33

1. 다음 한자어(漢字語)의 독음을 쓰세요.

(1) 月下 (　　　)　　(2) 用度 (　　　)
(3) 幸運 (　　　)　　(4) 農園 (　　　)
(5) 右方 (　　　)　　(6) 遠洋 (　　　)

2. 다음 한자(漢字)의 훈(訓)과 음(音)을 쓰세요.

(1) 右 (　　　)
(2) 遠 (　　　)
(3) 園 (　　　)

3. 다음 훈(訓)과 음(音)에 맞는 한자(漢字)를 쓰세요.

(1) 낮 오 (　　　)
(2) 오를(오른 쪽)우(　　　)
(3) 달 월 (　　　)

4. 다음(　)에 들어갈 한자(漢字)를 예(例)에서 찾아 그 번호를 쓰세요.

예(例)			
	① 右	② 園	③ 運
	④ 月	⑤ 遠	⑥ 用

(1) 信(　)等級　　(2) 上下左(　)
(3) (　)下老人　　(4) (　)近感

정답

1. (1) 월하 (2) 용도 (3) 행운 (4) 농원 (5) 우방 (6) 원양
2. (1) 오른/오른쪽 우 (2) 멀 원 (3) 동산 원
3. (1) 午 (2) 右 (3) 月
4. (1) ⑥ (2) ① (3) ④ (4) ⑤

有

7급

있을 유

月 | 2획

손(ナ)에 고기(月)를 가지고 있다(有)는 의미이다.

반 無(없을 무)
莫(없을 막)

읽기한자

有感(유감) : 감상 또는 느낌이 있음
有功(유공) : 공로가 있음
有利(유리) : 이익이 있음
有用(유용) : 이용할 데가 있음
共有(공유) : 공동으로 소유함

쓰기한자

有力(유력) : 세력이 있음
有道(유도) : 덕행이 있음
有名(유명) : 이름이 있음. 많은 사람이 알고 있음

활용문

이번에는 당선이 有力(유력)할 것입니다.

필순 ノ ナ 才 冇 有 有

有								
있을 유								

由

6급

말미암을 유

田 | 0획

나무 가지에 달린 열매의 모양으로, 열매가 나무 가지로 말미암아(由) 달린다는 의미이다.

비 田(밭 전)
申(펼 신)
甲(갑옷 갑)

읽기한자

由來(유래) : 사물의 연유하여 온 바
事由(사유) : 일의 까닭
理由(이유) : 까닭
自由(자유) : 남에게 구속을 받거나 무엇에 얽매이지 않고 제 마음대로 행동함

활용문

다음은 특히 감명 깊은 場面(장면)이나 재미있던 부분을 自由(자유)롭게 이야기하기로 하겠습니다.

필순 丨 口 日 由 由

由								
말미암을 유								

油 6급

기름 유

氵(水) | 5획

나무 열매를 짜내 받은 액체(由)로 물(氵)보다 진하고 끈끈한 상태의 것으로 기름(油)이란 의미이다.

비 由(말미암을 유)

읽기한자

石油(석유) : 천연으로 지하에서 산출되는 가연성 광물성 기름
注油(주유) : 자동차 등에 휘발유 따위를 주입함
油畫(유화) : 물감을 기름에 개어 그리는 그림

활용문

注油所(주유소)에 들러 기름을 넣어야 합니다.

필순 丶 丶 氵 氵 汩 汩 油 油

油								
기름 유								

育 7급

기름 육

月(肉) | 4획

물구나무선 어린이(子)는 약한 아이로 건강하게 하기 위해 고기(肉)를 먹여서 키운다(育)는 의미이다.

동 飼(기를 사)
養(기를 양)

읽기한자

育成(육성) : 길러 냄
發育(발육) : 발달하여 크게 자람
訓育(훈육) : 가르쳐 기름

쓰기한자

教育場(교육장) : 교육을 받는 장소
事育(사육) : 부모를 섬기고 자식을 기름
教育(교육) : 가르쳐 지식을 주고 기름

활용문

예비군 教育場(교육장)에서도 간간히 사고가 일어난다.

필순 丶 亠 亠 亠 产 育 育 育

育								
기를 육								

아

銀 6급

은 은

金 | 6획

금(金)에 비교해 조금 값어치가 떨어지는 금속을 가르켜 은, 흰 금(銀)을 의미한다.

비 根(뿌리 근)

읽기한자

銀行(은행) : 저축자로부터 예금을 맡아 관리하는 금융기관
洋銀(양은) : 구리, 니켈, 아연으로 된 은백색의 합금
水銀(수은) : 상온에서 유일하게 액체상태로 있는 은백색의 금속 원소

활용문

눈이 오면 온세상이 銀世界(은세계)가 된다.

필순 丿 𠂉 𠆢 亼 今 佘 余 金 釗 釕 鈤 鉬 鉬 銀

銀								
은 은								

音 6급 II

소리 음

音 | 0획

해(日)가 뜨면(立) 사람들이 일어나서 소리(音)를 내기 시작한다는 의미이다.

비 意(뜻 의)
동 聲(소리 성)

읽기한자

音讀(음독) : 한자를 음으로 읽음
音速(음속) : 소리의 속도
發音(발음) : 소리를 냄
消音(소음) : 소리를 없앰
和音(화음) : 둘 이상의 음이 함께 울리는 소리
表音文字(표음문자) : 말의 소리를 기호로 나타낸 글자

활용문

이 비행기는 音速(음속)의 속도로 비행할 수 있다.

필순 丶 亠 亣 立 产 音 音 音 音

音								
소리 음								

확·인·학·습 34

1. 다음 한자어(漢字語)의 독음을 쓰세요.

(1) 有力 (　　　)　　(2) 育成 (　　　)
(3) 發音 (　　　)　　(4) 由來 (　　　)
(5) 石油 (　　　)　　(6) 銀行 (　　　)

2. 다음 한자(漢字)의 훈(訓)과 음(音)을 쓰세요.

(1) 由 (　　　)
(2) 銀 (　　　)
(3) 油 (　　　)

3. 다음 훈(訓)과 음(音)에 맞는 한자(漢字)를 쓰세요.

(1) 있을 유 (　　　)
(2) 기를 육 (　　　)
(3) 낮 오 (　　　)

4. 다음(　　)에 들어갈 한자(漢字)를 예(例)에서 찾아 그 번호를 쓰세요.

예(例)			
	① 由	② 油	③ 有
	④ 銀	⑤ 育	⑥ 音

(1) 石(　　)王國　　(2) 家庭敎(　　)
(3) 自(　　)自在　　(4) (　　)樂時間

정답

1. (1) 유력 (2) 육성 (3) 발음 (4) 유래 (5) 석유 (6) 은행
2. (1) 말미암을 유 (2) 은 은 (3) 기름 유
3. (1) 有 (2) 育 (3) 午
4. (1) ② (2) ⑤ (3) ① (4) ⑥

飮

6급 II

마실 음(:)

飠(食) | 4획

물이나 국(食)을 큰 입을 벌려서(欠) 마셔 넘기는 것에서 마시다(飮)의 의미이다.

비 飯(밥 반)
飾(꾸밀 식)

읽기한자

飮食(음식) : 먹고 마시는 물건
米飮(미음) : 입쌀이나 좁쌀에 물을 충분히 붓고 푹 끓여 걸러낸 걸쭉한 음식
多飮(다음) : 술을 많이 마심

활용문

아픈 친구를 위해 米飮(미음)을 준비했습니다.

필순 丿 𠂉 𠂊 今 今 今 𩙿 𩙿 食 飠 飮 飮 飮

飮								
마실 음								

邑

7급

고을 읍

邑 | 0획

인구(口)가 모여 사는 지역(巴)이란 데서 고을(邑)을 의미한다.

동 郡(고을 군)
州(고을 주)

읽기한자

邑圖(읍도) : 한 읍 전체를 나타낸 지도
邑會(읍회) : 예전에, 읍 단위로 가지던 모임

쓰기한자

邑里(읍리) : 읍내에 있는 리(里), 읍과 리
邑長(읍장) : 지방 행정 구역인 읍의 우두머리
邑內(읍내) : 지방 관청이 있던 부락 또는 고을 안
邑民(읍민) : 읍내에 사는 사람

활용문

邑長(읍장)은 지방행정구역인 읍의 우두머리를 말한다.

필순 丨 口 口 吕 吕 邑 邑

邑								
고을 읍								

意 6급II

뜻 의

心 | 9획

마음(心)에 담고 있는 소리(音)와 말에서 생각하다, 생각하고 있는 것(意)을 의미한다.

비 章(글 장)
音(소리 음)

동 志(뜻 지)
情(뜻 정)

읽기한자

意外(의외) : 생각 밖
發意(발의) : 의견이나 계획을 냄
本意(본의) : 본래의 마음
意中(의중) : 마음 속
意圖(의도) : 장차 하려는 계획
同意(동의) : 같은 의미

활용문

그 사람의 意圖(의도)를 모르겠습니다.

필순

意								
뜻 의								

醫 6급

의원 의

酉 | 11획

화살(矢)과 창(殳)에 맞아 움푹 패인 상처(匸)를 술(酉)로 소독하여 고치는 사람에서, '의원, 병 고치다'(醫)는 의미이다.

약 医

읽기한자

醫術(의술) : 병을 고치는 기술
名醫(명의) : 병을 잘 고쳐 이름난 의사
洋醫(양의) : 서양 의학을 배운 의사
韓醫學(한의학) : 한국에서 고대부터 발달해 내려 온 의학

활용문

그 의사는 이 동네의 名醫(명의)로 소문이 자자하다.

필순

醫								
의원 의								

衣	6급
옷 의	衣 | 0획

의복의 형태에서 옷, 의복(衣)의 의미를 나타냈다.

동 服(옷 복)

읽기한자

上衣(상의) : 윗옷
衣服(의복) : 옷
白衣(백의) : 흰 옷
衣食住(의식주) : 인간 생활의 세가지 요소, 옷과 음식과 집

활용문

우리민족은 白衣民族(백의민족)이다.

필순 丶 亠 ナ 衣 衣 衣

衣								
옷 의								

二	8급
두 이:	二 | 0획

一에 一을 포개서 둘, 다음, 배(二)를 의미한다.

읽기한자

一口二言(일구이언) : 한 입으로 두 가지 말을 함
二分(이분) : 둘로 나눔

쓰기한자

二重(이중) : 두 겹
二天(이천) : 과거나 백일장 따위에서 두 번째로 글을 지어서 바치던 일
二十四時(이십사시) : 하루를 스물넷으로 나누어 각각 이십사방위의 이름을 붙여 이르는 스물네 시

활용문

그 사람은 二重生活(이중생활)을 하고 있다.

필순 一 二

二								
두 이								

확·인·학·습 35

1. 다음 한자어(漢字語)의 독음을 쓰세요.

(1) 飮食 (　　　)　　(2) 二重 (　　　)
(3) 邑內 (　　　)　　(4) 醫術 (　　　)
(5) 衣服 (　　　)　　(6) 意圖 (　　　)

2. 다음 한자(漢字)의 훈(訓)과 음(音)을 쓰세요.

(1) 意 (　　　)
(2) 醫 (　　　)
(3) 飮 (　　　)

3. 다음 훈(訓)과 음(音)에 맞는 한자(漢字)를 쓰세요.

(1) 고을 읍 (　　　)
(2) 기를 육 (　　　)
(3) 두 이 (　　　)

4. 다음(　)에 들어갈 한자(漢字)를 예(例)에서 찾아 그 번호를 쓰세요.

예(例)			
	① 意	② 醫	③ 衣
	④ 飮	⑤ 邑	⑥ 二

(1) 一口(　)言　　(2) 白(　)民族
(3) 市道郡(　)　　(4) 西洋(　)食

정답
1. (1) 음식 (2) 이중 (3) 읍내 (4) 의술 (5) 의복 (6) 의도
2. (1) 뜻 의 (2) 의원 의 (3) 마실 음
3. (1) 邑 (2) 育 (3) 二
4. (1) ⑥ (2) ③ (3) ⑤ (4) ④

8급

人 사람 인

人 | 0획

사람이 옆을 향한 모양을 본떴다.

비 八(여덟 팔)
入(들 입)

읽기한자

人才(인재) : 재주가 놀라운 사람
野人(야인) : 벼슬을 하지 않는 사람
行人(행인) : 길 가는 사람
人和(인화) : 인심이 화합함

쓰기한자

人面(인면) : 사람의 얼굴
人心(인심) : 사람의 마음
人間(인간) : 언어를 가지고 사고할 줄 알고 사회를 이루며 사는 지구 상의 고등 동물
人中(인중) : 코와 윗입술 사이에 오목하게 골이 진 곳

활용문

人力(인력)으로는 도저히 불가능합니다.

필순 丿 人

人								
사람 인								

8급

一 한 일

一 | 0획

막대기 하나(一)를 가로로 놓은 모양이다.

읽기한자

一角(일각) : 한 개의 뿔
一例(일례) : 하나의 보기
一理(일리) : 하나의 이치
一定(일정) : 하나로 고정되어 변동이 없음

쓰기한자

一家(일가) : 한 집안
一方(일방) : 어느 한 쪽
一色(일색) : 한가지 빛깔
一心(일심) : 하나로 합쳐진 마음

활용문

아저씨 팔에 '一心(일심)'이라고 씌어 있었다.

필순 一

一								
한 일								

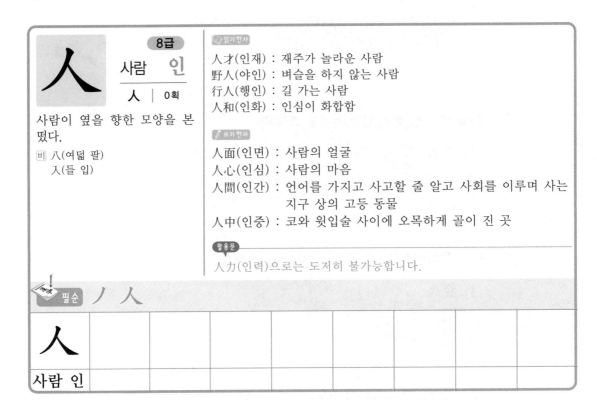

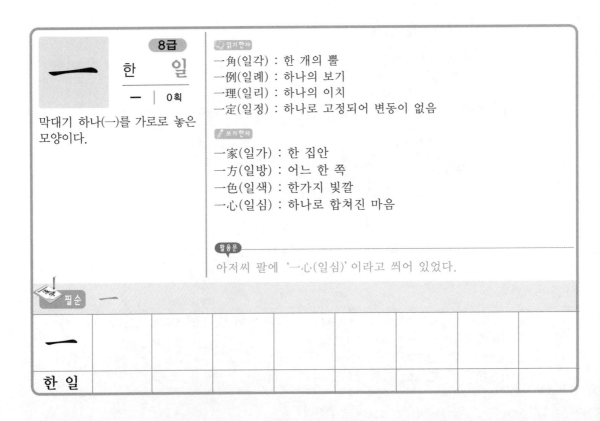

日 8급
날 일
日 | 0획

해의 모양을 본떴다.

반 月(달 월)

읽기 한자

消日(소일) : 하는 일 없이 세월을 보냄
近日(근일) : 미래의 매우 가까운 날
日用(일용) : 날마다 씀

쓰기 한자

日氣(일기) : 날씨
日時(일시) : 날짜와 시간을 아울러 이르는 말
休日(휴일) : 일요일이나 공휴일 따위의 일을 하지 아니하고 쉬는 날
日記(일기) : 날마다 그날그날 겪은 일이나 생각, 느낌 따위를 적는 개인의 기록
日月(일월) : 해와 달

활용문

매일매일 日記(일기)를 쓰는 습관을 가져라.

필순 丨 冂 日 日

日								
날 일								

入 7급
들 입
入 | 0획

동굴에 들어가는 형태에서 입구에 들어가다(入)는 의미이다.

비 人(사람 인)
八(여덟 팔)
반 出(날 출)

읽기 한자

入社(입사) : 회사 등에 취직하여 들어감
入會(입회) : 회에 가입하여 회원이 됨

쓰기 한자

入力(입력) : 기계의 1초 사이에 들어가는 에너지
入口(입구) : 들어가는 곳
出入(출입) : 어느 곳을 드나듦
入學(입학) : 학교에 처음 들어감
入場(입장) : 식장 같은 데 들어감

활용문

入學(입학)을 하면 열심히 공부할 것입니다.

필순 丿 入

入								
들 입								

아

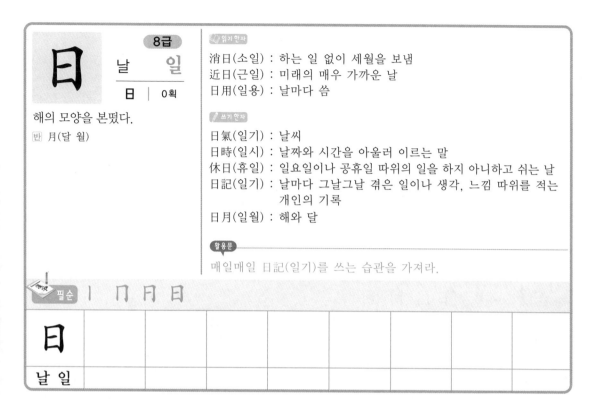

自	7급II
	스스로 자
	自 | 0획

자기의 코를 가리키면서 나(自)라고 한 것에서 자기(自)의 의미이다.

비 白(흰 백)

반 他(다를 타)

읽기한자

自手成家(자수성가) : 물려받은 재산이 없는 사람이 제 힘으로 한 살림을 이룩함

自信(자신) : 스스로 믿음

自身(자신) : 자기 또는 자기의 몸

自體(자체) : 자기의 몸

쓰기한자

自國(자국) : 제 나라

自白(자백) : 스스로의 죄를 고백함

自立(자립) : 남의 힘을 입지 않고 스스로 일어섬

활용문

自國(자국)의 이익만을 너무 따지는 것도 좋지 않다.

필순 ′ ⺈ 白 白 自 自

自								
스스로 자								

子	7급II
	아들 자
	子 | 0획

갓난 아기(子)의 모양을 본떴다.

비 予(줄 여)

반 父(아비 부)

읽기한자

子孫(자손) : 아들과 손자

父子有親(부자유친) : 아버지와 아들 사이의 도는 친애에 있음

利子(이자) : 채무자가 화폐 사용의 대가로, 채권자에게 지급하는 금전

孫子(손자) : 아들의 아들

쓰기한자

子女(자녀) : 아들과 딸

父子(부자) : 아버지와 아들

子正(자정) : 밤 12시

天子(천자) : 황제를 일컬음

활용문

子正(자정)이 되기 전에 꼭 들어오너라.

필순 ㇇ 了 子

子								
아들 자								

확·인·학·습 36

1. 다음 한자어(漢字語)의 독음을 쓰세요.

(1) 一心 (　　　)　　(2) 自由 (　　　)
(3) 天子 (　　　)　　(4) 日記 (　　　)
(5) 入學 (　　　)　　(6) 人中 (　　　)

2. 다음 한자(漢字)의 훈(訓)과 음(音)을 쓰세요.

(1) 自 (　　　)
(2) 入 (　　　)
(3) 日 (　　　)

3. 다음 훈(訓)과 음(音)에 맞는 한자(漢字)를 쓰세요.

(1) 사람 인 (　　　)
(2) 한 일 (　　　)
(3) 아들 자 (　　　)

4. 다음(　)에 들어갈 한자(漢字)를 예(例)에서 찾아 그 번호를 쓰세요.

예(例)			
	① 入	② 日	③ 人
	④ 一	⑤ 自	⑥ 子

(1) (　)由民主　　(2) (　)孫代代
(3) (　)心同體　　(4) 主(　)公

정답

1. (1) 일심　(2) 자유　(3) 천자　(4) 일기　(5) 입학　(6) 인중
2. (1) 스스로 자　(2) 들 입　(3) 날 일
3. (1) 人　(2) 一　(3) 子
4. (1) ⑤　(2) ⑥　(3) ④　(4) ③

자

字

7급

글자 자

子 | 3획

집에서(宀) 아이(子)가 차례차례 태어나듯이 글자에서 글자가 생겨나므로 문자(字)를 의미한다.

비 子(아들 자)
동 文(글월 문)
章(글 장)

읽기 한자

字號(자호) : 활자의 크기를 나타내는 번호
習字(습자) : 글씨 쓰기를 익힘

쓰기 한자

文字(문자) : 글자
正字(정자) : 자체가 바른 글자
數字(숫자) : 수를 나타내는 글자
字間(자간) : 글자와 글자 사이

활용문

글씨를 正字(정자)로 쓰는 습관을 가져라.

필순 丶 ⺁ 宀 宁 字 字

字								
글자 자								

者

6급

놈 자

耂(老) | 5획

노인(耂)이 젊은 사람에게 말할(白) 때 이 놈(者) 저 놈(者) 한다는 의미이다.

비 著(나타날 저)

읽기 한자

近者(근자) : 요새
記者(기자) : 기사를 집필·편집하는 사람
讀者(독자) : 책 등의 출판물을 읽는 사람
老弱者(노약자) : 늙은이와 약한 사람
信者(신자) : 어떤 종교를 믿는 사람

활용문

그러다가 독일의 學者(학자)가 고대 올림픽 유적지를 발굴했다.

필순 一 十 土 耂 耂 者 者 者 者

者								
놈 자								

昨

6급 II

어제 작

日 | 5획

하루 해(日)가 잠깐(乍) 사이에 휙 지나가 버리니 어제(昨)란 의미이다.

비 作(지을 작)

읽기한자

昨今(작금) : 어제와 오늘
昨年(작년) : 지난해
昨日(작일) : 어제

활용문

昨年(작년)에는 전과를 사 주시더니 왜 그러실까.

필순 丨 冂 日 日 日' 日' 昨 昨 昨

昨								
어제 작								

作

6급 II

지을 작

亻(人) | 5획

사람(人)이 나뭇가지를 구부려서 담장을 만들고, 그 안에 집을 만드는(乍) 것에서 만들다(作)는 의미이다.

비 昨(어제 작)
동 造(지을 조)
創(비롯할 창)

읽기한자

始作(시작) : 처음으로 함
新作(신작) : 새로 지어 만듦
作成(작성) : 서류 · 계획 따위를 만들어 이룸
作業(작업) : 일정한 계획과 목표로 일을 함
平年作(평년작) : 풍작도 흉작도 아닌 보통의 수확
作中人物(작중인물) : 작품 속에 나오는 인물

활용문

고된 作業(작업)을 마치고 달콤한 휴식을 취했다.

필순 ノ 亻 亻' 仁 作 作 作

作								
지을 작								

長	8급
	긴 장(ː)
	長 | 0획

지팡이를 짚은 노인의 모습에서 본떴다.

비 辰(별 진)

반 短(짧을 단) 幼(어릴 유)

읽기한자

長短(장단) : 긴 것과 짧은 것

長成(장성) : 자라서 어른이 됨

쓰기한자

長老(장로) : 나이가 많고 학문과 덕이 높은 사람

市長(시장) : 지방 자치 단체인 시의 책임자

長命(장명) : 목숨이 깂. 또는 긴 수명

長女(장녀) : 맏딸

활용문

그 사람이 서울市長(시장)으로 유력하다.

필순 丨 ｢ ㅌ ㅌ 트 長 長 長

長								
긴 장								

場	7급 II
	마당 장
	土 | 9획

깃발(勿)위로 높이 해(日)가 떠오르듯이 높게 흙(土)을 돋운 장소를 빗댄 곳, 장소(場)를 의미한다.

비 陽(볕 양) 揚(날릴 양)

읽기한자

開場(개장) : 어떤 장소를 공개함

球場(구장) : 구기를 하는 운동장

式場(식장) : 식을 올리는 장소

現場(현장) : 일이 생긴 그 자리

쓰기한자

場內(장내) : 장소의 안, 회장의 내부

市場(시장) : 많은 물건을 모아 놓고 사고파는 곳

登場(등장) : 무대 같은 데에 나옴. 무슨 일에 어떤 사람이 나타남

場面(장면) : 어떤 장소의 겉면이 드러난 면

활용문

場內(장내)가 너무 소란스럽다.

필순 一 十 土 圵 坦 坦 垾 垾 堨 場 場 場

場								
마당 장								

확·인·학·습 37

1. 다음 한자어(漢字語)의 독음을 쓰세요.

(1) 正字 (　　　)　　(2) 作家 (　　　)
(3) 昨日 (　　　)　　(4) 場面 (　　　)
(5) 讀者 (　　　)　　(6) 長命 (　　　)

2. 다음 한자(漢字)의 훈(訓)과 음(音)을 쓰세요.

(1) 者 (　　　)
(2) 長 (　　　)
(3) 作 (　　　)

3. 다음 훈(訓)과 음(音)에 맞는 한자(漢字)를 쓰세요.

(1) 긴 장 (　　　)
(2) 글자 자 (　　　)
(3) 마당 장 (　　　)

4. 다음(　　)에 들어갈 한자(漢字)를 예(例)에서 찾아 그 번호를 쓰세요.

예(例)			
	① 者	② 長	③ 場
	④ 作	⑤ 字	⑥ 昨

(1) 四(　　)成語　　(2) (　　)心三日
(3) 百萬長(　　)　　(4) 時間(　　)所

정답

1.	(1) 정자	(2) 작가	(3) 작일	(4) 장면	(5) 독자	(6) 장명
2.	(1) 놈 자	(2) 긴 장	(3) 지을 작			
3.	(1) 長	(2) 字	(3) 場			
4.	(1) ⑤	(2) ④	(3) ①	(4) ③		

章

6급

글 장

立 | 6획

소리와 음(音)을 구별하여, 음악의 끝(十)이라든가 문장의 한 단락, 글(章)을 의미한다.

비 意(뜻 의)
동 文(글월 문)

읽기 한자

國章(국장) : 국가의 권위를 나타내는 휘장의 총칭
旗章(기장) : 국기 · 군기 · 깃발 · 교기 등의 총칭
文章(문장) : 한 줄거리의 생각이나 느낌을 글자로 기록해 나타낸 것

활용문

한 文章(문장)으로 주제를 요약해 보아라.

필순 丶 亠 亠 立 立 产 音 音 音 音 章

章								
글 장								

才

6급 II

재주 재

扌(手) | 0획

풀이 지면에 싹텄을 때의 형태로 소질, 지혜(才)를 의미한다.

비 寸(마디 촌)
丈(어른 장)
木(나무 목)
동 技(재주 기)
術(재주 술)
藝(재주 예)

읽기 한자

英才(영재) : 탁월한 재주
才力(재력) : 재주의 작용
小才(소재) : 조그마한 재주
才氣(재기) : 재주가 있는 기질
天才(천재) : 태어날 때부터 뛰어난 재주를 갖춘 사람
口才(구재) : 말재주

활용문

그는 '天才(천재)는 1퍼센트의 영감과 99퍼센트의 땀으로 만들어진다.' 라고 말하였다.

필순 一 十 才

才								
재주 재								

在 6급

있을 재:

土 | 3획

땅(土)이 있으면 어디서나 반드시 식물의 싹(才)이 움트는 데서, '있다'(在)는 의미이다.

비 布(베 포)
동 有(있을 유)
存(있을 존)
반 無(없을 무)

읽기한자

在京(재경) : 서울에 있음
在野(재야) : 벼슬길에 오르지 않고 민간에 있음
在中(재중) : 속에 들어 있음
在所者(재소자) : 어떤 곳에 있는 사람
不在者(부재자) : 그 자리에 없는 사람

활용문

不在者(부재자) 투표가 내일입니다.

필순 一 ナ 才 存 在 在

在								
있을 재								

電 7급Ⅱ

번개 전:

雨 | 5획

비(雨)가 내릴 때 일어나는(电) 번개불에서 번개, 전기(電)를 의미한다.

비 雷(우레 뢰)

읽기한자

電光石火(전광석화) : 극히 짧은 시간
電球(전구) : 전기를 통하게 하여 밝게 하는 기구
電線(전선) : 전기를 통하는 도체로 쓰는 금속선
電信(전신) : 전류·전파를 써서 두 지점 사이에 행하는 통신
感電(감전) : 전기가 통한 도체에 몸의 일부가 닿아 충격을 받음
放電(방전) : 축전지·축전기에 저장된 전기를 방출하는 현상

쓰기한자

電力(전력) : 대전체 사이에 작용하는 전기의 힘
電工(전공) : 전기공. 전기 공업
電動車(전동차) : 전기의 힘으로 가는 기차

활용문

요즘 들어 電動車(전동차) 사고가 증가하는 추세입니다.

필순 一 𠂊 冖 帀 帀 帀 雨 雨 雨 雪 雪 雷 電

電								
번개 전								

全

7급 II

온전 전

入 | 4획

흠이 없는 쪽으로 넣는(入) 구슬(玉)이니 온전한(全) 구슬이란 의미이다.

비 金(쇠 금)

읽기 한자

全部(전부) : 사물의 모두
全勝(전승) : 한 번도 지지 않고 모조리 이김

쓰기 한자

全校(전교) : 학교 전체
全國(전국) : 온 나라
全心(전심) : 온 마음
全力(전력) : 모든 힘. 온통의 힘
全然(전연) : 아주

활용문

全校(전교) 1등이라고 해서 모든 것이 완벽하지는 않아.

필순 ノ 入 亼 今 仝 全

全								
온전 전								

前

7급 II

앞 전

刂(刀) | 7획

매어있는 배 끈을 칼(刂)로 잘라 배(月)가 나아가는 쪽, 뱃머리, 앞(前)을 의미한다.

반 後(뒤 후)

읽기 한자

前科(전과) : 이전에 형벌을 받은 사실
前例(전례) : 전거가 되는 선례
前夜(전야) : 어젯밤
目前(목전) : 눈 앞
門前成市(문전성시) : 집 앞이 방문객으로 시장을 이루다시피 함

쓰기 한자

午前(오전) : 낮 12시 이전
前生(전생) : 이 세상에 태어나기 이전의 생애
主前(주전) : 기원전
前後(전후) : 앞뒤
前年(전년) : 지난 해. 작년

활용문

事前(사전)에 미리 알려 주지 그랬니?

필순 丶 丷 䒑 广 肀 肯 前 前 前

前								
앞 전								

확·인·학·습 38

1. 다음 한자어(漢字語)의 독음을 쓰세요.

(1) 英才 (　　　)　　(2) 全然 (　　　)
(3) 在中 (　　　)　　(4) 發電 (　　　)
(5) 主前 (　　　)　　(6) 文章 (　　　)

2. 다음 한자(漢字)의 훈(訓)과 음(音)을 쓰세요.

(1) 章 (　　　)
(2) 前 (　　　)
(3) 在 (　　　)

3. 다음 훈(訓)과 음(音)에 맞는 한자(漢字)를 쓰세요.

(1) 앞 전 (　　　)
(2) 온전 전 (　　　)
(3) 번개 전 (　　　)

4. 다음(　)에 들어갈 한자(漢字)를 예(例)에서 찾아 그 번호를 쓰세요.

예(例)			
	① 在	② 才	③ 全
	④ 前	⑤ 章	⑥ 電

(1) (　)光石火　　(2) 自由自(　)
(3) 門(　)成市　　(4) 文(　)學習

정답

1. (1) 영재　(2) 전연　(3) 재중　(4) 발전　(5) 주전　(6) 문장
2. (1) 글 장　(2) 앞 전　(3) 있을 재
3. (1) 前　(2) 全　(3) 電
4. (1) ⑥　(2) ①　(3) ④　(4) ⑤

戰

6급 II

싸움 전:

戈 | 12획

사람마다 한명씩(單) 창(戈)을 들고 있는 데서, '싸우다'(戰)는 의미이다.

비 單(홑 단)
동 競(다툴 경)
爭(다툴 쟁)
鬪(싸움 투)
반 和(화할 화)
약 战, 戦

읽기한자

戰功(전공) : 싸움에서의 공로
戰力(전력) : 싸우는 힘
戰果(전과) : 전쟁의 성과
戰記(전기) : 전쟁의 기록
交戰(교전) : 서로 싸움
作戰(작전) : 싸움하는 방법을 세움
戰術(전술) : 전쟁 실시의 방책
苦戰(고전) : 몹시 힘들고 괴롭게 싸움
空中戰(공중전) : 공중에서 항공기끼리 벌이는 전투

활용문

이번 경기에서 한국팀은 苦戰(고전)을 면치 못했다.

필순 丶 ㅁ ... 單 戰 戰 戰

戰								
싸움 전								

正

7급 II

바를 정(:)

止 | 1획

목표로 한(一) 곳에 정확히 가서 거기서 딱 멈추는(止) 것에서 올바르다(正)는 의미이다.

반 反(돌이킬 반)

읽기한자

正反對(정반대) : 전적으로 반대되는 일
正服(정복) : 의식 때에 입는 정식의 복장
正式(정식) : 간략화하지 않은 규정대로의 방식
正體(정체) : 참된 본디의 형체

쓰기한자

正門(정문) : 정면에 있는 문
正面(정면) : 똑바로 마주 보이는 면
正午(정오) : 낮 열두 시
正直(정직) : 거짓이나 허식이 없이 마음이 바르고 곧음
正中(정중) : 한가운데
子正(자정) : 밤 열두 시

활용문

正面(정면)을 바라보면서 얘기해라.

필순 一 丅 下 正 正

正								
바를 정								

庭

6급II

뜰 정

广 | 7획

길고 평평하게 만든 정원(廷)이 있는 관청(广)의 건물 사이에 있는 안쪽 정원(庭)을 의미한다.

읽기한자

校庭(교정) : 학교의 마당
親庭(친정) : 시집간 여자의 본집
庭球(정구) : 무른 고무공을 사용하여 테니스처럼 경기를 하는 구기 종목
庭園(정원) : 집 안의 뜰

활용문

家庭(가정)에서는 등잔불을 켰는데 날마다 기름을 넣어야 했고, 연기와 그을음 때문에 집안이 온통 더러워졌다.

필순 丶 亠 广 广 庄 库 庄 庭 庭 庭

庭								
뜰 정								

定

6급

정할 정:

宀 | 5획

한 집(宀)에 정착하여 움직이지(疋) 않는 것에서 결정하다, 정하다(定)는 의미이다.

읽기한자

定理(정리) : 수학적으로 참인 명제
定形(정형) : 일정한 형식
定石(정석) : 일정한 방식
定時(정시) : 일정한 시각

활용문

이 달에는 讀書(독서) 감상 이야기 차례인데, 定(정)해진 책은 '피노키오' 입니다.

필순 丶 ╯ 宀 宀 宁 宇 定 定

定								
정할 정								

弟	8급
	아우 제:
	弓 | 4획

끈을 위에서 밑으로 빙빙 감듯이 차례차례 태어나는 남동생(弟)을 의미한다.

비 第(차례 제)
반 兄(형 형)

읽기 한자

愛弟(애제) : 사랑하는 아우
親弟(친제) : 친 아우

쓰기 한자

弟子(제자) : 선생에게 배우는 사람들
子弟(자제) : 남을 높여 그의 아들을 이르는 말
弟夫(제부) : 여동생의 남편
兄弟(형제) : 형과 아우를 아울러 이르는 말
三兄弟(삼형제) : 아들이 세 명

활용문

우리 집은 兄弟(형제)간에 우애가 대단하다.

필순 丶 丷 䒑 䒑 弓 弔 弟

弟								
아우 제								

第	6급 II
	차례 제:
	竹 | 5획

대나무(竹)에 풀줄기가 말아 올라간 형태(弟)에서 사물의 순서(第)를 나타내는 의미이다.

비 弟(아우 제)
동 序(차례 서)
秩(차례 질)

읽기 한자

第一(제일) : 첫 째
第三者(제삼자) : 당사자 이외의 사람
登第(등제) : 과거 시험에 합격함

활용문

우리 반에서 노래는 내가 第一(제일)이야

필순 丿 𠂉 𠂉 𥫗 𥫗 竺 竺 竺 笃 第 第

第								
차례 제								

확·인·학·습 39

1. 다음 한자어(漢字語)의 독음을 쓰세요.

(1) 作戰 (　　　)　　(2) 正直 (　　　)
(3) 第一 (　　　)　　(4) 子弟 (　　　)
(5) 定式 (　　　)　　(6) 庭園 (　　　)

2. 다음 한자(漢字)의 훈(訓)과 음(音)을 쓰세요.

(1) 庭 (　　　)
(2) 戰 (　　　)
(3) 第 (　　　)

3. 다음 훈(訓)과 음(音)에 맞는 한자(漢字)를 쓰세요.

(1) 바를 정 (　　　)
(2) 스스로 자 (　　　)
(3) 아우 제 (　　　)

4. 다음(　)에 들어갈 한자(漢字)를 예(例)에서 찾아 그 번호를 쓰세요.

예(例)	① 正	② 庭	③ 戰
	④ 第	⑤ 定	⑥ 弟

(1) 四寸兄(　)　　(2) 公明(　)大
(3) 家(　)教育　　(4) 空中(　)

정답						
1.	(1) 작전	(2) 정직	(3) 제일	(4) 자제	(5) 정식	(6) 정원
2.	(1) 뜰 정	(2) 싸움 전	(3) 차례 제			
3.	(1) 正	(2) 自	(3) 弟			
4.	(1) ⑥	(2) ①	(3) ②	(4) ③		

題 6급Ⅱ

제목 제

頁 | 9획

옛날 머리털을 깎아 이마(頁)가 훤하게(是) 한 후 문신을 한 사례에서 비롯한 것으로 이마는 제목(題)을 의미한다.

비 類(무리 류)

읽기한자

題名(제명) : 표제의 이름
題目(제목) : 겉장에 쓴 책의 이름
題號(제호) : 책 따위의 제목
命題(명제) : 논리적 판단을 언어나 기호로 표현한 것
問題(문제) : 해답을 필요로 하는 물음

활용문

알맞은 필라멘트만 있으면 될 것 같았지만 問題(문제)는 그렇게 간단하지 않았다.

필순 丨 𠃍 ㅁ 日 旦 早 早 昰 是 是 𣆪 𣆪 題 題 題 題 題 題

題								
제목 제								

祖 7급

할아비 조

示 | 5획

이미(且) 이 세상에 없는 몇 대 이전의 선조를 제사하(示)는 것에서 조상(祖)을 의미한다.

반 孫(손자 손)

읽기한자

高祖父(고조부) : 할아버지의 할아버지
始祖(시조) : 한 겨레의 맨 처음되는 조상

쓰기한자

先祖(선조) : 먼저 산 조상
祖上(조상) : 돌아간 어버이 위로 대대의 어른
祖國(조국) : 조상적부터 살던 나라
祖父母(조부모) : 할아버지와 할머니

활용문

祖上(조상)님들의 넋을 기리는 행사입니다.

필순 一 二 亍 亓 示 礻 礼 祁 祖 祖

祖								
할아비 조								

朝 6급

아침 조

月 | 8획

풀 사이에 아침 해가 나왔(卓)으므로 아직 달(月) 그림자가 보여 아침(朝)을 의미한다.

비 潮(조수 조)
반 夕(저녁 석)

읽기 한자

朝禮(조례) : 학교 등에서 직원과 학생이 수업하기 전에 모여 행하는 아침 인사
朝夕(조석) : 아침과 저녁
朝野(조야) : 조정과 민간
朝食(조식) : 아침밥

활용문

그리하여 이성계는 많은 사람의 도움을 얻어 조선王朝(왕조)를 새로 시작하여 첫 임금이 되었다.

필순 一 十 十 古 古 古 直 卓 朝 朝 朝 朝

朝								
아침 조								

足 7급 II

발 족

足 | 0획

발전체의 모양을 본떴다.

반 手(손 수)

읽기 한자

發足(발족) : 무슨 일이 시작됨
失足(실족) : 발을 잘못 디딤

쓰기 한자

手足(수족) : 손과 발
足下(족하) : 편지 받을 사람의 성명 아래에 쓰는 말
自足(자족) : 스스로 넉넉함을 느낌
不足(부족) : 어느 한도에 모자람

활용문

그녀는 편찮으신 어머니의 手足(수족)이 되어 정성으로 간호했다.

필순 丨 口 口 尸 尸 尸 足

足								
발 족								

族

6급

겨례 족

方 | 7획

펄럭이(𠂉)는 깃발(方)아래 화살(矢)을 모아놓은 모습에서 동료, 집안, 겨레(族)를 의미한다.

비 旅(나그네 려)
施(베풀 시)

읽기한자

族長(족장) : 일족의 우두머리
家族(가족) : 부부를 기초로 하여 한 가정을 이루는 사람들
同族(동족) : 같은 겨레붙이
民族(민족) : 언어나 풍습 따위의 문화 내용을 함께하는 인간 집단

활용문

집은 온 家族(가족)의 아늑한 쉼터요, 來日(내일)의 새 힘을 얻을 수 있는 所重(소중)한 生活(생활)의 터전이다.

필순 丶 亠 方 方 方 方 方 方 方 族 族

族								
겨레 족								

左

7급 II

왼 좌:

工 | 2획

무언가를 만들 때 가늠자 등을 들고 오른 손을 돕는 손의 형태에서 왼쪽(左)을 의미한다.

반 右(오른 우)

읽기한자

左計(좌계) : 잘못된 계획. 틀린 계획
左書(좌서) : 왼손으로 쓰는 글씨

쓰기한자

左手(좌수) : 왼 손
左右(좌우) : 왼쪽과 오른쪽
左方(좌방) : 왼편
左道(좌도) : 자기가 믿는 종교 이외의 종교

활용문

左右(좌우)를 잘 살펴서 건너가라.

필순 一 ナ 左 左 左

左								
왼 좌								

확·인·학·습 40

1. 다음 한자어(漢字語)의 독음을 쓰세요.

(1) 祖國 (　　　)　　(2) 左道 (　　　)
(3) 自足 (　　　)　　(4) 朝夕 (　　　)
(5) 族長 (　　　)　　(6) 題名 (　　　)

2. 다음 한자(漢字)의 훈(訓)과 음(音)을 쓰세요.

(1) 題 (　　　)
(2) 族 (　　　)
(3) 祖 (　　　)

3. 다음 훈(訓)과 음(音)에 맞는 한자(漢字)를 쓰세요.

(1) 할아비 조 (　　　)
(2) 왼 좌 (　　　)
(3) 발 족 (　　　)

4. 다음(　)에 들어갈 한자(漢字)를 예(例)에서 찾아 그 번호를 쓰세요.

예(例)			
	① 朝	② 祖	③ 題
	④ 左	⑤ 足	⑥ 族

(1) 愛國愛(　)　　(2) 高(　)父母
(3) 時間問(　)　　(4) 上下(　)右

정답
1. (1) 조국　(2) 좌도　(3) 자족　(4) 조석　(5) 족장　(6) 제명
2. (1) 제목 제　(2) 겨레 족　(3) 할아비 조
3. (1) 祖　(2) 左　(3) 足
4. (1) ⑥　(2) ②　(3) ③　(4) ④

主

7급

주인
임금 주

丶 | 4획

움직이지 않고 타오르는 촛불처럼 중심이 되어있는 사람을 빗대어 주인, 중심(主)을 의미한다.

비 住(살 주)
통 王(임금 왕)
君(임금 군)
반 民(백성 민)
客(손 객)
賓(손 빈)

읽기한자

主戰(주전) : 주력이 되어 싸움
主題(주제) : 주요한 제목이 되는 문제
主體(주체) : 성질 · 상태 · 작용의 주(主)
神主(신주) : 죽은 사람의 위(位)를 베푸는 나무 패
業主(업주) : 영업주

쓰기한자

主人(주인) : 임자
主食(주식) : 주가 되는 양식
主力(주력) : 주장되는 힘
主語(주어) : 한 문장에서 주격이 되는 말

활용문

한국인의 主食(주식)은 쌀이다.

필순 丶 亠 亠 丰 主

主								
임금 주								

住

7급

살 주

亻(人) | 5획

타고 있는 불(主)처럼 사람(人)이 한 곳에서 꼼짝 않고 머무는 것에서 살다(主)는 의미이다.

비 主(임금 주)
통 居(살 거)

읽기한자

現住所(현주소) : 현재 살고 있는 곳
永住(영주) : 한 곳에 오래 삶

쓰기한자

安住(안주) : 편안하게 삶
內住(내주) : 안에 삶
住民(주민) : 일정한 지역에 살고 있는 사람
住所地(주소지) : 주소로 되어 있는 땅

활용문

우리 동네 住民(주민)들은 참 친절하다.

필순 丿 亻 亻 仁 仨 住 住

住								
살 주								

注

6급II

부을 주

氵(水) | 5획

물(氵)이 주(主)로 하는 일은 물 대는(注) 일이란 의미이다.

비 住(살 주)

읽기 한자

注目(주목) : 눈을 한 곳에 쏟음
注文(주문) : 품종 · 모양 · 크기 등을 일러주고 만들어 달라고 맞추거나 보내달라고 하는 일
注油(주유) : 자동차 등에 휘발유 따위를 주입함
注意(주의) : 마음에 새겨 두어 조심함
注入(주입) : 교육에서 기억과 암송을 주로 하여 지식을 넣어 줌

활용문

그럼 注意(주의)를 주지 그랬니?

필순 丶 丶 氵 氵 氵 汻 汻 注

注								
부을 주								

자

晝

6급

낮 주

日 | 7획

해가 뜨고(旦) 학교에 가니 글(書) 공부를 하는 낮(晝)이란 의미이다.

비 畫(그림 화)
동 午(낮 오)
반 夜(밤 야)

읽기 한자

晝間(주간) : 낮
晝夜(주야) : 낮과 밤
白晝(백주) : 대낮

활용문

晝間(주간)과 夜間(야간)에 크게 연연하지 말아라.

필순 ㄱ ㅋ ㅋ 글 글 聿 聿 書 書 書 晝

晝								
낮 주								

中	8급 가운데 중
丨	3획

돌아가는 팽이의 중심축에 어느 쪽도 기울지 않고 한복판을 지키기에 가운데(中)를 의미한다.

동 央(가운데 앙)

읽기한자

中古(중고) : 약간 낡은 물건

中級(중급) : 가운데의 계급

百發百中(백발백중) : 총 · 활 등이 겨눈 곳에 꼭 꼭 맞음

意中(의중) : 마음 속

集中(집중) : 한 곳으로 모임

쓰기한자

中食(중식) : 낮에 끼니로 먹는 음식

中間(중간) : 두 사물의 사이

中道(중도) : 어느 한쪽으로 치우치지 아니하는 바른 길

中世(중세) : 역사의 시대 구분에서, 고대에 이어 근대의 앞 시기

中小(중소) : 규모나 수준 따위가 중간 정도인 것과 그 이하인 것

활용문

中小(중소)기업 중에는 대기업 못지않게 매출액을 올리는 곳도 많다.

필순 丨 口 口 中

中								
가운데 중								

重	7급 무거울 중
里	2획

천(千) 리(里)를 걸으면 발이 무겁다(重)는 의미이다.

반 輕(가벼울 경)

읽기한자

重用(중용) : 중요한 지위에 임용함

多重(다중) : 여러 겹

體重(체중) : 몸무게

쓰기한자

所重(소중) : 중하게 여김

自重(자중) : 함부로 행동하지 않고 스스로 신중하게 행동함

重大(중대) : 중요하고 큼

重力(중력) : 지구가 지구 위의 물체를 끄는 힘

활용문

자기의 물건을 所重(소중)히 다루어야 한다.

필순 ㇒ 二 千 肯 肯 盲 直 車 重

重								
무거울 중								

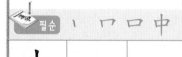

확·인·학·습 41

1. 다음 한자어(漢字語)의 독음을 쓰세요.

(1) 注目 (　　　)　(2) 中道 (　　　)
(3) 內住 (　　　)　(4) 白晝 (　　　)
(5) 所重 (　　　)　(6) 主人 (　　　)

2. 다음 한자(漢字)의 훈(訓)과 음(音)을 쓰세요.

(1) 注 (　　　)
(2) 晝 (　　　)
(3) 重 (　　　)

3. 다음 훈(訓)과 음(音)에 맞는 한자(漢字)를 쓰세요.

(1) 임금 주 (　　　)
(2) 살 주 (　　　)
(3) 가운데 중 (　　　)

4. 다음(　　)에 들어갈 한자(漢字)를 예(例)에서 찾아 그 번호를 쓰세요.

예(例)			
	① 注	② 重	③ 中
	④ 主	⑤ 晝	⑥ 住

(1) 民(　　)國家　(2) (　　)夜長川
(3) 十(　　)八九　(4) (　　)油所

정답

1. (1) 주목　(2) 중도　(3) 내주　(4) 백주　(5) 소중　(6) 주인
2. (1) 부을 주　(2) 낮 주　(3) 무거울 중
3. (1) 主　(2) 住　(3) 中
4. (1) ④　(2) ⑤　(3) ③　(4) ①

紙

7급

종이 지

糸 | 4획

섬유질(糸)을 근원, 원료(氏)로 하여 종이(紙)를 생산한다는 의미이다.

비 低(낮을 저)

읽기한자

別紙(별지) : 서류 · 편지 등에 따로 덧붙이는 종이쪽
新聞紙(신문지) : 신문기사를 인쇄한 종이
用紙(용지) : 어떤 일에 쓰이는 종이
表紙(표지) : 책뚜껑

쓰기한자

間紙(간지) : 속종이
全紙(전지) : 신문 따위의 한 면 전체
答紙(답지) : 답을 적은 종이
紙面(지면) : 신문에 글이 쓰인 겉면

활용문

答紙(답지)를 빨리 제출하세요.

필순 ㄥ 幺 幺 糸 糸 糸 紅 紅 紙 紙

紙								
종이 지								

地

7급

따(땅) 지

土 | 3획

뱀은 논밭의 두렁처럼 구불구불한 것에서 지면(土)과 뱀(也)의 형태에서 땅(地)을 의미한다.

반 天(하늘 천)

읽기한자

地理(지리) : 토지의 상태
地目(지목) : 토지의 현황, 또는 사용 목적에 따라 구별해 부르는 명칭
地表(지표) : 땅의 표면　　地形(지형) : 땅의 생긴 모양
高地(고지) : 높은 땅　　綠地(녹지) : 초목이 무성한 땅
死地(사지) : 죽을 곳

쓰기한자

地方(지방) : 수도 이외의 시골
土地(토지) : 경지나 주거지 따위의 사람의 생활과 활동에 이용하는 땅
地上(지상) : 땅의 겉 부분이 되는 위
地下道(지하도) : 땅 밑으로 만든 통로

활용문

서울과 地方(지방)의 격차가 많이 줄었다.

필순 一 十 土 圴 坳 地

地								
따 지								

直 7급II
곧을 직
目 | 3획

숨어(ㄴ) 있어도 열(十) 사람의 눈(目)이 보면 나쁜 짓은 할 수 없기에 바로(直)라는 의미이다.

비 植(심을 식)
반 曲(굽을 곡)

읽기 한자

直角(직각) : 수평선과 수직선을 이루는 각. 90°
直感(직감) : 사물의 진상을 마음으로 느껴 앎
直球(직구) : 커브를 넣지 않은 똑바른 공
直線(직선) : 꺾이거나 굽은 데가 없는 곧은 선
直通(직통) : 두 지점간에 장애가 없이 바로 통함

쓰기 한자

直面(직면) : 똑바로 마주 봄
直答(직답) : 직접 답함
下直(하직) : 헤어짐

활용문

直線(직선)으로 뻗어있는 길을 운전하는 것은 편하다.

필순 一 十 丅 冇 有 有 直 直

直								
곧을 직								

集 6급II
모을 집
隹 | 4획

나무(木) 위에 새(隹)가 많이 무리지어 모여드는 것에서 모여들다, 모이다(集)라는 의미이다.

동 會(모일 회)
社(모일 사)
반 散(흩을 산)
離(떠날 리)

읽기 한자

集計(집계) : 모아서 합계함
集合(집합) : 한 군데로 모임
集中(집중) : 한 곳으로 모으게 함
集大成(집대성) : 여러 가지를 많이 모아 크게 이룸

활용문

그러나 나는 아버지께서 사다 주신 名作童話集(명작동화집) 20권 가운데 두 권밖에 읽지 않았습니다.

필순 丿 亻 亻 亻 仁 仹 隹 隹 隹 隼 集 集

集								
모을 집								

窓

6급II

창 창

穴 | 6획

벽에 창(厶)으로 구멍(穴)을 뚫어 마음(心)이 시원하고 밝도록 창문(窓)을 만든다는 의미이다.

비 密(빽빽할 밀)

읽기한자

東窓(동창) : 동쪽으로 난 창
車窓(차창) : 차의 창문
窓口(창구) : 창을 뚫어 놓은 곳
窓門(창문) : 공기나 빛이 들어올 수 있도록 벽에 놓은 작은 문
同窓(동창) : 같은 학교에서 배움

활용문

중앙에 여닫이 큰 窓門(창문)이 있고, 벽에는 뻐꾹時計(시계)와 달력이 걸려 있습니다.

필순 丶 丶 宀 宀 穴 穴 穵 窊 窓 窓 窓

窓								
창 창								

川

7급

내 천

川(巛) | 0획

양 쪽 기슭 사이를 물이 흐르고 있는 모양에서 내, 하천(川)을 의미한다.

반 山(메 산)

읽기한자

晝夜長川(주야장천) : 밤낮으로 쉬지않고 연달아. 언제나, 늘
淸川(청천) : 맑은 물이 흐르는 강

쓰기한자

大川(대천) : 이름난 큰 내
山川(산천) : 산과 내. 자연을 이르는 말
名川(명천) : 이름난 강이나 내
山川草木(산천초목) : 산과 내, 풀과 나무, 곧 자연을 이르는 말

활용문

우리나라 山川(산천)도 무척 아름답다.

필순 丿 川 川

川								
내 천								

확·인·학·습 42

1. 다음 한자어(漢字語)의 독음을 쓰세요.

(1) 窓口 (　　　)　(2) 名川 (　　　)
(3) 土地 (　　　)　(4) 全紙 (　　　)
(5) 集合 (　　　)　(6) 直角 (　　　)

2. 다음 한자(漢字)의 훈(訓)과 음(音)을 쓰세요.

(1) 集 (　　　)
(2) 窓 (　　　)
(3) 直 (　　　)

3. 다음 훈(訓)과 음(音)에 맞는 한자(漢字)를 쓰세요.

(1) 따 지 (　　　)
(2) 내 천 (　　　)
(3) 종이 지 (　　　)

4. 다음(　)에 들어갈 한자(漢字)를 예(例)에서 찾아 그 번호를 쓰세요.

예(例)			
	① 集	② 直	③ 川
	④ 紙	⑤ 地	⑥ 窓

(1) (　)小成大　(2) 山(　)草木
(3) 新聞(　)上　(4) 天(　)人

정답

1. (1) 창구　(2) 명천　(3) 토지　(4) 전지　(5) 집합　(6) 직각
2. (1) 모을 집　(2) 창 창　(3) 곧을 직
3. (1) 地　(2) 川　(3) 紙
4. (1) ①　(2) ③　(3) ④　(4) ⑤

千 7급

일천 천

十 | 1획

사람이 앞으로 나아가는 모습과 十자를 포개 놓아, 十의 백 배, 百의 열 배의 것을 말한다.

비 午(낮 오)
牛(소 우)

읽기한자

千古(천고) : 썩 먼 옛적. 영구한 세월
千萬多幸(천만다행) : 매우 다행스러움

쓰기한자

千金(천금) : 많은 돈
千秋(천추) : 먼 세월
千萬(천만) : 만의 천 배가 되는 수
千字文(천자문) : 중국 양나라의 주흥사가 지은 사언고시 250구로 이루어진 책

활용문

이 자동차는 千萬(천만)원입니다.

필순 ㇒ 二 千

千								
일천 천								

天 7급

하늘 천

大 | 1획

양손·양발을 벌리고 서있는 사람(大)의 머리 위에 크게 펼쳐 있는(一) 하늘(天)을 의미한다.

동 乾(하늘 건)
반 地(따 지)
坤(따 곤)

읽기한자

天堂(천당) : 천국
天幸(천행) : 하늘이 준 다행
天運(천운) : 하늘이 정한 운수. 자연히 돌아오는 운수
天才(천재) : 선천적으로 타고난 뛰어난 재주
天體(천체) : 우주에 존재하는 물체의 총칭
別天地(별천지) : 지구 밖의 세계. 속된 세상과는 아주 다른 세상
人命在天(인명재천) : 사람이 살고 죽음이 모두 하늘에 매여 있음

쓰기한자

天國(천국) : 하늘나라
天地(천지) : 하늘과 땅
天生(천생) : 하늘로부터 타고남
秋天(추천) : 가을 하늘
天文學(천문학) : 우주의 구조를 연구하는 학문

활용문

형은 天文學(천문학)을 연구하고 있습니다.

필순 一 二 チ 天

天								
하늘 천								

靑

8급

푸를 청

靑 | 0획

풀잎의 색깔처럼 파랗게 맑은 우물의 물색에서 파랗게(靑) 투명한 색깔을 의미한다.

비 淸(맑을 청)
동 綠(푸를 록)

읽기 한자

靑果(청과) : 신선한 채소, 과일
靑信號(청신호) : 교차로 같은 데에 푸른 등이나 기를 달아 통행을 표시하는 신호

쓰기 한자

靑旗(청기) : 푸른 빛깔의 기
靑春(청춘) : 스무 살 안팎의 젊은 남녀
靑色(청색) : 푸른 빛깔
靑山(청산) : 풀과 나무가 무성한 푸른 산

활용문

靑山(청산)에 살어리랏다.

필순 一 二 丰 丰 丰 青 青 靑

靑									
푸를 청									

淸

6급II

맑을 청

氵(水) | 8획

푸릇푸릇한 풀잎처럼, 파랗게(靑) 맑은 물(氵)의 아름다움에서 맑다(靑)는 의미이다.

비 靑(푸를 청)
반 濁(흐릴 탁)

읽기 한자

淸明(청명) : 날씨가 맑고 밝음
淸算(청산) : 상호간에 채무 관계를 셈하여 깨끗이 정리함
淸正(청정) : 맑고 바름
淸風(청풍) : 맑은 바람

활용문

이렇게 해서 압록강에서 淸川江(청천강)까지 뒤쫓아온 적병들은 더 이상 싸울 기운을 잃고 땅바닥에 주저앉았습니다.

필순 丶 冫 氵 氵 汀 氵 汢 淸 淸 淸 淸

淸									
맑을 청									

體

6급II

몸 체

骨 | 13획

뼈(骨)를 중심으로 내장과 같이 풍성하게(豊) 붙어서 된 것이 몸(體)이란 의미이다.

비 禮(예도 례)
동 身(몸 신)
반 心(마음 심)
약 体

읽기한자

物體(물체) : 물건의 형체
生體(생체) : 생물의 몸. 살아 있는 몸
弱體(약체) : 약한 몸. 약한 조직체
人體(인체) : 사람의 몸
一體(일체) : 한결같음. 같은 관계
體溫(체온) : 생물체가 가지고 있는 온도
體重(체중) : 몸의 무게. 몸무게

활용문

무대는 나오는 이들이 필요에 따라 全體(전체)를 책상 위의 風景(풍경)으로 꾸밀 수도 있습니다.

필순

體								
몸 체								

草

7급

풀 초

艹(艸) | 6획

해가 아침 일찍(早) 물 위로 나오듯이 빠르게 무성(艹)해지는 모습에서 잡풀(草)을 의미한다.

비 早(이를 조)

읽기한자

草綠(초록) : 풀의 빛깔과 같이 푸른빛을 약간 띤 녹색
草綠同色(초록동색) : 이름은 다르나 따지고 보면 한가지 것
草野(초야) : 시골의 궁핍한 땅

쓰기한자

草食(초식) : 푸성귀로만 만든 음식
草家(초가) : 볏짚, 밀짚, 갈대 등으로 지붕을 인 집
草木(초목) : 풀과 나무
花草(화초) : 꽃이 피는 풀과 나무 또는 꽃이 없더라도 관상용이 되는 모든 식물을 통틀어 이르는 말

활용문

토끼는 草食動物(초식동물)입니다.

필순 一 十 廾 廾 艹 节 苩 苩 草 草

草								
풀 초								

확·인·학·습 43

1. 다음 한자어(漢字語)의 독음을 쓰세요.

(1) 千萬 (　　　)　　(2) 體溫 (　　　)
(3) 天生 (　　　)　　(4) 草家 (　　　)
(5) 淸明 (　　　)　　(6) 靑色 (　　　)

2. 다음 한자(漢字)의 훈(訓)과 음(音)을 쓰세요.

(1) 千 (　　　)
(2) 淸 (　　　)
(3) 體 (　　　)

3. 다음 훈(訓)과 음(音)에 맞는 한자(漢字)를 쓰세요.

(1) 풀 초 (　　　)
(2) 푸를 청 (　　　)
(3) 하늘 천 (　　　)

4. 다음(　)에 들어갈 한자(漢字)를 예(例)에서 찾아 그 번호를 쓰세요.

예(例)			
	① 千	② 淸	③ 靑
	④ 體	⑤ 草	⑥ 天

(1) 一心同(　)　　(2) (　)風明月
(3) (　)家三間　　(4) (　)天白日

정답						
1.	(1) 천만	(2) 체온	(3) 천생	(4) 초가	(5) 청명	(6) 청색
2.	(1) 일천 천	(2) 맑을 청	(3) 몸 체			
3.	(1) 草	(2) 靑	(3) 天			
4.	(1) ④	(2) ②	(3) ⑤	(4) ③		

寸	8급
마디 촌:	寸 | 0획

손(十) 바닥에서 맥을 짚는 곳(丶)까지의 거리는 대개 한 치(寸) 전후라는 의미이다.

비 村(마을 촌)

읽기한자

寸功(촌공) : 작은 공로
寸意(촌의) : 약소한 뜻

쓰기한자

方寸(방촌) : 한 치 사방의 넓이
寸數(촌수) : 친족 사이의 멀고 가까운 정도를 나타내는 수
三寸(삼촌) : 아버지의 형제

활용문

三寸(삼촌)하고 놀이동산에 갔습니다.

필순 一 寸 寸

寸								
마디 촌								

村	7급
마을 촌:	木 | 3획

나무(木)가 조금(寸) 자라고 있는 곳에 사람이 모여 산다는 것에서 마을(村)이라는 의미이다.

비 寸(마디 촌)
동 里(마을 리)

읽기한자

村野(촌야) : 시골. 촌
集村(집촌) : 집들이 한곳에 모여 이룬 마을

쓰기한자

村里(촌리) : 촌에 이루어진 부락
村名(촌명) : 마을 이름
村民(촌민) : 시골에서 사는 백성
村長(촌장) : 마을의 일을 맡아보는 대표자
江村(강촌) : 강가에 있는 마을
山村(산촌) : 산속에 자리한 마을

활용문

農村(농촌)에서 도시로 많은 사람들이 이주했다.

필순 一 十 才 木 木 村 村

村								
마을 촌								

秋 7급

가을 추

禾 | 4획

벼(禾)가 불(火)빛 같은 태양에 익는 계절이니 가을(秋)이란 의미이다.

반 春(봄 춘)

읽기 한자

秋分(추분) : 백로와 한로 사이에 있는 절기로, 양력 9월 20일 전후에 들며, 태양이 추분점에 이르러 낮과 밤의 길고 짧음이 같게 됨

秋風(추풍) : 가을 바람

쓰기 한자

秋氣(추기) : 가을철다운 기운

秋冬(추동) : 가을과 겨울

春秋(춘추) : 봄과 가을. 나이

千秋(천추) : 오랜 세월

秋月(추월) : 가을 달

秋日(추일) : 가을 날

秋夕(추석) : 한가위. 음력 8월 15일

立秋(입추) : 24절기의 하나. 가을이 시작되는 시기

활용문

매년 秋夕(추석)만 되면 민족의 대이동이 시작된다.

필순 ㇒ 二 千 千 禾 禾 禾' 秒 秋

秋								
가을 추								

春 7급

봄 춘

日 | 5획

따뜻한 햇살(日)에 초목의 새순이 돋아나기 시작하는 계절에서 봄(春)을 의미한다.

반 秋(가을 추)

읽기 한자

春秋服(춘추복) : 봄철과 가을철에 입는 옷

新春(신춘) : 첫봄. 새봄

쓰기 한자

春氣(춘기) : 봄날의 화창한 기운

春山(춘산) : 봄철의 산

立春(입춘) : 24절기의 하나. 봄이 시작되는 시기

春三月(춘삼월) : 봄 경치가 가장 좋은 철. 봄의 끝달인 음력 3월

春花秋日(춘화추일) : 봄철의 꽃과 가을철의 달을 가리키는 말로 자연계의 아름다움을 가리키는 말

활용문

青春(청춘)남녀가 공원에서 데이트를 하고 있습니다.

필순 一 二 三 夫 夫 夫 春 春 春

春								
봄 춘								

차

出

7급

날 출

凵 | 3획

풀이 여기저기 어우러져 만들어진 모양에서 나오다, 내다(出)는 의미이다.

동 生(날 생)
반 入(들 입)

읽기한자

出頭(출두) : 어떠한 곳에 몸소 나감
出發(출발) : 길을 떠나 나감. 일을 시작하여 나감
出席(출석) : 자리에 나감. 어떠한 모임에 나가서 참여함
出身(출신) : 무슨 지방이나 파벌 학교 직장 등으로부터 나온 신분
出題(출제) : 문제를 냄
出現(출현) : 나타남. 나타나서 보임
各出(각출) : 각각 나옴. 각각 내놓음

쓰기한자

出口(출구) : 나가는 곳
出生地(출생지) : 세상에 태어난 그 땅
出入門(출입문) : 나가는 문

활용문

화재시에 出口(출구)를 찾지 못해 희생자들이 많았다.

필순 丨 𠃊 屮 㞢 出

出								
날 출								

親

6급

친할 친

見 | 9획

서(立) 있는 나무(木) 옆에서 언제나 눈을 떼지 않고 봐(見)주는 어버이(親)를 의미한다.

비 新(새 신)
視(볼 시)

읽기한자

親家(친가) : 친정
親近(친근) : 사귀어 지내는 사이가 매우 가까움
親交(친교) : 친하게 사귀는 교분
親庭(친정) : 시집간 여자의 본 집
親族(친족) : 촌수가 가까운 일가

활용문

주몽은 우리 親兄弟(친형제)가 아니다.

필순 丶 亠 亠 立 立 立 辛 亲 亲 亲 親 親 親 親 親 親

親								
친할 친								

확·인·학·습 44

1. 다음 한자어(漢字語)의 독음을 쓰세요.

(1) 寸數 (　　　) (2) 秋冬 (　　　)
(3) 親族 (　　　) (4) 月出 (　　　)
(5) 春花 (　　　) (6) 村民 (　　　)

2. 다음 한자(漢字)의 훈(訓)과 음(音)을 쓰세요.

(1) 親 (　　　)
(2) 村 (　　　)
(3) 春 (　　　)

3. 다음 훈(訓)과 음(音)에 맞는 한자(漢字)를 쓰세요.

(1) 마디 촌 (　　　)
(2) 가을 추 (　　　)
(3) 날 출 (　　　)

4. 다음(　)에 들어갈 한자(漢字)를 예(例)에서 찾아 그 번호를 쓰세요.

예(例)			
	① 春	② 村	③ 親
	④ 寸	⑤ 出	⑥ 秋

(1) 父子有(　) (2) 二八靑(　)
(3) 一日三(　) (4) (　)入門

정답

1. (1) 촌수 (2) 추동 (3) 친족 (4) 월출 (5) 춘화 (6) 촌민
2. (1) 친할 친 (2) 마을 촌 (3) 봄 춘
3. (1) 寸 (2) 秋 (3) 出
4. (1) ③ (2) ① (3) ⑥ (4) ⑤

七

8급

일곱 칠

一 | 1획

다섯 손가락에 두 손가락을 십자형으로 포개서 일곱을 나타냈다.

읽기 한자

七角形(칠각형) : 일곱 개의 선분으로 둘러싸인 평면도형

쓰기 한자

七夕(칠석) : 음력 7월 7일 날. 견우와 직녀가 까치가 만들어준 오작교에서 만난다는 날

七月(칠월) : 일곱 번째 달

七日(칠일) : 일곱 번째 날

七十(칠십) : 일흔

활용문

우리 아버지의 연세는 올해로 七十(칠십)이 되신다.

필순 一 七

七								
일곱 칠								

太

6급

클 태

大 | 1획

큰 대(大) 두 개를 써서 아주 크다(太)는 뜻을 나타냈다.

비 大(큰 대)
犬(개 견)

동 大(큰 대)
巨(클 거)

반 小(작을 소)

읽기 한자

太古(태고) : 아주 오랜 옛날

太半(태반) : 절반이 지남. 보통 3분의 2이상을 가리킴

太祖(태조) : 한 왕조의 첫대의 임금

太平(태평) : 세상이 무사하고 해마다 풍년이 들어 환란이나 질병 등이 없음

明太(명태) : 대구과에 속하는 바닷물고기

활용문

太陽(태양)을 이용한 태양열 주택까지 널리 보급되었다.

필순 一 ナ 大 太

太								
클 태								

土

8급

흙 토

土 | 0획

초목이 새눈을 내미는 것에서 흙(土)을 의미한다.

비 士(선비 사)

읽기한자

風土(풍토) : 기후와 토지의 상태
黃土(황토) : 누런 흙
土神(토신) : 흙을 맡아 다스리는 신

쓰기한자

土山(토산) : 흙으로만 이루어진 산
國土(국토) : 나라의 땅
土木(토목) : 가옥, 도로 등 재료를 목재나 철재로 사용하는 모든 공사를 일컫는 총칭
土木學(토목학) : 토목에 관한 연구나 실제를 연구하는 공학의 한 부분

활용문

형은 대학교에서 土木(토목)과를 전공했다.

필순 一 十 土

土								
흙 토								

通

6급

통할 통

辶(辵) | 7획

판지에 못을 박았(甬)듯이 도로(辶)가 어디까지나 계속되고 있는 것에서 통하다(通)는 의미이다.

비 痛(아플 통)
동 達(통달할 달)

읽기한자

通用(통용) : 일반이 널리 씀
通風(통풍) : 바람을 소통시킴
通讀(통독) : 처음부터 끝까지 내리 읽음
通路(통로) : 통행하는 길
通信(통신) : 소식 등을 남에게 전함

활용문

이 책을 通(통)해 아버지의 비법을 간직하고, 이를 더욱 발전시키는데 전심전력을 다하였다.

필순 ㇇ ㇇ 了 丹 丹 育 甬 甬 诵 涌 通

通								
통할 통								

타

特

6급

특별할 **특**

牛 | 6획

관청(寺)에서 특별한 일이 있으면 소(牛)를 잡아 제사를 지낸다는 데서 특별하다(特)는 의미이다.

비 待(기다릴 대)
持(가질 지)

읽기한자

特級(특급) : 특별한 등급
特出(특출) : 특별히 뛰어남
特色(특색) : 보통 것보다 다른 점
特有(특유) : 그것만이 특별히 가지고 있음

활용문

그럼 다음은 特(특)히 감명 깊은 場面(장면)이나 재미있던 부분을 自由(자유)롭게 이야기하기로 하겠습니다.

필순 ノ ㅗ 牛 牛 牛一 牛+ 牛土 牛土 特 特

特								
특별할 특								

八

8급

여덟 **팔**

八 | 0획

엄지손가락 둘을 구부린 여덟(八)개의 손가락의 모양을 본떴다.

비 入(들 입)
人(사람 인)

읽기한자

八等身(팔등신) : 몸의 균형이 잡힌 미인의 표준
十八番(십팔번) : 가장 자랑으로 여기는 것이나 일

쓰기한자

八十(팔십) : 여든
八月(팔월) : 일년 중 여덟 번째의 달
八寸(팔촌) : 촌수로 여덟 촌수 사이
七八月(칠팔월) : 7월과 8월
十中八九(십중팔구) : 열 중에서 여덟이나 아홉

활용문

많은 사람들이 八月(팔월)에 피서를 떠납니다.

필순 ノ 八

八								
여덟 팔								

확·인·학·습 45

1. 다음 한자어(漢字語)의 독음을 쓰세요.

(1) 太半 (　　　　)　　(2) 特級 (　　　　)
(3) 八月 (　　　　)　　(4) 土山 (　　　　)
(5) 通信 (　　　　)　　(6) 七十 (　　　　)

2. 다음 한자(漢字)의 훈(訓)과 음(音)을 쓰세요.

(1) 太 (　　　　)
(2) 通 (　　　　)
(3) 特 (　　　　)

3. 다음 훈(訓)과 음(音)에 맞는 한자(漢字)를 쓰세요.

(1) 흙 토 (　　　　)
(2) 일곱 칠 (　　　　)
(3) 여덟 팔 (　　　　)

4. 다음(　)에 들어갈 한자(漢字)를 예(例)에서 찾아 그 번호를 쓰세요.

예(例)			
	① 太	② 特	③ 八
	④ 七	⑤ 通	⑥ 土

(1) (　　)方美人　　(2) 萬事(　　)平
(3) (　　)用作物　　(4) (　　)木工事

정답						
1.	(1) 태반	(2) 특급	(3) 팔월	(4) 토산	(5) 통신	(6) 칠십
2.	(1) 클 태	(2) 통할 통	(3) 특별할 특			
3.	(1) 土	(2) 七	(3) 八			
4.	(1) ③	(2) ①	(3) ②	(4) ⑥		

파

便

7급

편할 편(:)
똥오줌 변

亻(人) | 7획

사람(人)은 불편한 것을 고쳐서(更) 편해(便)지려고 한다는 의미이다.

동 安(편안 안)
康(편안 강)

읽기 한자

便利(편리) : 편하고 이로우며 이용하기가 쉬움
形便(형편) : 일이 되어가는 모양이나 경로. 살림살이의 형세
用便(용변) : 대변이나 소변을 봄

쓰기 한자

便安(편안) : 무사함. 거북하지 않고 한결같이 좋음
不便(불편) : 편하지 못함　　男便(남편) : 낭군님
人便(인편) : 오가는 사람의 편
車便(차편) : 차가 오가는 편, 또는 그 기회
便紙紙(편지지) : 편지를 쓰는 종이
便所(변소) : 대 · 소변을 보는 곳

활용문

不便(불편)한 사항이 있으면 즉시 말 하세요.

필순 丿 亻 亻 仁 佢 佰 佰 便 便

便								
편할 편								

平

7급 II

평평할 평

干 | 2획

부초가 물에 떠 있는 모양에서 평평하다, 평지, 평온(平)을 의미한다.

읽기 한자

平等(평등) : 차별이 없이 고르고 한결 같음
和平(화평) : 마음이 기쁘고 평안함
平和(평화) : 전쟁이나 무력 충돌없이 국제적, 국내적으로 사회가 평온한 상태
公平(공평) : 어느 한쪽으로 치우치지 않고 똑같이 나눔

쓰기 한자

平面(평면) : 평평한 표면
平年(평년) : 윤년이 아닌 해. 농사가 보통으로 된 해
平民(평민) : 벼슬이 없는 일반인
平生(평생) : 일생

활용문

平面(평면) 텔레비전이 많이 보급되었다.

필순 一 ㄏ ㄏ 冖 二 平

平								
평평할 평								

表

6급II

겉 표

衣 | 3획

털(毛-土) 옷(衣)을 겉(表)에 입고 밖으로 나타난다(表)는 의미이다.

비 衣(옷 의)
반 裏(속 리)

읽기 한자

表面(표면) : 거죽으로 드러난 면
表記(표기) : 겉으로 표시하여 기록함
表明(표명) : 표시하여 명백히 함
表出(표출) : 겉으로 나타내거나 나타남
表紙(표지) : 책의 겉장이나 뚜껑
表現(표현) : 사상·감정 등을 드러내어 나타냄

활용문

이 책은 表紙(표지)가 너무 두꺼운 것 같네요.

필순 一 二 キ 主 丰 老 表 表

表								
겉 표								

風

6급II

바람 풍

風 | 0획

보통(凡) 벌레(虫)들은 햇볕보다 바람(風)을 싫어한다는 의미이다.

읽기 한자

風力(풍력) : 바람의 세기
風速(풍속) : 바람이 부는 속도
風物(풍물) : 농악에 쓰이는 악기들을 일컬음
風向(풍향) : 바람이 불어오는 방향
風水(풍수) : 바람과 물
風月主人(풍월주인) : 좋은 경치를 관람하는 주인공

활용문

風物(풍물)놀이에서 음을 연주하는 악기는 무엇입니까?

필순 丿 几 凡 凡 凧 凧 風 風 風

風								
바람 풍								

下

7급 II

아래 하:

一 | 2획

가로선을 한 줄 긋고, 그 아래에 표시를 한 형태로 아래(下)를 의미한다.

반 上(윗 상)

읽기한자

下級(하급) : 낮은 계급이나 등급
下半身(하반신) : 몸의 허리 아랫부분
下野(하야) : 관직에서 물러나 평민으로 돌아감
下體(하체) : 몸의 아랫도리
部下(부하) : 남의 아래에서 명령에 따라 움직이는 사람

쓰기한자

下校(하교) : 공부를 끝내고 학교에서 집으로 돌아옴
下女(하녀) : 여자 하인
下問(하문) : 아랫사람에게 물음. 남의 물음을 일컬음
下山(하산) : 산에서 내려가거나 내려옴
下水(하수) : 빗물 또는 가정에서 흘러나오는 더러운 물

활용문

下校(하교)길에 우연히 예전 친구를 만났습니다.

필순 一 丅 下

下								
아래 하								

夏

7급

여름 하:

夊 | 7획

천천히 걸어도(夊) 머리(頁)에 땀이 나는 여름(夏)이라는 의미이다.

반 冬(겨울 동)

읽기한자

夏服(하복) : 여름에 입는 옷
夏夜(하야) : 여름 밤

쓰기한자

夏冬(하동) : 여름과 겨울
夏日(하일) : 여름날
夏時(하시) : 여름철
夏海(하해) : 여름 바다
夏花(하화) : 여름철의 꽃
立夏(입하) : 24절기의 하나로 여름이 시작되는 시기이다
春夏秋冬(춘하추동) : 봄 · 여름 · 가을 · 겨울

활용문

立夏(입하)가 지나니 날씨가 제법 더워졌습니다.

필순 一 丆 丆 万 百 百 百 頁 夏 夏

夏								
여름 하								

확·인·학·습 46

1. 다음 한자어(漢字語)의 독음을 쓰세요.

(1) 便安 (　　　)　　(2) 風習 (　　　)
(3) 下水 (　　　)　　(4) 平民 (　　　)
(5) 表記 (　　　)　　(6) 夏時 (　　　)

2. 다음 한자(漢字)의 훈(訓)과 음(音)을 쓰세요.

(1) 表 (　　　)
(2) 風 (　　　)
(3) 夏 (　　　)

3. 다음 훈(訓)과 음(音)에 맞는 한자(漢字)를 쓰세요.

(1) 평평할 평 (　　　)
(2) 편할 편 (　　　)
(3) 아래 하 (　　　)

4. 다음(　)에 들어갈 한자(漢字)를 예(例)에서 찾아 그 번호를 쓰세요.

예(例)	① 風	② 夏	③ 下
	④ 表	⑤ 平	⑥ 便

(1) 萬里同(　)　　(2) (　)意文字
(3) 三日天(　)　　(4) 春(　)秋冬

정답						
1.	(1) 편안	(2) 풍습	(3) 하수	(4) 평민	(5) 표기	(6) 하시
2.	(1) 겉 표	(2) 바람 풍	(3) 여름 하			
3.	(1) 平	(2) 便	(3) 下			
4.	(1) ①	(2) ④	(3) ③	(4) ②		

하

學

8급

배울 학

子 | 13획

아이들(子)이 서당(冖)에서 두 손으로, 책을 잡고(臼) 스승을 본받으며(爻) 글을 배운다는 데서, '배우다'(學)는 의미이다.

반 敎(가르칠 교)

약 学

읽기한자

學級(학급) : 한 교실 안에서 같이 수업을 받는 학생 집단
學部(학부) : 학생들을 묶은 집단
學習(학습) : 배워서 익힘
學風(학풍) : 학문상의 경향
學會(학회) : 학문의 연구, 장려를 목적으로 조직한 단체
開學(개학) : 방학을 끝내고 다시 수업을 시작함 ↔ 放學(방학)
共學(공학) : 남학생과 여학생이 함께 배움
夜學(야학) : 밤에 배우는 학문

쓰기한자

學年(학년) : 1년간의 수학기에 따라서 구별한 학교의 단계
學生(학생) : 학교에서 공부하는 사람

활용문

저는 내년이면 6學年(학년)에 올라갑니다.

필순

學								
배울 학								

韓

8급

한국
나라 한(:)

韋 | 8획

해가 돋는(卓) 동방의 위대한(韋) 나라인 한국(韓)이란 의미이다.

비 漢(한수 한)

읽기한자

韓服(한복) : 우리나라 고유의 의복 ↔ 洋服(양복)
韓式(한식) : 우리나라의 양식이나 격식
對韓(대한) : 한국에 관한 일
韓族(한족) : 한반도를 중심으로 거주하는 민족

쓰기한자

韓國(한국) : 우리 나라의 명칭인 대한민국을 일컫는 약칭
韓日(한일) : 한국과 일본
三韓(삼한) : 부족 국가 시대의 마한, 변한, 진한을 이르는 말
北韓(북한) : 남북으로 갈라진 한국의 북쪽
韓中日(한중일) : 한국, 중국, 일본을 함께 이르는 말
大韓民國(대한민국) : 우리나라의 공식명칭

활용문

2002 韓日(한일)월드컵이 성공적으로 마무리 됐습니다.

필순

韓								
한국 한								

漢

7급 II

한수/한나라 한:

氵(水) | 11획

원래 큰 불로 태운 밭의 흙인데 메마른 하천의 의미가 되고, 후에 중국의 나라이름이 되었다.

읽기한자

漢陽(한양) : 서울의 옛 이름
銀漢(은한) : 은하수

쓰기한자

漢江(한강) : 한국의 중부, 서울에서 서해로 들어가는 강. 남한강과 북한강의 두 강으로 갈렸음
漢文學(한문학) : 한문을 연구하는 학문. 중국의 문학
漢方(한방) : 한약을 만드는 곳
漢文字(한문자) : 중국 한대의 문자

활용문

그 분은 유능하신 漢文學(한문학) 교수입니다.

필순 丶 丶 氵 汀 汁 汼 泄 泄 浐 浐 溡 溸 漢 漢

漢								
한수 한								

合

6급

합할 합

口 | 3획

사람(人)들이 모여(一) 대화(口)하는 것에서 얘기하는 것이 맞다(合)는 의미이다.

비 今(이제 금)
　 令(하여금 령)
반 分(나눌 분)
　 區(구분할 구)

읽기한자

合計(합계) : 합하여 계산함
和合(화합) : 함께 어울려 합함
合理(합리) : 이치에 합당함
合成(합성) : 합하여 이룸
合意(합의) : 서로 의사가 일치함
合同(합동) : 둘 이상이 합하여 하나로 됨
合一(합일) : 합하여 하나가 됨

활용문

모든 수량의 合計(합계)를 구해서 바로 제출하세요.

필순 ノ 人 𠆢 今 合 合

合								
합할 합								

하

海

7급 II

바다 해:

氵(水) | 7획

강물(氵)은 매양(每) 바다(海)로 통한다는 의미이다.

비 梅(매화 매)
동 洋(큰바다 양)

읽기한자

海路(해로) : 바다의 배가 다니는 길
海圖(해도) : 바다의 높낮이 및 항로 표시를 해놓은 지도
公海(공해) : 세계 각국이 공동으로 쓰는 바다
近海(근해) : 육지에서 가까운 바다
人海戰術(인해전술) : 많은 인원으로 상대방을 제압하는 전술

쓰기한자

海面(해면) : 바닷물의 겉쪽
海國(해국) : 사방이 바다에 둘러싸인 나라. 섬나라
海上(해상) : 바다 위
海軍(해군) : 바다에서 전투 및 방어하기 위하여 조직된 군대
海女(해녀) : 바다 속에서 해삼이나 전복, 미역 등을 따는 것을 업으로 하는 여자

활용문

이번 작전에는 海軍(해군)의 힘이 꼭 필요합니다.

필순 丶 冫 氵 氵 氵 汇 海 海 海 海

海								
바다 해								

幸

6급 II

다행 행:

干 | 5획

젊은 나이에 죽어야 했을(夭) 사람이 사지에서 벗어난다(屰)고 하는 것에서 행복(幸)을 의미한다.

비 辛(매울 신)

읽기한자

多幸(다행) : 운수가 좋음
不幸(불행) : 행복하지 아니함
幸運(행운) : 행복한 운명
天幸(천행) : 하늘이 준 행운
千萬多幸(천만다행) : 아주 다행함

활용문

그만하길 千萬多幸(천만다행)이다.

필순 一 十 土 土 圥 去 吉 幸

幸								
다행 행								

확·인·학·습 47

1. 다음 한자어(漢字語)의 독음을 쓰세요.

(1) 三韓 (　　　　)　　(2) 多幸 (　　　　)
(3) 學生 (　　　　)　　(4) 合理 (　　　　)
(5) 漢文 (　　　　)　　(6) 海水 (　　　　)

2. 다음 한자(漢字)의 훈(訓)과 음(音)을 쓰세요.

(1) 幸 (　　　　)
(2) 合 (　　　　)
(3) 漢 (　　　　)

3. 다음 훈(訓)과 음(音)에 맞는 한자(漢字)를 쓰세요.

(1) 한국 한 (　　　　)
(2) 배울 학 (　　　　)
(3) 바다 해 (　　　　)

4. 다음(　　)에 들어갈 한자(漢字)를 예(例)에서 찾아 그 번호를 쓰세요.

예(例)			
	① 幸	② 韓	③ 漢
	④ 合	⑤ 學	⑥ 海

(1) 大(　　)民國　　(2) 南北和(　　)
(3) 人山人(　　)　　(4) 千萬多(　　)

정답

1. (1) 삼한 (2) 다행 (3) 학생 (4) 합리 (5) 한문 (6) 해수
2. (1) 다행 행 (2) 합할 합 (3) 한수 한
3. (1) 韓 (2) 學 (3) 海
4. (1) ② (2) ④ (3) ⑥ (4) ①

하

行

6급

다닐 행(:)
항렬 항

行 | 0획

십자로(十)의 모양에서 유래되어 사람이 걷는 곳이므로 가다(行)는 의미이다.

비 往(갈 왕)

읽기 한자

行動(행동) : 몸을 움직여 동작함
行路(행로) : 사람이 걸어 다니는 한길
行方(행방) : 간 곳. 간 방향
行事(행사) : 일을 거행함
急行(급행) : 빨리 감
行先地(행선지) : 가는 목적지
祖行(조항) : 할아버지뻘의 항렬

활용문

올림픽 대회 때는 운동경기 뿐만 아니라 세계 各國(각국)의 전통 문화를 소개하는 文化行事(문화행사)도 같이 열린다.

필순 ′ 彳 彳 行 行 行

行								
다닐 행								

向

6급

향할 향:

口 | 3획

창은 남과 북, 동과 서로 같이 마주서서 만드는 것에서 향하다, 대하다(向)는 의미이다.

비 同(한가지 동)

읽기 한자

動向(동향) : 움직이는 방향
方向(방향) : 향하는 쪽
意向(의향) : 무엇을 하려는 생각
向方(향방) : 향하는 곳
向上(향상) : 위로 향하여 나아가는 일

활용문

文明(문명)의 발달과 함께 건축 기술도 向上(향상)되었다.

필순 ′ 丿 门 向 向 向

向								
향할 향								

現

6급II

나타날 현:

王(玉) | 7획

옥(玉)을 갈고 닦으면 아름다운 빛깔이 드러난다(見)는 데서, 나타나다(現)는 의미이다.

동 顯(나타날 현)
반 消(사라질 소)

읽기한자

出現(출현) : 나타나거나 또는 나타나서 보임
現代(현대) : 지금의 시대
現在(현재) : 이제, 지금
現時(현시) : 지금 이때

활용문

現代(현대)에 와서는 종이 만드는 기술과 인쇄술이 매우 발달하여 좋은 책을 대량으로 만들 수 있게 됨으로써 책을 읽는 사람과 책의 종류가 나날이 늘어가고 있습니다.

필순 一 二 千 王 玎 玑 玥 玥 珇 現 現

現								
나타날 현								

兄

8급

형 형

儿 | 3획

먼저 태어나 걸음마(儿)를 하고 어린 사람에게 말(口)로 지시를 하여 윗사람(兄)을 의미한다.

반 弟(아우 제)

읽기한자

親兄弟(친형제) : 한 부모에게서 난 형제
族兄(족형) : 일가 중에서 항렬이 같은 형

쓰기한자

兄弟(형제) : 형과 아우
學兄(학형) : 학우를 서로 높이는 말
三兄弟(삼형제) : 형제가 세 명
學父兄(학부형) : 학생의 부모와 형제
父母兄弟(부모형제) : 아버지, 어머니, 형, 동생

활용문

三兄弟(삼형제)가 모두 쌍둥이입니다.

필순 丨 口 口 尸 兄

兄								
형 형								

하

形

6급 II

모양 형

彡 | 4획

아름다운 선으로 그린 테두리의 모양에서 모양, 형태(形)를 의미한다.

비 刑(형벌 형)

동 樣(모양 양)
態(모양 태)

읽기한자

形色(형색) : 몸매와 얼굴의 생김새
形成(형성) : 어떠한 모양을 이룸
形言(형언) : 형용하여 말함
形體(형체) : 물건의 생김새와 그 바탕이 되는 몸
形便(형편) : 일이 되어가는 모양이나 경로

활용문

설경이 形言(형언)할 수 없을 정도로 아름답습니다.

필순 一 二 于 开 开' 形 形

形								
모양 형								

號

6급

이름 호(:)

虍 | 7획

호랑이(虎)의 울음소리처럼 입을 크게 가로 세로로(号) 움직여 부르짖는다(號)는 의미이다.

동 名(이름 명)

읽기한자

號數(호수) : 차례의 수효
口號(구호) : 어떤 주장을 나타내는 간결한 말
國號(국호) : 나라의 이름
題號(제호) : 책 따위의 제목
記號(기호) : 어떤 뜻을 나타내기 위하여 쓰이는 부호의 총칭
番號(번호) : 차례를 나타내는 호수

활용문

口號(구호)를 힘차게 외쳐주세요!

필순 丨 ㄇ ㅁ 므 号 号' 号' 号' 號 號 號 號 號

號								
이름 호								

확·인·학·습 48

1. 다음 한자어(漢字語)의 독음을 쓰세요.

(1) 形言 (　　　)　　(2) 動向 (　　　)
(3) 出現 (　　　)　　(4) 學兄 (　　　)
(5) 行方 (　　　)　　(6) 國號 (　　　)

2. 다음 한자(漢字)의 훈(訓)과 음(音)을 쓰세요.

(1) 現 (　　　)
(2) 行 (　　　)
(3) 號 (　　　)

3. 다음 훈(訓)과 음(音)에 맞는 한자(漢字)를 쓰세요.

(1) 한수 한 (　　　)
(2) 여름 하 (　　　)
(3) 형 형 (　　　)

4. 다음(　)에 들어갈 한자(漢字)를 예(例)에서 찾아 그 번호를 쓰세요.

예(例)			
	① 現	② 行	③ 兄
	④ 號	⑤ 形	⑥ 向

(1) (　)方不明　　(2) 四海(　)弟
(3) 萬國信(　)　　(4) (　)代文學

정답

1. (1) 형언 (2) 동향 (3) 출현 (4) 학형 (5) 행방 (6) 국호
2. (1) 나타날 현 (2) 다닐 행/항렬 항 (3) 이름 호
3. (1) 漢 (2) 夏 (3) 兄
4. (1) ② (2) ③ (3) ④ (4) ①

하

火

8급

불 화(ː)

火 | 0획

불이 타고 있는 모양을 본떴다.

반 水(물 수)

읽기한자

火急(화급) : 매우 급함

失火(실화) : 잘못하여 불을 냄

火藥(화약) : 가스와 열을 발생하는 모든 물질의 총칭

發火(발화) : 불이 일어남

放火(방화) : 불을 지름

電光石火(전광석화) : 매우 짧은 시간이나 매우 빠른 동작을 이름

쓰기한자

火力(화력) : 불의 힘

火木(화목) : 땔나무

火山(화산) : 용암을 내뿜는 산. 또는 그런 분출물이 부근에 높이 쌓인 산

火中(화중) : 불 속

火山學(화산학) : 화산 현상에 관해 연구하는 학문

활용문

백두산, 한라산 모두 火山(화산)입니다.

필순 丶 丷 火 火

火								
불 화								

話

7급 II

말씀 화

言 | 6획

혀(舌)와 입술을 사용하여 마음의 생각을 얘기(言)해 전하는 것에서 말하다(話)는 의미이다.

동 語(말씀 어)
談(말씀 담)
言(말씀 언)
說(말씀 설)

읽기한자

話頭(화두) : 이야기의 말머리

話題(화제) : 이야기의 제목

童話(동화) : 동심을 기조로 하여 지은 이야기

神話(신화) : 신의 이야기를 엮은 설화

通話(통화) : 전화로 말을 서로 통함

訓話(훈화) : 교훈이나 훈시하는 말

쓰기한자

話語(화어) : 일상 쓰는 말

面話(면화) : 서로 마주 대하여 이야기함. 만나서 의논함. 면담

電話(전화) : 전파나 전류의 작용으로 먼 곳에 말을 보내고 받게 만든 기계

활용문

나도 手話(수화)를 배워볼까 합니다.

필순 丶 亠 亠 亖 言 言 言 言 訁 計 話 話 話

話								
말씀 화								

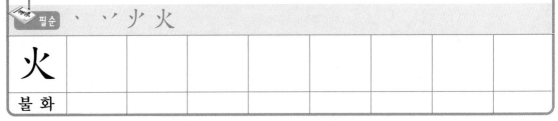

花

7급

꽃 화

艹(艸) | 4획

풀(艹)의 모습이 변하는(化) 것에서 꽃(花)을 의미한다.

읽기한자

花代(화대) : 잔치 때에 기생이나 광대에게 주는 물건이나 돈
花信(화신) : 꽃이 핌을 알리는 소식
花園(화원) : 꽃을 심은 동산
開花(개화) : 꽃이 핌

쓰기한자

花心(화심) : 미인의 마음
花王(화왕) : 모란. 탐스럽고 찬란하여 '꽃 중의 꽃' 이라는 뜻
花月(화월) : 꽃과 달. 꽃 위에 비치는 달
花海(화해) : 꽃이 널리 만발하여 있는 모양
花天月地(화천월지) : 꽃이 핀, 달밤의 경치
木花(목화) : 솜을 만드는 꽃

활용문

木花(목화)로 솜을 만든다는 것을 지금 알았습니다.

필순

花								
꽃 화								

和

6급 II

화할 화

口 | 5획

벼(禾)가 잘 익어 기뻐 말(口)하고 있는 것에서 온화하다, 부드럽다(和)는 의미이다.

비 私(사사 사)
利(이할 리)
반 競(겨룰 경)
爭(다툴 쟁)
戰(싸움 전)

읽기한자

和氣(화기) : 따스하고 화창한 일기
和色(화색) : 얼굴에 드러난 환한 빛
和親(화친) : 서로 의좋게 지내는 정분
和合(화합) : 화동하여 합함

활용문

노예를 해방시켜 인류 平和(평화)에 공헌한 링컨은 어려운 환경에서도 책읽기를 게을리하지 않았습니다.

필순

和								
화할 화								

하

畫

6급

그림 화:
그을 획

田 | 7획

붓(聿)으로 도화지(一)에 그림(田)을 그린다(畫)는 의미이다.

비 書(글 서)
晝(낮 주)
동 圖(그림 도)

읽기한자

畫面(화면) : 그림의 표면
畫家(화가) : 그림 그리는 것을 전문으로 하는 사람
畫室(화실) : 화가가 작업하는 방
畫工(화공) : 그림을 그리는 것을 업으로 삼는 사람
名畫(명화) : 썩 잘된 그림이나 영화
書畫(서화) : 글씨와 그림

활용문

나는 커서 훌륭한 畫家(화가)가 되고 싶습니다.

필순 ㄱ ㅋ ㅋ ⺕ 聿 聿 聿 書 書 書 畫 畫

畫								
그림 화								

活

7급 II

살 활

氵(水) | 6획

혀(舌)를 정신없이 놀리며 먹듯이 활발히 움직이는 물(氵)의 형상에서 살다(活)라는 의미이다.

비 話(말씀 화)
동 生(날 생)
반 死(죽을 사)

읽기한자

活路(활로) : 고난을 헤치고 살아 나갈 방도
活用(활용) : 이리 저리 잘 응용함
死活(사활) : 죽기와 살기

쓰기한자

活氣(활기) : 활동하는 원기. 활발한 기개나 기운
活力(활력) : 살아 움직이는 힘. 활동하는 힘
活字(활자) : 활판을 짜기 위해 납 등을 원료로 주조한 글자
生活(생활) : 살아서 활동함. 생계를 유지하여 살아 나감
活火山(활화산) : 지금도 화산 활동을 계속하고 있는 화산

활용문

모두들 活氣(활기)있는 모습으로 일에 열중했다.

필순 丶 丶 氵 氵 汒 汻 浐 活 活

活								
살 활								

확·인·학·습 49

1. 다음 한자어(漢字語)의 독음을 쓰세요.

(1) 火力 (　　　)　　(2) 書畫 (　　　)
(3) 和合 (　　　)　　(4) 花月 (　　　)
(5) 自活 (　　　)　　(6) 手話 (　　　)

2. 다음 한자(漢字)의 훈(訓)과 음(音)을 쓰세요.

(1) 畫 (　　　)
(2) 和 (　　　)
(3) 話 (　　　)

3. 다음 훈(訓)과 음(音)에 맞는 한자(漢字)를 쓰세요.

(1) 꽃 화 (　　　)
(2) 불 화 (　　　)
(3) 살 활 (　　　)

4. 다음(　)에 들어갈 한자(漢字)를 예(例)에서 찾아 그 번호를 쓰세요.

예(例)			
	① 話	② 和	③ 花
	④ 活	⑤ 畫	⑥ 火

(1) 電光石(　)　　(2) 古代神(　)
(3) 生(　)體育　　(4) (　)中王

정답

1. (1) 화력　(2) 서화　(3) 화합　(4) 화월　(5) 자활　(6) 수화
2. (1) 그림 화/그을 획　(2) 화할 화　(3) 말씀 화
3. (1) 花　(2) 火　(3) 活
4. (1) ⑥　(2) ①　(3) ④　(4) ③

하

黃

6급

누를 황

黃 | 0획

밭(田)은 모두 한 가지로(共) 누렇게(黃) 익었다는 의미이다.

읽기한자

黃海(황해): 한반도와 중국에 둘러싸인 바다
黃土(황토): 누렇고 거무스름한 흙
黃旗(황기) : 누런 빛깔의 기

활용문

거기에는 黃金(황금)과 보석들이 꽉 차 있었습니다.

필순 一 十 卄 廾 芦 芦 昔 昔 茜 黄 黃 黃

黃								
누를 황								

會

6급 II

모일 회:

日 | 9획

사람의 얼굴에 눈, 귀, 코, 입 따위가 모인 모양을 본뜬 글자로, 모이다(會)는 의미이다.

동 集(모일 집)
社(모일 사)
반 散(흩을 산)
離(떠날 리)
약 会

읽기한자

會食(회식) : 여러 사람이 모여 같이 음식을 먹음
會話(회화) : 서로 만나서 이야기함
會心(회심) : 마음에 맞음
會計(회계) : 금전이나 물품의 출납계산

활용문

電信會社(전신회사)에 다니다 뉴욕으로 간 그는 고장난 기계를 새로 만들어 주고 큰돈을 받았다.

필순 丿 人 𠆢 今 佘 侖 侖 侖 侖 會 會 會 會

會								
모일 회								

孝

7급Ⅱ

효도 효:

子 | 4획

자식(子)이 나이든 부모(老)를 등에 진 형태에서 효도하다(孝)라는 의미이다.

비 敎(가르칠 교)

읽기 한자

孝行(효행) : 부모를 잘 섬기는 행실
孝孫(효손) : 효성스러운 손자

쓰기 한자

不孝(불효) : 효도를 하지 않음
孝心(효심) : 효성이 있는 마음
孝女(효녀) : 효성이나 효행이 있는 딸
孝道(효도) : 부모를 잘 섬기는 도리
孝子(효자) : 부모를 잘 섬기는 아들
不孝子(불효자) : 효도를 하지 않는 자식

활용문

孝女(효녀) 심청이는 인당수에 몸을 던졌습니다.

필순 一 十 土 耂 耂 考 孝

孝								
효도 효								

後

7급Ⅱ

뒤 후:

彳 | 6획

길(彳)을 걷는데 어린아이(幺)는 걸음이 느려(夂) 뒤진다(後)는 의미이다.

반 前(앞 전)
先(먼저 선)

읽기 한자

後半(후반) : 반으로 나눈 것의 뒷부분
死後(사후) : 죽은 후

쓰기 한자

後面(후면) : 뒤의 면. 뒷편
後記(후기) : 뒷날의 기록. 책 끝에 적은 글
後年(후년) : 다음 해. 뒤에 오는 해
後方(후방) : 중심으로부터 뒤쪽
後生(후생) : 뒤에 태어남. 또는 그 사람
後世(후세) : 뒤의 세상. 죽은 뒤에 오는 세상

활용문

편집 後記(후기)를 작성 중입니다.

필순 ノ ノ 彳 彳 彳 彴 後 後 後

後								
뒤 후								

하

訓

6급

가르칠 훈:

言 | 3획

하천(川)의 형태를 따라 물이 순조롭게 흐르듯이, 말(言)에 따르게 하다(訓)는 의미이다.

동 敎(가르칠 교)
반 學(배울 학)

읽기 한자

敎訓(교훈) : 앞으로의 행동이나 생활의 지침이 될 만한 가르침
訓長(훈장) : 글방의 선생
訓話(훈화) : 교훈이나 훈시를 하는 말

활용문

'피노키오'는 재미가 있으면서도 귀한 敎訓(교훈)을 주는 책이라고 생각합니다.

필순 丶 亠 亖 言 言 言 言 訁 訓 訓 訓

訓								
가르칠 훈								

休

7급

쉴 휴

亻(人) | 4획

사람(亻)이 큰 나무(木) 아래에서 잠시 쉬는 것에서 쉬다(休)라는 의미이다.

동 憩(쉴 게)

읽기 한자

休業(휴업) : 업(業)을 하루나 한동안 쉼
休戰(휴전) : 전쟁 중 한때 전투 행위를 중지하는 일
休會(휴회) : 회(會)를 쉬는 일
公休日(공휴일) : 공(公)적으로 쉬기로 정해진 날. 곧 국경일이나 일요일 따위

쓰기 한자

休校(휴교) : 어떠한 사정에 의하여 학교의 과업을 한때 쉼
休日(휴일) : 일을 중지하고 노는 날
休紙(휴지) : 못쓰게 된 종이. 버리게 된 물건
休火山(휴화산) : 옛날에는 분화하였으나 현재는 분화하지 않는 화산

활용문

나는 이번 학기에 休學(휴학)을 할 예정입니다.

필순 丿 亻 仁 什 休 休

休								
쉴 휴								

확·인·학·습 50

1. 다음 한자어(漢字語)의 독음을 쓰세요.

(1) 會話 (　　　)　　(2) 孝子 (　　　)
(3) 訓話 (　　　)　　(4) 休日 (　　　)
(5) 黃土 (　　　)　　(6) 後門 (　　　)

2. 다음 한자(漢字)의 훈(訓)과 음(音)을 쓰세요.

(1) 黃 (　　　)
(2) 孝 (　　　)
(3) 訓 (　　　)

3. 다음 훈(訓)과 음(音)에 맞는 한자(漢字)를 쓰세요.

(1) 효도 효 (　　　)
(2) 쉴 휴 (　　　)
(3) 뒤 후 (　　　)

4. 다음(　)에 들어갈 한자(漢字)를 예(例)에서 찾아 그 번호를 쓰세요.

예(例)			
	① 黃	② 訓	③ 會
	④ 休	⑤ 孝	⑥ 後

(1) (　)民正音　　(2) 前(　)左右
(3) 市民社(　)　　(4) (　)子愛日

정답

1. (1) 회화 (2) 효자 (3) 훈화 (4) 휴일 (5) 황토 (6) 후문
2. (1) 누를 황 (2) 효도 효 (3) 가르칠 훈
3. (1) 孝 (2) 休 (3) 後
4. (1) ② (2) ⑥ (3) ③ (4) ⑤

漢字

(사) 한국어문회 주관 / 한국한자능력검정회 시행

부록 I

사자성어(四字成語)

반대자(反對字) · 반대어(反對語)

유의자(類義字) · 유의어(類義語)

동음이의어(同音異義語)

사자성어(四字成語)

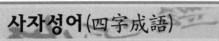

家內工業	7Ⅱ7Ⅱ7Ⅱ6Ⅱ (가내공업)	6Ⅱ	집 안에서 단순한 기술과 도구로써 작은 규모로 생산하는 수공업
家庭教育	7Ⅱ6Ⅱ 8 7 (가정교육)	6Ⅱ	가정의 일상생활 가운데 집안 어른들이 자녀들에게 주는 영향이나 가르침
各人各色	6Ⅱ 8 6Ⅱ 7 (각인각색)	6Ⅱ	사람마다 각기 다름
各自圖生	6Ⅱ7Ⅱ6Ⅱ 8 (각자도생)	6Ⅱ	제각기 살아 나갈 방법을 꾀함
高等動物	6Ⅱ 6 7Ⅱ7Ⅱ (고등동물)	6Ⅱ	복잡한 체제를 갖춘 동물
高速道路	6Ⅱ 6 7Ⅱ 6 (고속도로)	6	차의 빠른 통행을 위하여 만든 차전용의 도로
公明正大	6Ⅱ6Ⅱ7Ⅱ 8 (공명정대)	6Ⅱ	하는 일이나 행동이 사사로움이 없이 떳떳하고 바름
交通信號	6 6 6Ⅱ 6 (교통신호)	6	교차로나 횡단보도, 건널목 따위에서 사람이나 차량이 질서 있게 길을 가도록 하는 기호나 등화(燈火)
九死一生	8 6 8 8 (구사일생)	6	여러 차례 죽을 고비를 넘기고 살아남
國民年金	8 8 8 8 (국민연금)	8	일정 기간 또는 죽을 때까지 해마다 지급되는 일정액의 돈
南男北女	8 7Ⅱ 8 8 (남남북녀)	7Ⅱ	우리나라에서 남자는 남쪽 지방 사람이 잘나고 여자는 북쪽 지방 사람이 고움을 이르는 말
男女老少	7Ⅱ 8 7 7 (남녀노소)	7	남자와 여자, 늙은이와 젊은이란 뜻으로, 모든 사람을 이르는 말
男女有別	7Ⅱ 8 7 6 (남녀유별)	6	남자와 여자 사이에 분별이 있어야 함을 이르는 말
男中一色	7Ⅱ 8 8 7 (남중일색)	7	남자의 얼굴이 썩 뛰어나게 잘생김
代代孫孫	6Ⅱ6Ⅱ 6 6 (대대손손)	6	오래도록 내려오는 여러 대
大明天地	8 6Ⅱ 7 7 (대명천지)	6Ⅱ	아주 환하게 밝은 세상
大韓民國	8 8 8 8 (대한민국)	8	우리나라의 국호(나라이름)
同苦同樂	7 6 7 6Ⅱ (동고동락)	6	같이 고생하고 같이 즐김, 괴로움과 즐거움을 함께 함
東問西答	8 7 8 7Ⅱ (동문서답)	7	묻는 말에 전혀 딴 말을 함
同生共死	7 8 6Ⅱ 6 (동생공사)	6	서로 같이 살고 같이 죽음
東西古今	8 8 6 6Ⅱ (동서고금)	6	동양과 서양, 옛날과 지금을 통틀어 이르는 말
東西南北	8 8 8 8 (동서남북)	8	동쪽, 서쪽, 남쪽, 북쪽이라는 뜻으로, 모든 방향을 이르는 말
同姓同本	7 7Ⅱ 7 6 (동성동본)	6	성과 본관이 모두 같음

同時多發	7 7Ⅱ 6 6Ⅱ (동시다발)	6	연이어 일이 발생함
萬國信號	8 8 6Ⅱ 6 (만국신호)	6	배와 배 사이 또는 배와 육지 사이의 연락을 위하여 국제적으로 쓰는 신호
萬里長天	8 7 8 7 (만리장천)	7	아득히 높고 먼 하늘
名山大川	7Ⅱ 8 8 7 (명산대천)	7	이름난 산과 큰 내
門前成市	8 7Ⅱ 6Ⅱ 7Ⅱ (문전성시)	6Ⅱ	찾아오는 사람이 많음
百年大計	7 8 8 6Ⅱ (백년대계)	6Ⅱ	먼 뒷날까지 걸친 큰 계획
百萬大軍	7 8 8 8 (백만대군)	7	아주 많은 병사로 조직된 군대를 이르는 말
百萬長者	7 8 8 6 (백만장자)	6	재산이 매우 많은 사람 또는 아주 큰 부자
白面書生	8 7 6Ⅱ 8 (백면서생)	6Ⅱ	글만 읽고 세상물정을 하나도 모르는 사람
百發百中	7 6Ⅱ 7 8 (백발백중)	6Ⅱ	백 번 쏘아 백 번 맞힌다는 뜻으로, 총이나 활 따위를 쏠 때마다 겨눈 곳에 다 맞음을 이르는 말
白衣民族	8 6 8 6 (백의민족)	6	흰옷을 입은 민족이라는 뜻으로, '한민족' 을 이르는 말
百戰百勝	7 6Ⅱ 7 6 (백전백승)	6	싸우는 때마다 모조리 이김
別有天地	6 7 7 7 (별유천지)	6	별세계, 딴 세상
不老長生	7Ⅱ 7 8 8 (불로장생)	7	늙지 아니하고 오래 삶
不立文字	7Ⅱ 7Ⅱ 7 7 (불립문자)	7	불도의 깨달음은 마음에서 마음으로 전하는 것이므로 말이나 글에 의지하지 않는다는 말
父母兄弟	8 8 8 8 (부모형제)	8	아버지 · 어머니 · 형 · 아우라는 뜻으로, 가족을 이르는 말
不遠千里	7Ⅱ 6 7 7 (불원천리)	6	천리를 멀다 여기지 아니함
父子有親	8 7Ⅱ 7 6 (부자유친)	6	아버지와 아들 사이의 도리는 친애에 있음을 이름
四面春風	8 7 7 6Ⅱ (사면춘풍)	6Ⅱ	누구에게나 좋게 대하는 일
四方八方	8 7Ⅱ 8 7Ⅱ (사방팔방)	7Ⅱ	여기 저기 모든 방향이나 방면
四海兄弟	8 7Ⅱ 8 8 (사해형제)	7Ⅱ	온 세상 사람이 모두 형제와 같다는 뜻으로, 친밀함을 이르는 말
山戰水戰	8 6Ⅱ 8 6Ⅱ (산전수전)	6	세상의 온갖 고생과 어려움을 다 겪었음을 이르는 말
山川草木	8 7 7 8 (산천초목)	7	산과 내와 풀과 나무, 곧 자연을 이르는 말

부록 Ⅰ

三三五五	8 8 8 8 (삼삼오오)	8	서너 사람 또는 대여섯 사람이 떼를 지어 다니거나 무슨 일을 함
三十六計	8 8 8 6Ⅱ (삼십육계)	6Ⅱ	서른여섯 가지의 꾀. 많은 모계를 이름
上下左右	7Ⅱ 7Ⅱ 7Ⅱ 7Ⅱ (상하좌우)	7Ⅱ	위 · 아래 · 왼쪽 · 오른쪽을 이르는 말로, 모든 방향을 이름
生年月日	8 8 8 8 (생년월일)	8	태어난 해와 달과 날
生老病死	8 7 6 6 (생로병사)	6	사람이 나고 늙고 병들고 죽는 네 가지 고통
生死苦樂	8 6 6 6Ⅱ (생사고락)	6	삶과 죽음, 괴로움과 즐거움을 통틀어 이르는 말
世界平和	7Ⅱ 6Ⅱ 7Ⅱ 6Ⅱ (세계평화)	6Ⅱ	전 세계가 평온하고 화목함
世上萬事	7Ⅱ 7Ⅱ 8 7Ⅱ (세상만사)	7Ⅱ	세상에서 일어나는 온갖 일
時間問題	7Ⅱ 7Ⅱ 7 6Ⅱ (시간문제)	6Ⅱ	이미 결과가 뻔하여 조만간 저절로 해결될 문제
市民社會	7Ⅱ 8 6Ⅱ 6Ⅱ (시민사회)	6Ⅱ	신분적으로 구속에 지배되지 않으며, 자유롭고 평등한 개인의 이성적 결합으로 이루어진 사회
新聞記者	6Ⅱ 6Ⅱ 7Ⅱ 6 (신문기자)	6	신문에 실을 자료를 수집, 취재, 집필, 편집하는 사람
十中八九	8 8 8 8 (십중팔구)	8	열이면 그 가운데 여덟이나 아홉은 그러함
安心立命	7Ⅱ 7 7Ⅱ 7 (안심입명)	7	하찮은 일에 흔들리지 않는 경지
愛國愛族	6 8 6 6 (애국애족)	6	나라와 민족을 아낌
野生動物	6 8 7Ⅱ 7Ⅱ (야생동물)	6	산이나 들에서 저절로 나서 자라는 동물
年中行事	8 8 6 7Ⅱ (연중행사)	6	해마다 일정한 시기를 정하여 놓고 하는 행사
樂山樂水	6Ⅱ 8 6Ⅱ 8 (요산요수)	6Ⅱ	산과 물을 좋아한다는 것으로, 즉 자연을 좋아함
月下老人	8 7Ⅱ 7 8 (월하노인)	7	부부의 인연을 맺어 준다는 전설상의 늙은이
二八青春	8 8 8 7 (이팔청춘)	7	16세 무렵의 꽃다운 청춘
人命在天	8 7 6 7 (인명재천)	6	사람의 목숨은 하늘에 달려 있다는 말
人事不省	8 7Ⅱ 7Ⅱ 6Ⅱ (인사불성)	6Ⅱ	제 몸에 벌어지는 일을 모를 만큼 정신을 잃은 상태
人山人海	8 8 8 7Ⅱ (인산인해)	7Ⅱ	사람이 수없이 많이 모인 상태를 이르는 말
人海戰術	8 7Ⅱ 6Ⅱ 6Ⅱ (인해전술)	6Ⅱ	우수한 화기보다 다수의 병력을 투입하여 적을 압도하는 전술

一口二言	8 7 8 6 (일구이언)	6	한 입으로 두 말을 한다는 뜻으로, 한 가지 일에 대하여 말을 이랬다저랬다 함을 이르는 말
一問一答	8 7 8 7Ⅱ (일문일답)	7	한 번 물음에 대하여 한 번 대답함
一心同體	8 7 7 6Ⅱ (일심동체)	6Ⅱ	한마음 한 몸이라는 뜻으로, 서로 굳게 결합함을 이르는 말
一日三省	8 8 8 6Ⅱ (일일삼성)	6Ⅱ	하루에 세 가지 일로 자신을 되돌아보고 살핌
一日三秋	8 8 8 7 (일일삼추)	7	하루가 삼 년처럼 길게 느껴짐
一長一短	8 8 8 6Ⅱ (일장일단)	6Ⅱ	일면의 장점과 다른 일면의 단점을 통틀어 이르는 말
一朝一夕	8 6 8 7 (일조일석)	6	하루 아침과 하루 저녁이란 뜻으로, 짧은 시일을 이르는 말
自問自答	7Ⅱ 7 7Ⅱ 7Ⅱ (자문자답)	7	스스로 묻고 스스로 대답함
自生植物	7 8 7 7 (자생식물)	7	산이나 들, 강이나 바다에서 저절로 나는 식물
子孫萬代	7Ⅱ 6 8 6Ⅱ (자손만대)	6	오래도록 내려오는 여러 대
自手成家	7Ⅱ 7Ⅱ 6Ⅱ 7Ⅱ (자수성가)	6Ⅱ	물려받은 재산이 없이 자기 혼자의 힘으로 집안을 일으키고 재산을 모음
自由自在	7Ⅱ 6 7Ⅱ 6 (자유자재)	6	거침없이 자기 마음대로 할 수 있음
作心三日	6Ⅱ 7 8 8 (작심삼일)	6	한 번 결심한 것이 사흘을 가지 않음
電光石火	7Ⅱ 6Ⅱ 6 8 (전광석화)	6	몹시 짧은 시간
全心全力	7Ⅱ 7 7Ⅱ 7Ⅱ (전심전력)	7	온 마음과 온 힘
晝夜長川	6 6 8 7 (주야장천)	6	밤낮으로 쉬지 아니하고 연달아
地上天國	7 7Ⅱ 7 8 (지상천국)	7	이 세상에서 이룩되는 다시없이 자유롭고 풍족하며 행복한 사회
千萬多幸	7 8 6 6Ⅱ (천만다행)	6	아주 다행함
天下第一	7 7Ⅱ 6Ⅱ 8 (천하제일)	6Ⅱ	세상에 견줄 만한 것이 없이 최고임
青天白日	8 7 8 8 (청천백일)	7	하늘이 맑게 갠 대낮
清風明月	6Ⅱ 6Ⅱ 6Ⅱ 8 (청풍명월)	6Ⅱ	맑은 바람과 밝은 달
草綠同色	7 6 7 7 (초록동색)	6	이름은 다르나 따지고 보면 한 가지 것이라는 말
草食動物	7 7Ⅱ 7Ⅱ 7Ⅱ (초식동물)	7	풀을 주로 먹고 사는 동물

春夏秋冬	7 7 7 7 (춘하추동)	7	봄 · 여름 · 가을 · 겨울의 네 계절
土木工事	8 8 7Ⅱ 7Ⅱ (토목공사)	7Ⅱ	땅과 하천 따위를 고쳐 만드는 공사
特別活動	6 6 7Ⅱ 7Ⅱ (특별활동)	6	학교 교육 과정에서 교과 학습 이외의 교육 활동
八道江山	8 7Ⅱ 7Ⅱ 8 (팔도강산)	7	팔도의 강산이라는 뜻으로, 우리나라 전체의 강산을 이르는 말
八方美人	8 7Ⅱ 6 8 (팔방미인)	6	어느 모로 보나 아름다운 사람이란 뜻으로, 여러 방면에 능통한 사람
下等動物	7Ⅱ 6Ⅱ 7Ⅱ 7Ⅱ (하등동물)	6Ⅱ	진화 정도가 낮아 몸의 구조가 단순한 원시적인 동물
行方不明	6 7Ⅱ 7Ⅱ 6Ⅱ (행방불명)	6	간 곳이나 방향을 모름
形形色色	6Ⅱ 6Ⅱ 7 7 (형형색색)	6Ⅱ	상과 빛깔 따위가 서로 다른 여러 가지
花朝月夕	7 6 8 7 (화조월석)	6	꽃피는 아침과 달뜨는 저녁. 경치가 썩 좋은 때를 일컫는 말임
訓民正音	6 8 7Ⅱ 6Ⅱ (훈민정음)	6	백성을 가르치는 바른 소리라는 뜻으로, 1443년에 세종이 창제한 우리나라 글자를 이르는 말

반대자(反對字) - 뜻이 반대되는 한자(漢字)

江山	(강산)	7Ⅱ	-	8	水火	(수화)	8	-	8
強弱	(강약)	6	-	6Ⅱ	心身	(심신)	7	-	6Ⅱ
古今	(고금)	6	-	6Ⅱ	言文	(언문)	6	-	7
苦樂	(고락)	6	-	6Ⅱ	言行	(언행)	6	-	6
高下	(고하)	6Ⅱ	-	7Ⅱ	遠近	(원근)	6	-	6
教習	(교습)	8	-	6	日月	(일월)	8	-	8
教學	(교학)	8	-	8	入出	(입출)	7	-	7
南北	(남북)	8	-	8	子女	(자녀)	7Ⅱ	-	8
男女	(남녀)	7Ⅱ	-	8	昨今	(작금)	6Ⅱ	-	6Ⅱ
內外	(내외)	7Ⅱ	-	8	長短	(장단)	8	-	6Ⅱ
多少	(다소)	6	-	7	前後	(전후)	7Ⅱ	-	7Ⅱ
大小	(대소)	8	-	8	正反	(정반)	7Ⅱ	-	6Ⅱ
東西	(동서)	8	-	8	朝夕	(조석)	6	-	7
老少	(노소)	7	-	7	朝野	(조야)	6	-	6
母子	(모자)	8	-	7Ⅱ	祖孫	(조손)	7	-	6
問答	(문답)	7	-	7Ⅱ	左右	(좌우)	7Ⅱ	-	7Ⅱ
物心	(물심)	7Ⅱ	-	7	晝夜	(주야)	6	-	6
父母	(부모)	8	-	8	中外	(중외)	8	-	8
父子	(부자)	8	-	7Ⅱ	天地	(천지)	7	-	7
分合	(분합)	6Ⅱ	-	6	春秋	(춘추)	7	-	7
死活	(사활)	6	-	7Ⅱ	出入	(출입)	7	-	7
上下	(상하)	7Ⅱ	-	7Ⅱ	夏冬	(하동)	7	-	7
生死	(생사)	8	-	6	兄弟	(형제)	8	-	8
先後	(선후)	8	-	7Ⅱ	和戰	(화전)	6Ⅱ	-	6Ⅱ
手足	(수족)	7Ⅱ	-	7Ⅱ					

반대어(反對語) - 뜻이 반대되는 한자어(漢字語)

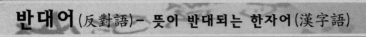

強大	(강대)	↔	弱小	(약소)	6 8	↔	6Ⅱ 8
開通	(개통)	↔	不通	(불통)	6 6	↔	7Ⅱ 6
古人	(고인)	↔	今人	(금인)	6 8	↔	6Ⅱ 8
校外	(교외)	↔	校內	(교내)	8 8	↔	8 7Ⅱ
口語	(구어)	↔	文語	(문어)	7 7	↔	7 7
國內	(국내)	↔	國外	(국외)	8 7Ⅱ	↔	8 8
近海	(근해)	↔	遠洋	(원양)	6 7Ⅱ	↔	6 6
男子	(남자)	↔	女子	(여자)	7Ⅱ 7Ⅱ	↔	8 7Ⅱ
內部	(내부)	↔	外部	(외부)	7Ⅱ 6Ⅱ	↔	8 6Ⅱ
內向	(내향)	↔	外向	(외향)	7Ⅱ 6	↔	8 6
多數	(다수)	↔	少數	(소수)	6 7	↔	7 7
大路	(대로)	↔	小路	(소로)	8 6	↔	8 6
同苦	(동고)	↔	同樂	(동락)	7 6	↔	7 6Ⅱ
登山	(등산)	↔	下山	(하산)	7 8	↔	7Ⅱ 8
母親	(모친)	↔	父親	(부친)	8 6	↔	8 6
文語	(문어)	↔	口語	(구어)	7 7	↔	7 7
放火	(방화)	↔	消火	(소화)	6Ⅱ 8	↔	6Ⅱ 8
北上	(북상)	↔	南下	(남하)	8 7Ⅱ	↔	8 7Ⅱ
不運	(불운)	↔	幸運	(행운)	7Ⅱ 6Ⅱ	↔	6Ⅱ 6Ⅱ
不和	(불화)	↔	親和	(친화)	7Ⅱ 6Ⅱ	↔	6 6Ⅱ
死後	(사후)	↔	生前	(생전)	6 7Ⅱ	↔	8 7Ⅱ
上半	(상반)	↔	下半	(하반)	7Ⅱ 6Ⅱ	↔	7Ⅱ 6Ⅱ
上午	(상오)	↔	下午	(하오)	7Ⅱ 7Ⅱ	↔	7Ⅱ 7Ⅱ
先發	(선발)	↔	後發	(후발)	8 6Ⅱ	↔	7Ⅱ 6Ⅱ

小國	(소국)	↔	大國	(대국)	8 8	↔	8 8
少數	(소수)	↔	多數	(다수)	7 7	↔	6 7
手動	(수동)	↔	自動	(자동)	7Ⅱ 7Ⅱ	↔	7Ⅱ 7Ⅱ
市外	(시외)	↔	市內	(시내)	7Ⅱ 8	↔	7Ⅱ 7Ⅱ
食前	(식전)	↔	食後	(식후)	7Ⅱ 7Ⅱ	↔	7Ⅱ 7Ⅱ
夜間	(야간)	↔	晝間	(주간)	6 7Ⅱ	↔	6 7Ⅱ
年上	(연상)	↔	年下	(연하)	8 7Ⅱ	↔	8 7Ⅱ
右面	(우면)	↔	左面	(좌면)	7Ⅱ 7	↔	7Ⅱ 7
入口	(입구)	↔	出口	(출구)	7 7	↔	7 7
子正	(자정)	↔	正午	(정오)	7Ⅱ 7Ⅱ	↔	7Ⅱ 7Ⅱ
場內	(장내)	↔	場外	(장외)	7Ⅱ 7Ⅱ	↔	7Ⅱ 8
在野	(재야)	↔	在朝	(재조)	6 6	↔	6 6
地下	(지하)	↔	地上	(지상)	7 7Ⅱ	↔	7 7Ⅱ
體內	(체내)	↔	體外	(체외)	6Ⅱ 7Ⅱ	↔	6Ⅱ 8
出所	(출소)	↔	入所	(입소)	7 7	↔	7 7
便利	(편리)	↔	不便	(불편)	7 6Ⅱ	↔	7Ⅱ 7
下級	(하급)	↔	上級	(상급)	7Ⅱ 6	↔	7Ⅱ 6
後代	(후대)	↔	先代	(선대)	7Ⅱ 6Ⅱ	↔	8 6Ⅱ
訓讀	(훈독)	↔	音讀	(음독)	6 6Ⅱ	↔	6Ⅱ 6Ⅱ
男學生	(남학생)	↔	女學生	(여학생)	7Ⅱ 8 8	↔	8 8 8
內國人	(내국인)	↔	外國人	(외국인)	7Ⅱ 8 8	↔	8 8 8
多數者	(다수자)	↔	少數者	(소수자)	6 7 6	↔	7 7 6
大家族	(대가족)	↔	小家族	(소가족)	8 7Ⅱ 6	↔	8 7Ⅱ 6
同意語	(동의어)	↔	反意語	(반의어)	7 6Ⅱ 7	↔	6Ⅱ 6Ⅱ 7

上級生	(상급생)	↔	下級生	(하급생)	7Ⅱ 6 8	↔	7Ⅱ 6 8
小區分	(소구분)	↔	大區分	(대구분)	8 6 6Ⅱ	↔	8 6 6Ⅱ
女學校	(여학교)	↔	男學校	(남학교)	8 8 8	↔	7Ⅱ 8 8
午前班	(오전반)	↔	午後班	(오후반)	7Ⅱ 7Ⅱ 6Ⅱ	↔	7Ⅱ 7Ⅱ 6Ⅱ
外三寸	(외삼촌)	↔	親三寸	(친삼촌)	8 8 8	↔	6 8 8
前半部	(전반부)	↔	後半部	(후반부)	7Ⅱ 6Ⅱ 6Ⅱ	↔	7Ⅱ 6Ⅱ 6Ⅱ
親孫女	(친손녀)	↔	外孫女	(외손녀)	6 6 8	↔	8 6 8
下半身	(하반신)	↔	上半身	(상반신)	7Ⅱ 6Ⅱ 6Ⅱ	↔	7Ⅱ 6Ⅱ 6Ⅱ
後半戰	(후반전)	↔	前半戰	(전반전)	7Ⅱ 6Ⅱ 6Ⅱ	↔	7Ⅱ 6Ⅱ 6Ⅱ
強大國家	(강대국가)	↔	弱小國家	(약소국가)	6 8 8 7Ⅱ	↔	6Ⅱ 8 8 7Ⅱ
古今同然	(고금동연)	↔	古今不同	(고금부동)	6 6Ⅱ 7 7	↔	6 6Ⅱ 7Ⅱ 7
晝短夜長	(주단야장)	↔	晝長夜短	(주장야단)	6 6Ⅱ 6 8	↔	6 8 6 6Ⅱ

유의(類義) 한자(漢字) 결합어

歌樂	(가악)	7	-	6Ⅱ	區別	(구별)	6	-	6
計算	(계산)	6Ⅱ	-	7	區分	(구분)	6	-	6Ⅱ
計數	(계수)	6Ⅱ	-	7	郡邑	(군읍)	6	-	7
共同	(공동)	6Ⅱ	-	7	根本	(근본)	6	-	6
工作	(공작)	7Ⅱ	-	6Ⅱ	急速	(급속)	6Ⅱ	-	6
科目	(과목)	6Ⅱ	-	6	圖畫	(도화)	6Ⅱ	-	6
光明	(광명)	6Ⅱ	-	6Ⅱ	道路	(도로)	7Ⅱ	-	6
教訓	(교훈)	8	-	6	道理	(도리)	7Ⅱ	-	6Ⅱ

同等	(동등)	7	-	6Ⅱ	言語	(언어)	6	-	7
同一	(동일)	7	-	8	永遠	(영원)	6	-	6
洞里	(동리	7	-	7	英特	(영특)	6	-	6
洞通	(통통)	7	-	6	運動	(운동)	6Ⅱ	-	7Ⅱ
等級	(등급)	6Ⅱ	-	6	衣服	(의복)	6	-	6
例式	(예식)	6	-	6	正直	(정직)	7Ⅱ	-	7Ⅱ
名號	(명호)	7Ⅱ	-	6	題目	(제목)	6Ⅱ	-	6
明白	(명백)	6Ⅱ	-	8	集會	(집회)	6Ⅱ	-	6Ⅱ
文書	(문서)	7	-	6Ⅱ	青綠	(청록)	8	-	6
文章	(문장)	7	-	6	村里	(촌리)	7	-	7
方道	(방도)	7Ⅱ	-	7Ⅱ	出生	(출생)	7	-	8
方正	(방정)	7Ⅱ	-	7Ⅱ	土地	(토지)	8	-	7
分別	(분별)	6Ⅱ	-	6	便安	(편안)	7	-	7Ⅱ
事業	(사업)	7Ⅱ	-	6Ⅱ	平等	(평등)	7Ⅱ	-	6Ⅱ
社會	(사회)	6Ⅱ	-	6Ⅱ	平安	(평안)	7Ⅱ	-	7Ⅱ
算數	(산수)	7	-	7	平和	(평화)	7Ⅱ	-	6Ⅱ
生活	(생활)	8	-	7Ⅱ	學習	(학습)	8	-	6
世界	(세계)	7Ⅱ	-	6Ⅱ	海洋	(해양)	7Ⅱ	-	6
世代	(세대)	7Ⅱ	-	6Ⅱ	行動	(행동)	6	-	7Ⅱ
樹林	(수림)	6	-	7	形式	(형식)	6Ⅱ	-	6
樹木	(수목)	6	-	8	和平	(화평)	6Ⅱ	-	7Ⅱ
身體	(신체)	6Ⅱ	-	6Ⅱ	會社	(회사)	6Ⅱ	-	6Ⅱ
安全	(안전)	7Ⅱ	-	7Ⅱ					

유의어(類義語) - 뜻이 비슷한 한자어(漢字語)

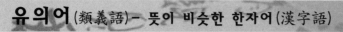

家族	(가족)	-	食口	(식구)	7Ⅱ 6	-	7Ⅱ 7
家風	(가풍)	-	門風	(문풍)	7Ⅱ 6Ⅱ	-	8 6Ⅱ
家訓	(가훈)	-	家敎	(가교)	7Ⅱ 6	-	7Ⅱ 8
各別	(각별)	-	特別	(특별)	6Ⅱ 6	-	6 6
各地	(각지)	-	各所	(각소)	6Ⅱ 7	-	6Ⅱ 7
共感	(공감)	-	同感	(동감)	6Ⅱ 6	-	7 6
校內	(교내)	-	學內	(학내)	8 7Ⅱ	-	8 7Ⅱ
內子	(내자)	-	室人	(실인)	7Ⅱ 7Ⅱ	-	8 8
童女	(동녀)	-	少女	(소녀)	6Ⅱ 8	-	7 8
同窓	(동창)	-	同學	(동학)	7 6Ⅱ	-	7 8
萬代	(만대)	-	萬世	(만세)	8 6Ⅱ	-	8 7Ⅱ
名目	(명목)	-	名色	(명색)	7Ⅱ 6	-	7Ⅱ 7
文面	(문면)	-	書面	(서면)	7 7	-	6Ⅱ 7
民心	(민심)	-	人心	(인심)	8 7	-	8 7
本國	(본국)	-	自國	(자국)	6 8	-	7Ⅱ 8
部門	(부문)	-	分野	(분야)	6Ⅱ 8	-	6Ⅱ 6
上古	(상고)	-	太古	(태고)	7Ⅱ 6	-	6 6
生育	(생육)	-	生長	(생장)	8 7	-	8 8
先主	(선주)	-	先王	(선왕)	8 7	-	8 8
世界	(세계)	-	世上	(세상)	7Ⅱ 6Ⅱ	-	7Ⅱ 7Ⅱ
植木	(식목)	-	植樹	(식수)	7 8	-	7 6
野合	(야합)	-	內通	(내통)	6 6	-	7Ⅱ 6
意圖	(의도)	-	意向	(의향)	6Ⅱ 6Ⅱ	-	6Ⅱ 6
人山	(인산)	-	人海	(인해)	8 8	-	8 7Ⅱ

自然	(자연)	-	天然	(천연)	7Ⅱ 7	-	77
草家	(초가)	-	草堂	(초당)	77Ⅱ	-	76Ⅱ
合計	(합계)	-	合算	(합산)	66Ⅱ	-	67
活用	(활용)	-	利用	(이용)	7Ⅱ 6Ⅱ	-	6Ⅱ 6Ⅱ
教育家	(교육가)		教育者	(교육자)	877Ⅱ	-	876
今世上	(금세상)	-	今世界	(금세계)	6Ⅱ 7Ⅱ 7Ⅱ	-	6Ⅱ 7Ⅱ 6Ⅱ
門下生	(문하생)	-	門下人	(문하인)	87Ⅱ 8	-	87Ⅱ 8
半休日	(반휴일)	-	半空日	(반공일)	6Ⅱ 78	-	6Ⅱ 7Ⅱ 8
發明家	(발명가)	-	發明者	(발명자)	6Ⅱ 6Ⅱ 7Ⅱ	-	6Ⅱ 6Ⅱ 6
別天地	(별천지)	-	別世界	(별세계)	677	-	67Ⅱ 6Ⅱ
不老草	(불로초)	-	不死藥	(불사약)	7Ⅱ 77	-	7Ⅱ 66Ⅱ
事業家	(사업가)	-	事業者	(사업자)	7Ⅱ 6Ⅱ 7Ⅱ	-	7Ⅱ 6Ⅱ 6
所有人	(소유인)	-	所有者	(소유자)	778	-	776
勝戰國	(승전국)	-	戰勝國	(전승국)	66Ⅱ 8	-	6Ⅱ 68
愛國心	(애국심)	-	祖國愛	(조국애)	687	-	786
集會所	(집회소)	-	集會場	(집회장)	6Ⅱ 6Ⅱ 7	-	6Ⅱ 6Ⅱ 7Ⅱ
千萬年	(천만년)	-	千萬代	(천만대)	788	-	786Ⅱ
九死一生	(구사일생)	-	十生九死	(십생구사)	8688	-	8886
代代孫孫	(대대손손)	-	子子孫孫	(자자손손)	6Ⅱ 6Ⅱ 66	-	7Ⅱ 7Ⅱ 66
東問西答	(동문서답)	-	問東答西	(문동답서)	8787Ⅱ	-	787Ⅱ 8
不老長生	(불로장생)	-	長生不死	(장생불사)	7Ⅱ 788	-	887Ⅱ 6
西方國家	(서방국가)	-	西方世界	(서방세계)	87Ⅱ 87Ⅱ	-	87Ⅱ 7Ⅱ 6Ⅱ
花朝月夕	(화조월석)	-	朝花月夕	(조화월석)	7687	-	6787

동음이의어(同音異義語) - 소리는 같고 뜻은 다른 한자어(漢字語)

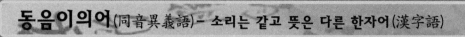

家信	(가신)	7Ⅱ 6Ⅱ	자기 집에서 온 편지나 소식.
家神	(가신)	7Ⅱ 6Ⅱ	집안의 운수를 좌우하는 신.
歌人	(가인)	7 8	노래를 잘 부르거나 잘 짓는 사람.
家人	(가인)	7Ⅱ 8	집안 사람.
歌風	(가풍)	7 6Ⅱ	시 또는 노래 따위에서 풍기는 분위기.
家風	(가풍)	7Ⅱ 6Ⅱ	한집안에 풍습이나 범절.
各地	(각지)	6Ⅱ 7	각 지방.
各紙	(각지)	6Ⅱ 7	각각의 신문.
江風	(강풍)	7Ⅱ 6Ⅱ	강바람.
強風	(강풍)	6 6Ⅱ	센 바람.
高歌	(고가)	6Ⅱ 7	노래를 큰 소리로 부름.
古歌	(고가)	6 7	옛 노래나 옛 가사.
古家	(고가)	6 7Ⅱ	지은 지 오래된 집.
高大	(고대)	6Ⅱ 8	높고 큼.
苦待	(고대)	6 6	몹시 기다림.
古代	(고대)	6 6Ⅱ	옛 시대.
古道	(고도)	6 7Ⅱ	옛 길.
高度	(고도)	6Ⅱ 6	평균 해수면 따위를 0으로 하여 측정한 대상 물체의 높이.
高明	(고명)	6Ⅱ 6Ⅱ	고상하고 현명함.
高名	(고명)	6Ⅱ 7Ⅱ	남의 이름을 높여 이르는 말.
古名	(고명)	6 7Ⅱ	옛 이름.
高木	(고목)	6Ⅱ 8	높이 자란 나무.
古木	(고목)	6 8	오래된 나무.
高文	(고문)	6Ⅱ 7	내용이 알차고 문장이 빼어난 글.

高門	(고문)	6Ⅱ 8	부귀하고 지체가 높은 이름난 집안.
古文	(고문)	6 7	옛 글.
高美	(고미)	6Ⅱ 6	고상하고 아름다움.
古米	(고미)	6 6	묵은쌀.
苦言	(고언)	6 6	듣기에는 거슬리나 도움이 되는 말.
古言	(고언)	6 6	옛말.
高音	(고음)	6Ⅱ 6Ⅱ	높은 소리.
古音	(고음)	6 6Ⅱ	옛날에 쓰던 한자 음.
公同	(공동)	6Ⅱ 7	공중(公衆)이 함께 하거나 서로 관계됨.
共同	(공동)	6Ⅱ 7	둘 이상의 사람이나 단체가 함께 함.
空洞	(공동)	7Ⅱ 7	아무것도 없이 텅 비어 있는 굴.
公利	(공리)	6Ⅱ 6Ⅱ	공공의 이익.
功利	(공리)	6Ⅱ 6Ⅱ	공명과 이욕.
公理	(공리)	6Ⅱ 6Ⅱ	사회에서 두루 통하는 진리나 도리.
功名	(공명)	6Ⅱ 7Ⅱ	공을 세워서 드러낸 이름.
空名	(공명)	7Ⅱ 7Ⅱ	실제에 맞지 않는 부풀린 명성.
工部	(공부)	7Ⅱ 6Ⅱ	고려 시대 관아인 육부(六部)의 하나.
工夫	(공부)	7Ⅱ 7	학문이나 기술을 배우고 익힘.
公事	(공사)	6Ⅱ 7Ⅱ	공공의 일.
公使	(공사)	6Ⅱ 6	국가를 대표하여 파견되는 외교 사절.
公社	(공사)	6Ⅱ 6Ⅱ	국가적 사업을 수행하기 위하여 설립된 공공 기업체.
工事	(공사)	7Ⅱ 7Ⅱ	토목이나 건축 따위의 일.
公席	(공석)	6Ⅱ 6	공적인 모임의 자리.
空席	(공석)	7Ⅱ 6	비어 있는 자리.

工業	(공업)	7Ⅱ 6Ⅱ	원료를 가공하여 유용한 물자를 만드는 산업.
功業	(공업)	6Ⅱ 6Ⅱ	큰 공로가 있는 사업.
公用	(공용)	6Ⅱ 6Ⅱ	공공의 목적으로 씀.
共用	(공용)	6Ⅱ 6Ⅱ	함께 씀.
公有	(공유)	6Ⅱ 7	국가나 지방 자치 단체의 소유.
共有	(공유)	6Ⅱ 7	두 사람 이상이 한 물건을 공동으로 소유함.
教正	(교정)	8 7Ⅱ	가르쳐서 바르게 함.
校庭	(교정)	8 6Ⅱ	학교의 마당이나 운동장.
教訓	(교훈)	8 6	앞으로의 행동이나 생활에 지침이 될 만한 가르침.
校訓	(교훈)	8 6	학교의 이념이나 목표를 간명하게 나타낸 표어.
國歌	(국가)	8 7	나라를 상징하는 노래.
國家	(국가)	8 7Ⅱ	영토와 통치 조직을 가지고 있는 사회 집단.
國教	(국교)	8 8	국가에서 법으로 정하여 온 국민이 믿도록 하는 종교.
國交	(국교)	8 6	나라와 나라 사이에 맺는 사귐.
軍旗	(군기)	8 7	군대의 각 단위 부대를 상징하는 기.
軍氣	(군기)	8 7Ⅱ	군대의 사기.
軍民	(군민)	8 8	군인과 민간인.
郡民	(군민)	6 8	그 군(郡)에 사는 사람.
近村	(근촌)	6 7	가까운 마을.
近寸	(근촌)	6 8	가까운 촌수.
內意	(내의)	7Ⅱ 6Ⅱ	마음에 품은 뜻.
內衣	(내의)	7Ⅱ 6	속옷.
老夫	(노부)	7 7	늙은 남자.
老父	(노부)	7 8	늙은 아버지.

短身	(단신)	6Ⅱ 6Ⅱ	작은 키의 몸.
短信	(단신)	6Ⅱ 6Ⅱ	짤막하게 전하는 뉴스.
大計	(대계)	8 6Ⅱ	큰 계획.
大界	(대계)	8 6Ⅱ	큰 세계.
對空	(대공)	6Ⅱ 7Ⅱ	지상에서 공중의 목표물을 상대함.
大功	(대공)	8 6Ⅱ	큰 공적.
大東	(대동)	8 8	동방의 큰 나라. 우리나라.
大同	(대동)	8 7	큰 세력이 합동함.
大使	(대사)	8 6	나라를 대표하여 다른 나라에 파견되어 외교를 맡아보는 최고 직급.
大事	(대사)	8 7Ⅱ	큰일.
道上	(도상)	7Ⅱ 7Ⅱ	길 위. 어떤 일이 진행되는 과정.
圖上	(도상)	6Ⅱ 7Ⅱ	지도나 도면의 위.
道場	(도장)	7Ⅱ 7Ⅱ	무예를 닦는 곳.
圖章	(도장)	6Ⅱ 6	이름을 뿔 따위에 새겨 문서에 찍도록 만든 물건.
同門	(동문)	7 8	같은 학교에서 수학하였거나 같은 스승에게서 배운 사람.
東門	(동문)	8 8	동쪽에 있는 문.
東窓	(동창)	8 6Ⅱ	동쪽으로 난 창.
同窓	(동창)	7 6Ⅱ	한 학교에서 공부를 한 사이.
東向	(동향)	8 6	동쪽으로 향함.
動向	(동향)	7Ⅱ 6	사람들의 사고, 일의 형세 따위가 움직여 가는 방향.
同和	(동화)	7 6Ⅱ	같이 화합함.
童話	(동화)	6Ⅱ 7Ⅱ	어린이를 위하여 지은 이야기.
名聞	(명문)	7Ⅱ 6Ⅱ	세상에 나 있는 좋은 소문.
名門	(명문)	7Ⅱ 8	이름 있는 집안.

名手	(명수)	7Ⅱ 7Ⅱ	기능이나 기술 따위에서 소질과 솜씨가 뛰어난 사람.
名數	(명수)	7Ⅱ 7	인원수.
名花	(명화)	7Ⅱ 7	아름답기로 이름난 꽃.
名畫	(명화)	7Ⅱ 6	아주 잘 그린 유명한 그림.
文名	(문명)	7 7Ⅱ	글을 잘하여 세상에 알려진 이름.
文明	(문명)	7 6Ⅱ	인류가 이룩한 물리적, 기술적 발전
美文	(미문)	6 7	아름다운 글귀.
美聞	(미문)	6 6Ⅱ	좋은 일과 관련된 소문.
反旗	(반기)	6Ⅱ 7	반란을 일으킨 무리가 그 표시로 드는 기.
半旗	(반기)	6Ⅱ 7	조의를 표하기 위하여 깃봉에서 기의 한 폭만큼 내려서 다는 국기.
半信	(반신)	6Ⅱ 6Ⅱ	아주 믿지는 아니하고 반 정도만 믿음.
半身	(반신)	6Ⅱ 6Ⅱ	온몸의 절반.
百果	(백과)	7 6Ⅱ	온갖 과일.
百科	(백과)	7 6Ⅱ	학문의 모든 분과.
不動	(부동)	7Ⅱ 7Ⅱ	물건이나 몸이 움직이지 아니함.
不同	(부동)	7Ⅱ 7	서로 같지 않음.
部族	(부족)	6Ⅱ 6	조상, 종교 등이 같은 지역적 생활 공동체.
不足	(부족)	7Ⅱ 7Ⅱ	모자람.
四角	(사각)	8 6Ⅱ	네 개의 각.
死角	(사각)	6 6Ⅱ	어느 각도에서도 보이지 아니하는 범위.
使命	(사명)	6 7	맡겨진 임무.
社名	(사명)	6Ⅱ 7Ⅱ	회사의 이름.
使者	(사자)	6 6	명령이나 부탁을 받고 심부름하는 사람.
死者	(사자)	6 6	죽은 사람.

事後	(사후)	7Ⅱ 7Ⅱ	일이 끝난 뒤.
死後	(사후)	6 7Ⅱ	죽고 난 그 이후.
山水	(산수)	8 8	산과 물. 경치.
算數	(산수)	7 7	수의 성질 셈법 따위를 가르치는 학과목.
三男	(삼남)	8 7Ⅱ	셋째 아들.
三南	(삼남)	8 8	충청도, 전라도, 경상도 세 지방을 통틀어 이르는 말.
上記	(상기)	7Ⅱ 7Ⅱ	글에서 위나 앞쪽에 어떤 내용을 적음.
上氣	(상기)	7Ⅱ 7Ⅱ	흥분이나 부끄러움으로 얼굴이 붉어짐.
書道	(서도)	6Ⅱ 7Ⅱ	글씨를 쓰는 방법.
西道	(서도)	8 7Ⅱ	황해도와 평안도를 통틀어 이르는 말.
先父	(선부)	8 8	돌아가신 아버지.
先夫	(선부)	8 7	죽은 남편.
少女	(소녀)	7 8	아직 완전히 성숙하지 아니한 어린 계집아이.
小女	(소녀)	8 8	키나 몸집이 작은 계집아이.
所聞	(소문)	7 6Ⅱ	사람들 입에 오르내려 전하여 들리는 말.
小門	(소문)	8 8	작은 문.
小市	(소시)	8 7Ⅱ	자그마한 도시.
少時	(소시)	7 7Ⅱ	젊었을 때.
消失	(소실)	6Ⅱ 6	사라져 없어짐.
小失	(소실)	8 6	작은 손실.
手旗	(수기)	7Ⅱ 7	손에 쥐는 작은 기.
手記	(수기)	7Ⅱ 7Ⅱ	자기의 생활이나 체험을 직접 쓴 기록.
水利	(수리)	8 6Ⅱ	물을 이용하는 일.
數理	(수리)	7 6Ⅱ	수학의 이론.

水中	(수중)	8 8	물속.
手中	(수중)	7Ⅱ 8	손의 안.
手話	(수화)	7Ⅱ 7Ⅱ	몸짓이나 손짓으로 표현하는 의사 전달 방법.
水火	(수화)	8 8	물과 불.
始球	(시구)	6Ⅱ 6Ⅱ	경기 시작을 상징적으로 알리기 위하여 처음으로 공을 던지거나 치는 일.
市區	(시구)	7Ⅱ 6	행정 단위인 시와 구.
食事	(식사)	7Ⅱ 7Ⅱ	끼니로 음식을 먹음.
式事	(식사)	6 7Ⅱ	의식의 행사.
植樹	(식수)	7 6	나무를 심음.
食水	(식수)	7Ⅱ 8	먹는 물.
食前	(식전)	7Ⅱ 7Ⅱ	식사하기 전.
式前	(식전)	6 7Ⅱ	식을 거행하기 전.
新國	(신국)	6Ⅱ 8	새로 건설된 나라.
神國	(신국)	6Ⅱ 8	신이 지배하고 통치하는 나라.
信力	(신력)	6Ⅱ 7Ⅱ	신앙이나 신념의 힘.
神力	(신력)	6Ⅱ 7Ⅱ	신의 힘.
身命	(신명)	6Ⅱ 7	몸과 목숨을 아울러 이르는 말.
神明	(신명)	6Ⅱ 6Ⅱ	천지(天地)의 신령.
新物	(신물)	6Ⅱ 7Ⅱ	새로운 물건.
神物	(신물)	6Ⅱ 7Ⅱ	신령스럽고 기묘한 물건.
神人	(신인)	6Ⅱ 8	신과 같이 신령하고 숭고한 사람.
新人	(신인)	6Ⅱ 8	어떤 분야에 새로 등장한 사람.
失明	(실명)	6 6Ⅱ	시력을 잃어 앞을 못 보게 됨.
失名	(실명)	6 7Ⅱ	이름이 전하지 아니하여 알 길이 없음.

野戰	(야전)	6 6Ⅱ	산이나 들 따위의 야외에서 벌이는 전투.
夜戰	(야전)	6 6Ⅱ	야간 전투.
洋食	(양식)	6 7Ⅱ	서양식 음식.
洋式	(양식)	6 6	서양식.
用地	(용지)	6Ⅱ 7	어떤 일에 쓰기 위한 토지.
用紙	(용지)	6Ⅱ 7	어떤 일에 쓰는 종이.
有神	(유신)	7 6Ⅱ	신을 믿거나 신이 존재한다고 믿음.
有信	(유신)	7 6Ⅱ	신의가 있음.
日記	(일기)	8 7Ⅱ	날마다 그날그날 겪은 일이나 생각, 느낌 따위를 적는 개인의 기록.
日氣	(일기)	8 7Ⅱ	날씨.
日時	(일시)	8 7Ⅱ	날짜와 시간을 아울러 이르는 말.
一時	(일시)	8 7Ⅱ	한때.
日新	(일신)	8 6Ⅱ	날마다 새로워짐.
一身	(일신)	8 6Ⅱ	자기 한 몸.
日子	(일자)	8 7Ⅱ	날짜.
一字	(일자)	8 7	한 글자.
日前	(일전)	8 7Ⅱ	며칠 전.
一戰	(일전)	8 6Ⅱ	한바탕 싸움.
立國	(입국)	7Ⅱ 8	국력을 길러 나라를 번영하게 함.
入國	(입국)	7 8	자기 나라 또는 남의 나라 안으로 들어감.
入水	(입수)	7 8	물에 들어감.
入手	(입수)	7 7Ⅱ	손에 넣음.
立身	(입신)	7Ⅱ 6Ⅱ	세상에서 떳떳한 자리를 차지하고 지위를 확고하게 세움.
入神	(입신)	7 6Ⅱ	기술 따위가 매우 뛰어나 신과 같은 경지에 이름.

立場	(입장)	7Ⅱ 7Ⅱ	당면하고 있는 상황.
入場	(입장)	7 7Ⅱ	장내(場內)로 들어가는 것.
自信	(자신)	7Ⅱ 6Ⅱ	어떤 일을 해낼 수 있다고 스스로 굳게 믿음.
自身	(자신)	7Ⅱ 6Ⅱ	자기 또는 자기의 몸.
前功	(전공)	7Ⅱ 6Ⅱ	이전에 세운 공로나 공적.
戰功	(전공)	6Ⅱ 6Ⅱ	전투에서 세운 공로.
前科	(전과)	7Ⅱ 6Ⅱ	이전에 죄를 범하여 받은 형벌의 전력.
戰果	(전과)	6Ⅱ 6Ⅱ	전투나 경기 따위에서 올린 성과.
電氣	(전기)	7Ⅱ 7Ⅱ	전자나 이온들의 움직임 때문에 생기는 에너지의 한 형태.
戰記	(전기)	6Ⅱ 7Ⅱ	전쟁이나 전투에 대하여 쓴 기록이나 글.
全圖	(전도)	7Ⅱ 6Ⅱ	전체를 그린 그림이나 지도.
全道	(전도)	7Ⅱ 7Ⅱ	한 도의 전체.
全力	(전력)	7Ⅱ 7Ⅱ	모든 힘.
電力	(전력)	7Ⅱ 7Ⅱ	전류가 단위 시간에 사용되는 양.
戰力	(전력)	6Ⅱ 7Ⅱ	전투나 경기 따위를 할 수 있는 능력.
全面	(전면)	7Ⅱ 7	모든 면.
前面	(전면)	7Ⅱ 7	앞면.
全文	(전문)	7Ⅱ 7	어떤 글에서 한 부분도 빠지거나 빼지 아니한 전체.
前文	(전문)	7Ⅱ 7	한 편의 글에서 앞부분에 해당하는 글.
戰死	(전사)	6Ⅱ 6	싸움터에서 싸우다가 죽음.
前事	(전사)	7Ⅱ 7Ⅱ	앞서 있었던 일.
電線	(전선)	7Ⅱ 6Ⅱ	전류가 흐르는 선.
戰線	(전선)	6Ⅱ 6Ⅱ	전투가 벌어지는 지역을 가상적으로 연결한 선.
前線	(전선)	7Ⅱ 6Ⅱ	직접 뛰어든 일정한 활동 분야.
全勝	(전승)	7Ⅱ 6	모두 이김.

戰勝	(전승)	6Ⅱ	6	전쟁이나 경기 따위에서 싸워 이김.
電信	(전신)	7Ⅱ	6Ⅱ	문자나 숫자를 전기 신호로 바꾸어 전파나 전류로 보내는 통신.
前身	(전신)	7Ⅱ	6Ⅱ	신분, 단체, 회사 따위의 바뀌기 전의 본체.
全身	(전신)	7Ⅱ	6Ⅱ	온몸.
前日	(전일)	7Ⅱ	8	전날.
全日	(전일)	7Ⅱ	8	하루 종일.
戰火	(전화)	6Ⅱ	8	전쟁.
電話	(전화)	7Ⅱ	7Ⅱ	전화기를 이용하여 말을 주고받음.
前後	(전후)	7Ⅱ	7Ⅱ	앞뒤.
戰後	(전후)	6Ⅱ	7Ⅱ	전쟁이 끝난 뒤.
正立	(정립)	7Ⅱ	7Ⅱ	바로 세움.
定立	(정립)	6	7Ⅱ	정하여 세움.
定食	(정식)	6	7Ⅱ	식당에서 일정한 값을 정하여 놓고 파는 일정한 음식.
正式	(정식)	7Ⅱ	6	정당한 격식이나 의식.
題字	(제자)	6Ⅱ	7	서적의 머리나 족자, 비석 따위에 쓴 글자.
弟子	(제자)	8	7Ⅱ	스승으로부터 가르침을 받거나 받은 사람.
重心	(중심)	7	7	무게 중심.
中心	(중심)	8	7	사물의 한가운데.
地區	(지구)	7	6	일정한 기준에 따라 여럿으로 나눈 땅의 한 구획.
地球	(지구)	7	6Ⅱ	태양에서 세 번째로 가까운 행성. 인류가 사는 천체.
地利	(지리)	7	6Ⅱ	땅의 형세에 따라 얻는 이로움.
地理	(지리)	7	6Ⅱ	어떤 곳의 지형이나 길 따위의 형편.
地面	(지면)	7	7	땅바닥.
紙面	(지면)	7	7	종이의 겉면. 기사나 글이 실리는 인쇄물의 면.
地上	(지상)	7	7Ⅱ	땅의 위. 이 세상.

紙上	(지 상)	7	7Ⅱ	종이의 위. 신문의 지면.
天醫	(천 의)	7	6	의술이 능하고 덕망이 높은 의사.
天衣	(천 의)	7	6	천인(天人)이나 선녀의 옷.
天意	(천 의)	7	6Ⅱ	하늘의 뜻.
清算	(청 산)	6Ⅱ	7	서로 간에 채무 · 채권 관계를 셈하여 깨끗이 해결함.
青山	(청 산)	8	8	풀과 나무가 무성한 푸른 산.
清川	(청 천)	6Ⅱ	7	맑은 물이 흐르는 강.
青天	(청 천)	8	7	푸른 하늘.
親敎	(친 교)	6	8	부모의 가르침.
親交	(친 교)	6	6	친밀하게 사귐.
下手	(하 수)	7Ⅱ	7Ⅱ	낮은 재주나 솜씨를 가진 사람.
下水	(하 수)	7Ⅱ	8	빗물이나 집, 공장 등에서 쓰고 버리는 더러운 물.
下衣	(하 의)	7Ⅱ	6	몸의 아랫도리에 입는 옷.
下意	(하 의)	7Ⅱ	6Ⅱ	아랫사람의 뜻.
韓式	(한 식)	8	6	우리나라 고유의 양식.
韓食	(한 식)	8	7Ⅱ	우리나라 고유의 음식이나 식사.
漢語	(한 어)	7Ⅱ	7	중국 한족(漢族)이 쓰는 언어.
韓語	(한 어)	8	7	한국어.
現今	(현 금)	6Ⅱ	6Ⅱ	바로 지금.
現金	(현 금)	6Ⅱ	8	정부나 중앙은행에서 발행하는 지폐나 주화.
畫題	(화 제)	6	6Ⅱ	그림의 제목.
話題	(화 제)	7Ⅱ	6Ⅱ	이야기의 제목.
會場	(회 장)	6Ⅱ	7Ⅱ	모임을 가지는 곳.
會長	(회 장)	6Ⅱ	8	모임을 대표하고 모임의 일을 총괄하는 사람.
後門	(후 문)	7Ⅱ	8	뒷문.
後聞	(후 문)	7Ⅱ	6Ⅱ	어떤 일에 관한 뒷말.
休戰	(휴 전)	7	6Ⅱ	교전국이 서로 합의하여, 전쟁을 얼마 동안 멈추는 일.
休電	(휴 전)	7	7Ⅱ	전기 공급을 일시적으로 중단함.

漢字

(사) 한국어문회 주관 / 한국한자능력검정회 시행

부록 Ⅱ

최근 기출 & 실전문제

제 102회 기출문제 (2023. 08. 26)
제 103회 기출문제 (2023. 11. 11)
제 104회 기출문제 (2024. 02. 24)
제 105회 기출문제 (2024. 05. 25)
제 106회 기출문제 (2024. 08. 24)
제 107회 기출문제 (2024. 11. 09)

제1회 실전문제
제2회 실전문제

최근 기출 & 실전문제 정답

제102회 6급 기출문제 (2023. 08. 26. 시행)

漢字能力檢定試驗

(社)한국어문회 주관 · 한국한자능력검정회 시행

다음 밑줄 친 漢字語의 讀音을 쓰세요. (1~33)

[예] 漢字 → 한자

(1) 아침에 일어나서 窓門을 열고 환기를 시켰습니다.
(2) 영수는 特別한 재능이 있습니다.
(3) 共感력이 좋은 사람들과 이야기하면 마음이 편안해집니다.
(4) 국민들이 各自도생해야 하는 시대가 왔습니다.
(5) 인생에는 成功도 있고 실패도 있습니다.
(6) 하루에 조금이라도 시간을 내 讀書를 하는 습관을 가져야 합니다.
(7) 사랑하는 이들에게는 항상 表現을 해주어야 합니다.
(8) 오늘은 여러 가지 圖形에 대하여 배웠습니다.
(9) 오늘따라 交通체증이 심해서 지각을 하고 말았습니다.
(10) 우리는 地球를 보호해야할 의무가 있습니다.
(11) 그렇게 해서 根本적인 문제는 해결이 안 될 것입니다.
(12) 그 프로젝트를 완성하려면 어느 정도 幸運이 필요합니다.
(13) 무엇이든 永遠한 것은 없습니다.
(14) 그 童話를 읽을 때마다 나의 어릴 적 추억이 생각납니다.
(15) 일을 은퇴하면 庭園이 있는 예쁜 집에서 살고 싶습니다.
(16) 철수가 晝夜로 일하더니 건강이 안 좋아졌습니다.
(17) 우리 집은 지하철역에서 가까워서 便利합니다.
(18) 요즘은 醫術이 발전해서 평균수명이 길어졌습니다.
(19) 例外적인 상황은 항상 있기 마련입니다.
(20) 충분히 反省하는 시간을 가졌으니 이제는 일상으로 돌아가려고 합니다.

(21) 社會에서 쓸모 있는 사람이 되려면 나의 맡은 바에 최선을 다해야 합니다.
(22) 지방에 따라 서로 다른 風習들이 있습니다.
(23) 국어 科目에 뛰어난 성적을 얻었습니다.
(24) 큰비에 징검다리가 消失되었습니다.
(25) 그는 몸을 直角으로 굽혀 손님에게 인사를 했습니다.
(26) 우리는 같은 피를 나누고 같은 말을 쓰는 同族입니다.
(27) 放學 동안 못 다닌 여행을 다닐까 합니다.
(28) 형제간에 和合이 잘 돼서 시합에서 이길 수 있었습니다.
(29) 설날에 韓服을 입고 조부모님께 인사를 드리러 갔습니다.
(30) 아직 開發이 덜 된 지역에 더 투자를 해서 지역 균형을 맞춰야 합니다.
(31) 昨年 이맘때쯤도 지금과 같이 날씨가 더웠습니다.
(32) 우리나라는 삼면이 海洋으로 둘러싸여 있는 반도국입니다.
(33) 나에게는 英語가 가장 어려운 과목입니다.

다음 漢字의 訓과 音을 쓰세요. (34~55)

[예] 字 → 글자 자

(34) 式	(35) 正	(36) 京
(37) 勇	(38) 冬	(39) 朝
(40) 線	(41) 集	(42) 對
(43) 晝	(44) 理	(45) 果
(46) 登	(47) 國	(48) 百
(49) 前	(50) 夏	(51) 休
(52) 色	(53) 用	(54) 速
(55) 來		

다음 밑줄 친 漢字語를 漢字로 쓰세요. (56~75)

[예] 한자 → 漢字

(56) 어머니는 시장에 과일을 사러 가셨습니다.

(57) 우리 집 식구는 모두 일곱입니다.

(58) 그는 세상과 인연을 끊고 산속으로 들어갔습니다.

(59) 철수는 오후에 놀이동산에 갔습니다.

(60) 지우는 부모를 극진히 모셔 동네에 효자로 알려졌습니다.

(61) 개성은 인삼의 고장으로 유명합니다.

(62) 날씨가 더워 냉방용 가전 제품사들이 호황을 누렸습니다.

(63) 요즘은 가수나 운동선수 중에 10대의 청춘스타가 많습니다.

(64) 두 형제가 즐겁게 놀고 있습니다.

(65) 봄에 심은 나무에 비료를 주는 등 육림 작업을 했습니다.

(66) 그는 평범한 농부의 셋째 아들로 태어났습니다.

(67) 할머니는 매일 새벽 5시에 일어나십니다.

(68) 한강에는 남북을 잇는 다리가 20개 가까이 될 것입니다.

(69) 인간의 신체는 좌우가 대칭을 이룹니다.

(70) 우리 집안의 선조 가운데 벼슬하신 분들이 많았습니다.

(71) 휴화산이 활동을 다시 시작하였습니다.

(72) 우리는 자리를 좁혀 한 사람 더 앉을 공간을 만들었습니다.

(73) 할아버지께서는 고등학교의 교가를 아직도 기억하고 계셨습니다.

(74) 강을 끼고 돌면 읍면 사무소가 보입니다.

(75) 우리 모임 회원들은 지역 주민을 위한 봉사활동을 벌였습니다.

다음 한자와 뜻이 반대(또는 상대)되는 한자를 골라 번호를 쓰세요. (76~78)

(76) 古 : ① 高 ② 朴 ③ 樂 ④ 今

(77) 多 : ① 太 ② 少 ③ 金 ④ 弱

(78) 手 : ① 數 ② 小 ③ 足 ④ 秋

다음 漢字와 뜻이 같거나 비슷한 漢字를 〈보기〉에서 찾아 그 번호를 쓰세요. (79~80)

(79) 身 : ① 體 ② 向 ③ 草 ④ 信

(80) 道 : ① 度 ② 等 ③ 路 ④ 綠

다음 ( )에 들어 갈 가장 알맞은 漢字를 〈보기〉에서 찾아 그 번호를 쓰세요. (81~83)

[예]

① 命	② 內	③ 死	④ 聞
⑤ 頭	⑥ 答	⑦ 四	⑧ 記

(81) 人( )在天 : 사람의 목숨은 하늘에 달려 있다는 말.

(82) 東問西( ) : 묻는 말에 전혀 딴 말을 함.

(83) 九( )一生: 여러 차례 죽을 고비를 넘기고 살아남.

다음 중 소리(音)는 같으나 뜻(訓)이 다른 漢字를 골라 그 번호를 쓰세요. (84~85)

(84) 始 : ① 親 ② 作 ③ 樹 ④ 時

(85) 事 : ① 業 ② 使 ③ 銀 ④ 分

다음 한자의 뜻을 풀이하시오. (86~87)

(86) 溫水

(87) 明月

다음 漢字에서 진하게 표시한 획은 몇 번째 쓰는지 〈보기〉에서 찾아 그 번호를 쓰세요. (88~90)

[예]

① 첫 번째	② 두 번째	③ 세 번째	④ 네 번째
⑤ 다섯 번째	⑥ 여섯 번째	⑦ 일곱 번째	⑧ 여덟 번째
⑨ 아홉 번째	⑩ 열 번째	⑪ 열한 번째	⑫ 열두 번째
⑬ 열세 번째			

(88) 號

(89) 勝

(90) 黃

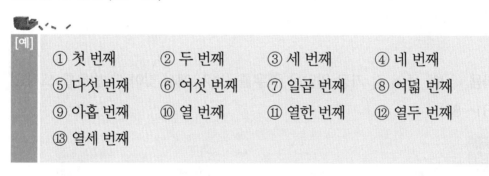

제103회 6급 기출문제 (2023. 11. 11. 시행)

(社)한국어문회 주관 · 한국한자능력검정회 시행

다음 밑줄 친 漢字語의 讀音을 쓰세요. (1~33)

[예]
漢字 → 한자

(1) 답안지를 작성할 때는 수험番號와 성명을 썼는지 꼭 확인합니다.
(2) 이 식당은 우리 지역에서 所聞난 맛집입니다.
(3) 물속에서 걷기 운동을 하면 下體를 단련시키는 데 도움이 됩니다.
(4) 여러 나라 사람들이 7을 幸運의 숫자로 여깁니다.
(5) 지나친 겸손은 오히려 失禮가 될 수 있습니다.
(6) 우리나라는 石油를 전량 수입에 의존하고 있습니다.
(7) 나는 숲 해설가의 설명을 注意 깊게 들었습니다.
(8) 조선 王朝는 오백 년의 역사를 지닙니다.
(9) 지역감정은 국민의 反目과 불화만 일으킬 뿐입니다.
(10) 최근 들어 농촌의 생활환경이 크게 向上되었습니다.
(11) 글은 솔직하게 써야 독자들에게 共感을 얻을 수 있습니다.
(12) 이 휴대폰은 무선으로 충전할 수 있어 便利합니다.
(13) 인문사회계열의 학문 발전을 위해 새로운 학회가 發足하였습니다.
(14) 젖은 손으로 電線 플러그를 만지면 위험합니다.
(15) 최근 우리나라에 集中 호우가 자주 발생하고 있습니다.
(16) 특공대는 한밤중에 어둠을 틈타 작전을 開始했습니다.
(17) 예부터 黃海에는 중국과의 교류에 중요한 항로가 있었습니다.
(18) 노인은 한가로이 낚시로 消日하며 여생을 보냈습니다.
(19) 두 나라는 국경 부근에서 치열한 交戰을 벌이고 있습니다.

(20) 마을 뒷산은 樹木이 울창하여 야생 동물들이 많이 삽니다.
(21) 여행객들은 行路를 바꿔 남쪽으로 떠났습니다.
(22) 지구가 태양의 주위를 돈다는 사실은 萬古의 진리입니다.
(23) 이 글은 기행문 形式을 사용해 내용을 파악하기가 쉽습니다.
(24) 마패를 든 암행어사가 관아에 出頭했습니다.
(25) 선생님께서 내게 베풀어 주신 은혜를 永遠히 잊지 못할 것입니다.
(26) 식물의 잎은 광합성 作用으로 녹말을 만듭니다.
(27) 옛날에는 신분에 따라 차려입은 服色이 달랐습니다.
(28) 시장이 직접 도로 보수 작업이 진행되고 있는 現場을 살펴보았습니다.
(29) 버스가 고속도로에 접어들자 速度를 내기 시작합니다.
(30) 올림픽은 전 세계 사람들이 和合할 수 있는 축제의 마당입니다.
(31) 우리나라의 通信 기술 분야는 눈부시게 발전하였습니다.
(32) 두 나라는 이번 일을 해결하기 위해 特使를 교환하였습니다.
(33) 이번 선거에서는 야당이 多數 의석을 차지하였습니다.

다음 漢字의 訓과 音을 쓰세요. (34~55)

[예] 字 → 글자 자

(34) 在　(35) 園　(36) 功
(37) 理　(38) 者　(39) 神
(40) 英　(41) 昨　(42) 由
(43) 習　(44) 本　(45) 衣
(46) 美　(47) 米　(48) 雪
(49) 銀　(50) 族　(51) 席
(52) 飮　(53) 言　(54) 太
(55) 陽

다음 漢字와 뜻이 반대(또는 상대)되는 것을 골라 그 번호를 쓰세요. (56~58)

(56) 強 : ① 洋 ② 京 ③ 弱 ④ 勝

(57) 苦 : ① 對 ② 計 ③ 各 ④ 樂

(58) 教 : ① 省 ② 學 ③ 界 ④ 庭

다음 漢字와 뜻이 같거나 비슷한 것을 골라 그 번호를 쓰세요. (59~60)

(59) 區 : ① 溫 ② 分 ③ 病 ④ 圖

(60) 郡 : ① 邑 ② 班 ③ 愛 ④ 表

다음 漢字와 소리(音)는 같으나 뜻(訓)이 다른 것을 골라 그 번호를 쓰세요. (61~62)

(61) 登 : ① 等 ② 半 ③ 親 ④ 章

(62) 花 : ① 勇 ② 話 ③ 角 ④ 窓

다음 사자성어의 ( ) 안에 알맞은 漢字를 〈보기〉에서 찾아 그 번호를 쓰세요. (63~65)

[예]

① 地	② 死	③ 身	④ 孫
⑤ 短	⑥ 明	⑦ 例	⑧ 待

(63) 九( )一生 : 아홉 번 죽을 뻔하다 한 번 살아남.

(64) 淸風( )月 : 맑은 바람과 밝은 달.

(65) 別有天( ) : 이 세상과 따로 존재하는 세계.

◐ 다음 뜻에 맞는 漢字語를 〈보기〉에서 찾아 그 번호를 쓰세요. (66~67)

[예]

① 根部	② 新綠	③ 醫書
④ 晝夜	⑤ 近寸	⑥ 野草

(66) 들에 저절로 나는 풀.

(67) 식물의 뿌리 부분.

◐ 다음 밑줄 친 漢字語를 漢字로 쓰세요. (68~87)

[예]

<u>한자</u> → 漢字

(68) 건물의 각 층마다 직원들의 휴식 <u>공간</u>이 마련되어 있습니다.

(69) 그는 한라산에 자생하는 <u>식물</u>에 대해 연구하고 있습니다.

(70) 그는 <u>활력</u>을 되찾기 위해 여행을 다녀왔습니다.

(71) 나는 다섯 살 때까지 <u>조모</u>의 손에서 컸습니다.

(72) 삼촌은 대학을 졸업한 <u>직후</u> 군대에 입대하였습니다.

(73) 선생은 자신의 지식을 <u>제자</u>들에게 전수했습니다.

(74) 시장은 <u>추석</u>을 준비하는 사람들로 붐볐습니다.

(75) 신청서에는 연락처를 <u>기입</u>하는 칸이 있었습니다.

(76) 안개가 너무 짙어서 몇 미터 <u>전방</u>도 알아볼 수 없습니다.

(77) 여행에 필요한 물품을 사려고 그녀는 <u>시내</u>로 나가 쇼핑을 했습니다.

(78) 옛날 사람들은 지구가 <u>평면</u>이라고 알고 있었습니다.

(79) 오랜만에 가족이 오붓하게 <u>외식</u>을 했습니다.

(80) 올해는 날씨가 좋아 <u>농사</u>가 대풍입니다.

(81) 요즘 축구가 학생들에게 인기를 끌고 있습니다.

(82) 우리나라 자연은 춘하추동 그 색을 달리합니다.

(83) 이 신라의 석탑은 천년의 세월을 묵묵히 버텨왔습니다.

(84) 정치인이라면 민심의 향방을 읽을 줄 알아야 합니다.

(85) 지난 밤 추위로 수도가 얼었습니다.

(86) 촛불이 바람에 끄덕끄덕 불안하게 흔들립니다.

(87) 할머니는 아직도 수동 재봉틀을 사용하십니다.

다음 漢字에서 진하게 표시한 획은 몇 번째 쓰는지 〈보기〉에서 찾아 그 번호를 쓰세요. (88~90)

[예]

① 첫 번째 ② 두 번째 ③ 세 번째 ④ 네 번째
⑤ 다섯 번째 ⑥ 여섯 번째 ⑦ 일곱 번째 ⑧ 여덟 번째
⑨ 아홉 번째

(88) 

(89) 

(90) 

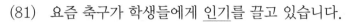

부록 Ⅱ

漢字能力檢定試驗

제104회 6급 기출문제 (2024. 02. 24. 시행)

㈔한국어문회 주관 · 한국한자능력검정회 시행

다음 밑줄 친 漢字語의 讀音을 쓰세요. (1~33)

[예] 漢字 → 한자

(1) 산간 지역에 大雪이 내려 버스가 다닐 수 없습니다.
(2) 중계석에 나가 있는 記者를 불러 보도록 하겠습니다.
(3) 그 선수는 어렸을 때부터 남다른 頭角을 보였습니다.
(4) 우리는 夕陽이 지는 바닷가를 나란히 걸었습니다.
(5) 요즘은 銀行에 가지 않고도 세금 납부가 가능합니다.
(6) 인간은 根本적으로 혼자서 살 수 없습니다.
(7) 우리 民族은 예로부터 흰옷을 즐겨 입었습니다.
(8) 그것은 고대로부터 전해 내려오는 風習입니다.
(9) 어머니는 信用 카드로 병원비를 결제하였습니다.
(10) 삼촌은 월남전에서 큰 戰功을 세웠습니다.
(11) 昨年에 비하여 올해 벼를 더 많이 생산했습니다.
(12) 그 집 아들은 벌써 구구법을 외울 정도로 英特합니다.
(13) 나는 그의 요청을 거절할 道理가 없었습니다.
(14) 먼저 원을 그린 다음 가운데에 直線을 그었습니다.
(15) 꽃다발을 들고 친구의 病室로 문병을 갔습니다.
(16) 그는 과거의 잘못을 뼈아프게 反省하고 있습니다.
(17) 현미는 白米보다 더 좋은 건강식품입니다.
(18) 우리 집 庭園에는 감나무가 두 그루 있습니다.
(19) 은사께서 향년 83세를 일기로 別世하셨습니다.

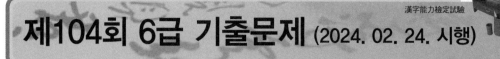

(20) 나는 美術에는 소질이 없습니다.
(21) 이번 주말에는 在京 동문회의 모임이 있습니다.
(22) 선생님은 학교에서 무슨 科目을 가르치십니까?
(23) 자리가 없어서 우리는 자연스럽게 合席하게 되었습니다.
(24) 선생은 우리에게 탈춤의 由來를 얘기해 주었습니다.
(25) 영희네 집은 우리 집에 비해 飮食이 훨씬 싱겁습니다.
(26) 단군 神話에는 곰이 사람으로 된 이야기가 나옵니다.
(27) 그의 무례한 言動에 사람들이 몹시 놀랐습니다.
(28) 오늘은 우리 반 학생 太半이 지각을 했습니다.
(29) 그는 苦學으로 대학까지 졸업했습니다.
(30) 오늘은 대학 합격자 發表가 있는 날입니다.
(31) 정체 구간이 풀리자 주행 速度가 빨라졌습니다.
(32) 그곳은 경치가 아름답고 기후가 溫和합니다.
(33) 트럭 한 대가 주차장 通路를 막고 서 있습니다.

다음 漢字의 訓과 音을 쓰세요. (34~55)

[예] 字 → 글자 자

(34) 樹	(35) 集	(36) 例
(37) 向	(38) 朝	(39) 石
(40) 親	(41) 開	(42) 章
(43) 聞	(44) 孫	(45) 現
(46) 感	(47) 醫	(48) 愛
(49) 洋	(50) 黃	(51) 交
(52) 待	(53) 永	(54) 野
(55) 多		

다음 漢字와 뜻이 반대(또는 상대)되는 것을 골라 그 번호를 쓰세요. (56~58)

(56) 死 : ① 果 ② 利 ③ 冬 ④ 活

(57) 天 : ① 號 ② 住 ③ 地 ④ 車

(58) 遠 : ① 重 ② 近 ③ 林 ④ 童

다음 漢字와 뜻이 같거나 비슷한 것을 골라 그 번호를 쓰세요. (59~60)

(59) 計 : ① 番 ② 等 ③ 草 ④ 算

(60) 衣 : ① 書 ② 堂 ③ 服 ④ 里

다음 漢字와 소리(音)는 같으나 뜻(訓)이 다른 것을 골라 그 번호를 쓰세요. (61~62)

(61) 有 : ① 身 ② 育 ③ 油 ④ 業

(62) 兄 : ① 形 ② 幸 ③ 弱 ④ 窓

다음 사자성어의 ( ) 안에 알맞은 漢字를 〈보기〉에서 찾아 그 번호를 쓰세요. (63~65)

[예]

① 光	② 使	③ 夜	④ 始
⑤ 作	⑥ 勝	⑦ 運	⑧ 自

(63) 各( )圖生 : 제각기 살아 나갈 방법을 꾀함.

(64) 晝( )長川 : 밤낮으로 쉬지 아니하고 연달아.

(65) ( )心三日 : 단단히 먹은 마음이 사흘을 가지 못함.

다음 뜻에 맞는 漢字語를 〈보기〉에서 찾아 그 번호를 쓰세요. (66~67)

[예]

① 區分 ② 新綠 ③ 電球
④ 失禮 ⑤ 對答 ⑥ 音樂

(66) 늦봄이나 초여름에 새로 나온 잎의 푸른빛.

(67) 말이나 행동이 예의에 벗어남.

다음 밑줄 친 漢字語를 漢字로 쓰세요. (68~87)

[예]

한자 → 漢字

(68) 우리 모임은 다수의 의견만큼 소수의 의견도 존중합니다.

(69) 우리는 매주 토요일에 등산을 합니다.

(70) 요즘 가수 중에는 10대의 청춘스타가 많습니다.

(71) 그는 여러 방면에 모르는 게 없을 정도로 똑똑합니다.

(72) 그녀는 훌륭한 가문에서 태어나 좋은 교육을 받고 자랐습니다.

(73) 내가 서울을 떠난 시간은 어제 정오 무렵이었습니다.

(74) 단둘이 이야기하고 싶은데 시간 있어요?

(75) 그녀가 쏜 화살이 과녁에 정확하게 명중했습니다.

(76) 가을이 시작되는 입추가 지났는데도 햇볕이 뜨겁습니다.

(77) 창을 열고 싱그러운 아침 공기를 들이마셨습니다.

(78) 이곳은 마을 어르신들의 놀이 장소입니다.

(79) 그녀는 젊은 시절의 불효를 크게 뉘우쳤습니다.

(80) 어머니는 매월 10만 원씩 용돈을 주십니다.

(81) 우리 학교 교가는 교장 선생님께서 만드셨습니다.

(82) 그는 평범한 농부의 셋째 아들로 태어났습니다.

(83) 이 땅에는 선조들이 남긴 귀중한 유산들이 많습니다.

(84) 심사숙고한 연후에 질문에 답하도록 하세요.

(85) 여기는 미성년자의 출입이 금지된 구역입니다.

(86) 저는 해군이 되어 제 고향 바다를 지키고 싶습니다.

(87) 그는 키가 커서 행사 때마다 기수로 선발되었습니다.

다음 漢字에서 진하게 표시한 획은 몇 번째 쓰는지 〈보기〉에서 찾아 그 번호를 쓰세요. (88~90)

[예]

① 첫 번째 ② 두 번째 ③ 세 번째 ④ 네 번째
⑤ 다섯 번째 ⑥ 여섯 번째 ⑦ 일곱 번째 ⑧ 여덟 번째
⑨ 아홉 번째

(88) 

(89) 

(90) 

제105회 6급 기출문제 (2024. 05. 25. 시행)

漢字能力檢定試驗

(社)한국어문회 주관 · 한국한자능력검정회 시행

● 다음 밑줄 친 漢字語의 讀音을 쓰세요. (1~33)

[예] 漢字 → 한자

(1) 우리는 제주도 여행에 필요한 경비를 算定해 보았습니다.
(2) 오래된 古物 자전거를 수리했더니 새것처럼 잘 나갑니다.
(3) 눈을 떴을 때는 벌써 東窓이 희뿌옇게 밝아 오고 있었습니다.
(4) 그는 다음 주까지 책을 돌려주겠다고 口頭로 약속을 했습니다.
(5) 나는 일에 대한 그녀의 열정에 感服하였습니다.
(6) 올해는 연중 내내 날씨가 좋아 오곡과 百果가 대풍입니다.
(7) 나는 그녀에게 이번 주말 함께 영화를 볼 意向이 있는지 물었습니다.
(8) 해마다 수입 농산물이 늘어나고 있는 것으로 集計되었습니다.
(9) 이 도로는 밤시간에 주차 공간으로 活用됩니다.
(10) 국회 의원 선거를 앞두고 공정 감시단이 發足되었습니다.
(11) 선생님은 두꺼비와 개구리를 區別하는 법을 알려주셨습니다.
(12) 철수는 학교만 끝나면 집으로 直行하곤 합니다.
(13) 환경 보전에 힘쓰는 것은 우리 後孫을 위한 일입니다.
(14) 나는 꿈이 없는 젊은이는 不幸하다고 생각합니다.
(15) 박 선수는 角度 큰 변화구를 잘 구사합니다.
(16) 아주 추운 지방에서는 水銀으로 된 온도계를 사용할 수 없습니다.
(17) 그는 날씨와 상관없이 장날이면 例外없이 장터로 나갔습니다.
(18) 할머니께서는 무릎에 인공 관절 手術을 받으셨습니다.
(19) 그 조각가는 음료수 캔을 재활용한 特色있는 조각 작품을 만들었습니다.
(20) 그는 어떠한 억압에도 굴하지 않는 勇氣있는 실천가였습니다.

(21) 우리 모둠은 지구의 온도 변화를 圖表로 그렸습니다.
(22) 조난당한 사람들이 손전등을 깜빡거리며 구조 信號를 보냈습니다.
(23) 선생님과 학생들의 대담은 일문일답의 形式으로 진행되었습니다.
(24) 감초는 韓藥에 빠지지 않고 들어가는 약초입니다.
(25) 오늘 점심에는 새로 開業한 식당에 가 보기로 했습니다.
(26) 각 과의 첫머리에는 學習을 돕기 위한 만화가 실려 있습니다.
(27) 선생님께서 탈춤의 由來를 이야기해 주셨습니다.
(28) 실력이 對等한 팀의 경기일수록 보는 재미가 있습니다.
(29) 들판에는 살을 에는 듯한 北風이 거세게 몰아쳤습니다.
(30) 그는 벼슬을 포기하고 한평생 在野의 선비로 살았습니다.
(31) 경기가 速戰으로 끝나 버리자 관중들이 다소 아쉬워했습니다.
(32) 그는 다양한 종류의 음악들을 交代로 들려주었습니다.
(33) 그분의 은혜를 나는 永遠히 잊지 못할 것입니다.

다음 漢字의 訓과 音을 쓰세요. (34~55)

[예] 字 → 글자 자

(34) 洋	(35) 溫	(36) 米
(37) 族	(38) 美	(39) 京
(40) 太	(41) 強	(42) 多
(43) 根	(44) 油	(45) 路
(46) 病	(47) 席	(48) 言
(49) 夜	(50) 黃	(51) 陽
(52) 綠	(53) 園	(54) 章
(55) 待		

- 다음 漢字와 뜻이 반대(또는 상대)되는 것을 골라 그 번호를 쓰세요. (56~58)

(56) 分 : ① 李 ② 英 ③ 合 ④ 書

(57) 苦 : ① 題 ② 樂 ③ 庭 ④ 放

(58) 昨 : ① 體 ② 飮 ③ 神 ④ 今

- 다음 漢字와 뜻이 같거나 비슷한 것을 골라 그 번호를 쓰세요. (59~60)

(59) 樹 : ① 林 ② 愛 ③ 近 ④ 衣

(60) 郡 : ① 童 ② 邑 ③ 才 ④ 成

- 다음 漢字와 소리(音)는 같으나 뜻(訓)이 다른 것을 골라 그 번호를 쓰세요. (61~62)

(61) 始 : ① 時 ② 晝 ③ 醫 ④ 番

(62) 話 : ① 明 ② 急 ③ 現 ④ 畫

- 다음 사자성어의 ( ) 안에 알맞은 漢字를 〈보기〉에서 찾아 그 번호를 쓰세요. (63~65)

[예]

① 級	② 社	③ 科	④ 死
⑤ 目	⑥ 火	⑦ 朴	⑧ 有

(63) 九( )一生 : 아홉 번 죽을 뻔하다 한 번 살아남.

(64) 父子( )親 : 아버지와 아들 사이에는 두터운 정이 있어야 함.

(65) 電光石( ) : 번갯불과 부싯돌의 불.

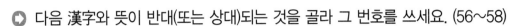

다음 뜻에 맞는 漢字語를 〈보기〉에서 찾아 그 번호를 쓰세요. (66~67)

[예]

① 名勝	② 本線	③ 先通
④ 消失	⑤ 使者	⑥ 朝夕

(66) 사라져 없어짐.

(67) 미리 알림.

다음 밑줄 친 漢字語를 漢字로 쓰세요. (68~87)

[예]

<u>한자</u> → 漢字

(68) 각 학교 대표들은 <u>교기</u>를 들고 대회장에 입장하였습니다.

(69) 출전한 경주마들이 <u>전력</u> 질주를 합니다.

(70) 그녀가 쏜 화살이 과녁에 정확하게 <u>명중</u>했습니다.

(71) 길 건너 <u>정면</u>으로 보이는 건물이 바로 시청입니다.

(72) 나는 <u>천지</u>를 진동하는 천둥소리에 놀라 잠에서 깼습니다.

(73) 문화 유적에는 우리 <u>조상</u>들의 정신과 지혜가 담겨 있습니다.

(74) 붙박이장은 <u>공간</u>이 좁은 주택에 안성맞춤입니다.

(75) 약속한 시각에 늦지 않도록 모임 <u>장소</u>에 나갔습니다.

(76) 영희는 <u>화초</u>를 가꿔서 친구들에게 나눠주곤 합니다.

(77) 올해 단풍은 <u>평년</u>보다 3일쯤 빨리 찾아올 것으로 보입니다.

(78) 우리 모임은 다수의 의견만큼 <u>소수</u>의 의견도 존중합니다.

(79) 아버지와 나는 휴일마다 함께 <u>등산</u>을 합니다.

(80) 우리나라의 국군은 육군, 공군, <u>해군</u>으로 구성되어 있습니다.

(81) 우리는 이 사건에 대하여 어떠한 사전 정보도 입수하지 못했습니다.

(82) 이 상가에 입주해 있는 점포는 수십 개에 달합니다.

(83) 이번 모임에 영희도 온다는 소식을 듣고 내심 기뻤습니다.

(84) 재채기나 트림은 인간의 자연스러운 생리 현상입니다.

(85) 정자나무 아래에서 두 노인이 장기를 두고 계셨습니다.

(86) 지금 농촌에서는 모종 옮겨심기가 한창입니다.

(87) 화재 신고를 받은 소방대원들이 신속히 현장으로 출동했습니다.

다음 漢字에서 진하게 표시한 획은 몇 번째 쓰는지 〈보기〉에서 찾아 그 번호를 쓰세요. (88~90)

[예]

① 첫 번째	② 두 번째	③ 세 번째	④ 네 번째
⑤ 다섯 번째	⑥ 여섯 번째	⑦ 일곱 번째	⑧ 여덟 번째
⑨ 아홉 번째	⑩ 열 번째		

(88) 

(89) 

(90) 

부록 Ⅱ

漢字能力檢定試驗

제106회 6급 기출문제 (2024. 02. 24. 시행)

(社)한국어문회 주관 · 한국한자능력검정회 시행

다음 밑줄 친 漢字語의 讀音을 쓰세요. (1~33)

[예] 漢字 → 한자

(1) 그 선수는 어렸을 때부터 남다른 頭角을 보였습니다.
(2) 축구 경기에서 우리 팀이 상대편에 5 대 0으로 樂勝했습니다.
(3) 各級 학교는 긴 방학을 마치고 일제히 개학하였습니다.
(4) 물이 묻은 손으로 전기 기구를 만지면 感電의 위험이 있습니다.
(5) 우리 학교 도서관은 24시간 開放합니다.
(6) 아버지는 어머니와의 死別 후 슬픔으로 괴로워하셨습니다.
(7) 따스한 봄이 되자 庭園의 꽃나무에 새순이 돋았습니다.
(8) 둥덩거리는 風物놀이 소리에 어깨춤이 절로 납니다.
(9) 결재를 할 때 圖章 대신 서명을 사용해도 됩니다.
(10) 골짜기는 온통 草綠색으로 덮여 있었습니다.
(11) 그의 구두에는 黃土가 잔뜩 묻어 있었습니다.
(12) 선생님께서 운동장으로 전원 集合을 하라고 하셨습니다.
(13) 그는 나에게 가볍게 目禮하며 지나갔습니다.
(14) 이 국어사전은 무엇보다 用例가 풍부하여 좋습니다.
(15) 우리들은 이번 행사에서 기대 이상의 成果를 올렸습니다.
(16) 이 보일러는 일정한 溫度가 되면 자동으로 꺼집니다.
(17) 컴퓨터의 世界는 무한한 가능성으로 가득 차 있습니다.
(18) 그녀는 눈이 쑥 들어가 病者처럼 보였습니다.
(19) 그녀는 失神한 뒤 병원 응급실로 실려갔습니다.

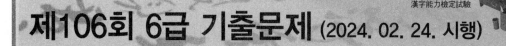

(20) 우리 팀이 <u>苦戰</u>한 이유는 현지 적응 실패 때문입니다.

(21) <u>太陽</u>이 수평선 위로 쑥 솟아 올라옵니다.

(22) 트럭 한 대가 주차장 <u>通路</u>를 막고 서 있습니다.

(23) 우리 팀에게는 리그 방식보다 토너먼트 방식이 <u>有利</u>합니다.

(24) <u>新聞</u>에 우리 회사의 신제품 광고를 큼직하게 냈습니다.

(25) 나는 수첩을 뒤져 그의 전화 <u>番號</u>와 주소를 찾았습니다.

(26) 컴퓨터 덕택으로 한글 <u>書體</u>가 다양하게 개발되었습니다.

(27) 원유 가격 급등에 따른 <u>石油</u> 파동이 예상됩니다.

(28) 평행한 두 <u>直線</u>은 결코 만날 수 없다.

(29) 그 집 딸은 둘도 없는 <u>孝女</u>라고 평판이 나 있습니다.

(30) 그 집 아들은 벌써 구구법을 외울 정도로 <u>英特</u>했습니다.

(31) 그는 내 키가 작다는 <u>理由</u>만으로 나를 업신여깁니다.

(32) 우리는 각자 사과주스와 레몬수를 <u>注文</u>했습니다.

(33) 어두워지자 아파트 <u>窓門</u>마다 하나둘 불이 켜졌습니다.

다음 漢字의 訓과 음을 쓰세요. (34~55)

[예] 字 → 글자 자

(34) 班	(35) 席	(36) 淸
(37) 短	(38) 形	(39) 愛
(40) 交	(41) 術	(42) 計
(43) 向	(44) 科	(45) 表
(46) 始	(47) 待	(48) 運
(49) 第	(50) 洋	(51) 郡
(52) 習	(53) 根	(54) 雪
(55) 本		

다음 漢字와 뜻이 반대(또는 상대)되는 것을 골라 그 번호를 쓰세요. (56~58)

(56) 近 : ① 區 ② 遠 ③ 左 ④ 前

(57) 孫 : ① 米 ② 球 ③ 重 ④ 祖

(58) 晝 : ① 夜 ② 弱 ③ 軍 ④ 弟

다음 漢字와 뜻이 같거나 비슷한 것을 골라 그 번호를 쓰세요. (59~60)

(59) 服 : ① 昨 ② 地 ③ 消 ④ 衣

(60) 急 : ① 速 ② 等 ③ 邑 ④ 反

다음 漢字와 소리(音)는 같으나 뜻(訓)이 다른 것을 골라 그 번호를 쓰세요. (61~62)

(61) 高 : ① 式 ② 古 ③ 親 ④ 外

(62) 族 : ① 業 ② 部 ③ 朝 ④ 足

다음 사자성어의 ( ) 안에 알맞은 漢字를 〈보기〉에서 찾아 그 번호를 쓰세요. (63~65)

[예]

① 夏	② 命	③ 信	④ 作
⑤ 發	⑥ 對	⑦ 幸	⑧ 省

(63) ( )心三日 : 단단히 먹은 마음이 사흘을 가지 못한다는 뜻으로, 결심이 굳지 못함을 이르는 말.

(64) 千萬多( ) : 아주 다행함.

(65) 人(　)在天 : 사람의 목숨은 하늘에 달려 있다는 뜻.

다음 뜻에 맞는 漢字語를 〈보기〉에서 찾아 그 번호를 쓰세요. (66~67)

[예]

① 食數	② 同和	③ 童話
④ 植樹	⑤ 食水	⑥ 童畫

(66) 아동이 그린 그림.

(67) 나무를 심음.

다음 밑줄 친 漢字語를 漢字로 쓰세요. (68~87)

[예]

한자 → 漢字

(68) 그는 매사에 너무 성급하게 행동하는 경향이 있습니다.

(69) 이 공책은 폐휴지를 모아 만든 재활용품입니다.

(70) 그녀의 노래 실력은 가수가 되기엔 아직 멀었습니다.

(71) 그곳은 하도 외져서 드나드는 차편도 드뭅니다.

(72) 나는 추석 연휴 때 극장에 가서 영화를 보았습니다.

(73) 평균 수명이 늘어 노년층의 인구가 증가하였습니다.

(74) 학생들은 모두 2번이 정답이라고 생각했습니다.

(75) 국경일이어서 건물마다 국기가 게양되어 있습니다.

(76) 그는 역도의 인상 종목에서 세계 신기록을 세웠습니다.

(77) 제주도는 천혜의 절경을 자랑하고 있는 관광의 명소입니다.

(78) 우리 농장에서는 농약을 쓰지 않습니다.

(79) 그는 여러 방면에 다재다능한 사람입니다.

(80) 산림을 보호하기 위하여 등산객들의 입산을 제한합니다.
(81) 오늘은 개교기념행사로 책가방 없이 등교합니다.
(82) 이 문은 사람이 가까이 다가서면 자동으로 열립니다.
(83) 오늘 마을 회의는 이장 집에서 열렸습니다.
(84) 두 아이는 사이좋게 셈 공부를 하고 있습니다.
(85) 자책점은 방어율을 산출하는 기초가 됩니다.
(86) 한 시간 동안 기다렸지만 그를 만나지 못했습니다.
(87) 그는 고향을 떠나 멀리 타국에 안주하였습니다.

다음 漢字에서 진하게 표시한 획은 몇 번째 쓰는지 〈보기〉에서 찾아 그 번호를 쓰세요. (88~90)

[예]

① 첫 번째	② 두 번째	③ 세 번째	④ 네 번째
⑤ 다섯 번째	⑥ 여섯 번째	⑦ 일곱 번째	⑧ 여덟 번째
⑨ 아홉 번째	⑩ 열 번째	⑪ 열한 번째	

(88) 花

(89) 堂

(90) 代

漢字能力檢定試驗

제107회 6급 기출문제 (2024. 11. 09. 시행)

(社)한국어문회 주관 · 한국한자능력검정회 시행

다음 밑줄 친 漢字語의 讀音을 쓰세요. (1~33)

[예] 漢字 → 한자

(1) 선생님은 出席을 부르면서 아이들 한 명 한 명과 눈을 마주쳤습니다.
(2) 훌륭한 전통은 後代로 내려갈수록 더욱 발전해 나갑니다.
(3) 수입 開放으로 외국 농산물이 밀려들어 오고 있습니다.
(4) 그 식당의 주방은 유리벽으로 되어 있어 內部가 훤히 들여다보입니다.
(5) 내일은 결승전에 나갈 勝者를 가리는 경기가 펼쳐집니다.
(6) 색의 밝고 어두운 정도를 明度라고 합니다.
(7) 두 도시를 直線으로 연결하는 새 도로가 완공되었습니다.
(8) 아군은 높은 곳의 地利를 잘 이용하여 적을 물리쳤습니다.
(9) 옛날 선비들이 愛用하던 부채는 풍류와 멋의 상징이기도 했습니다.
(10) 새벽 靑果 시장은 물건을 팔고 사는 상인들로 활기에 차 있었습니다.
(11) 어머니가 차려 주시는 밥상은 대부분 제철 飮食입니다.
(12) 결승전에 오른 양 팀은 실력이 對等해서 결과를 예상하기 어렵습니다.
(13) 우리나라의 서남쪽은 平野가 잘 발달되어 있습니다.
(14) 대전은 영남과 호남이 갈라지는 交通의 요지입니다.
(15) 마을 앞에 새로 난 길은 왕복 4車路입니다.
(16) 철수와 영수는 오랫동안 苦樂을 함께 나눈 친구였습니다.
(17) 그녀는 건강상의 理由로 잠시 일을 그만두게 되었습니다.
(18) 심판은 경기 시작을 알리는 信號로 호각을 길게 불었습니다.
(19) 삼촌은 醫科 대학을 졸업하고 마침내 의사가 되었습니다.
(20) 두 나라는 이번 문제를 해결하기 위해 特使를 교환하기로 하였습니다.

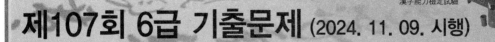

(21) 요즘에는 지자체마다 지역 사랑 상품권을 發行하고 있습니다.
(22) 보일러가 고장이 나서 溫水가 나오지 않습니다.
(23) 우리 반은 옆 반과 다음 주 수요일에 축구 시합을 하기로 合意하였습니다.
(24) 이 골목 끝에 있는 綠色 대문 집이 철수네 집입니다.
(25) 흰옷을 즐겨입던 우리 민족을 白衣민족이라고도 합니다.
(26) 그녀는 서울 생활을 淸算하고 고향으로 내려갔습니다.
(27) 나는 도서관에 가서 세계 문학 全集을 읽었다.
(28) 서당 훈장님의 父親께서는 독립 운동가셨다고 합니다.
(29) 춤은 마음속에 일어나는 느낌을 동작으로 表現하는 예술입니다.
(30) 놀부는 동생 흥부와 동네 사람들에게 온갖 못된 心術을 부렸습니다.
(31) 전학을 가는 영철이는 손을 흔들며 친구들에게 作別 인사를 했습니다.
(32) 그 사람은 黃金이나 권력보다 의리를 존중히 여기는 사람입니다.
(33) 어려울 줄 알았던 계약이 의외로 쉽게 成事되었습니다.

다음 漢字의 訓과 音을 쓰세요. (34~55)

[예] 字 → 글자 자

(34) 英 (35) 美 (36) 級
(37) 樹 (38) 晝 (39) 定
(40) 永 (41) 向 (42) 米
(43) 章 (44) 急 (45) 強
(46) 球 (47) 社 (48) 速
(49) 習 (50) 計 (51) 目
(52) 聞 (53) 始 (54) 書
(55) 夜

다음 漢字와 뜻이 반대(또는 상대)되는 것을 골라 그 번호를 쓰세요. (56~58)

(56) 多 : ① 園 ② 少 ③ 銀 ④ 朴

(57) 古 : ① 今 ② 第 ③ 孫 ④ 各

(58) 朝 : ① 才 ② 角 ③ 夕 ④ 公

다음 漢字와 뜻이 같거나 비슷한 것을 골라 그 번호를 쓰세요. (59~60)

(59) 根 : ① 式 ② 番 ③ 本 ④ 病

(60) 郡 : ① 省 ② 邑 ③ 陽 ④ 洋

다음 漢字와 소리(音)는 같으나 뜻(訓)이 다른 것을 골라 그 번호를 쓰세요. (61~62)

(61) 例 : ① 李 ② 區 ③ 禮 ④ 油

(62) 族 : ① 足 ② 界 ③ 堂 ④ 近

다음 사자성어의 ( ) 안에 알맞은 漢字를 〈보기〉에서 찾아 그 번호를 쓰세요. (63~65)

[예]

① 言	② 天	③ 共	④ 遠
⑤ 失	⑥ 京	⑦ 光	⑧ 太

(63) 電( )石火 : 번갯불과 부싯돌의 불.

(64) 同生( )死 : 서로 같이 살고 같이 죽음.

(65) 人命在( ) : 사람의 목숨은 하늘에 달려 있음.

다음 뜻에 맞는 漢字語를 〈보기〉에서 찾아 그 번호를 쓰세요. (66~67)

[예]

① 體感	② 下待	③ 冬服
④ 中窓	⑤ 話頭	⑥ 海戰

(66) 이야기의 말머리.

(67) 몸으로 어떤 감각을 느낌.

다음 밑줄 친 漢字語를 漢字로 쓰세요. (68~87)

[예]

한자 → 漢字

(68) 그 백화점의 개점 시간은 오전 10시입니다.

(69) 기관사는 전동차의 제어 장치를 수동으로 바꾸었습니다.

(70) 동생은 휴일마다 놀이동산을 가자고 아버지를 졸랐습니다.

(71) 마을 앞 도로 공사는 내년 봄 쯤 완공될 예정입니다.

(72) 뭐니 뭐니 해도 우리집이 제일 편안합니다.

(73) 설악산은 골이 깊고 경치가 빼어나기로 유명합니다.

(74) 오늘 수학 시간에는 삼각자와 컴퍼스가 필요합니다.

(75) 올림픽 개막식에서 참가국들이 알파벳순으로 입장하였습니다.

(76) 우리 마을 이장님은 마을에서 생긴 일들에 대해 모르는 게 없습니다.

(77) 우리나라를 상징하는 국기는 태극기입니다.

(78) 우리는 예로부터 예절 교육을 중요하게 여겨 왔습니다.

(79) 우리집 실내는 건조해서 화초에 물을 자주 줍니다.

(80) 이번 여름방학에 외가에 가서 외할머니를 뵈었습니다.

(81) 주소를 잘못 써서 영수에게 보낸 편지가 반송되었습니다.

(82) 창수는 머리도 식힐 겸 맑은 공기를 마시러 뒷산에 올랐습니다.

(83) 철수가 교실 복도를 뛰어가다 영희와 정면으로 부딪쳤습니다.

(84) 토요일 오전부터 비가 내리기 시작했습니다.

(85) 한자는 조금씩 꾸준히 공부하는 것이 좋습니다.

(86) 할아버지 춘추는 80세를 넘기셨지만 아직도 건강하십니다.

(87) 화제가 자연스럽게 요리에 대한 이야기로 흘러갔습니다.

다음 漢字에서 진하게 표시한 획은 몇 번째 쓰는지 〈보기〉에서 찾아 그 번호를 쓰세요. (88~90)

[예]
① 첫 번째 ② 두 번째 ③ 세 번째 ④ 네 번째
⑤ 다섯 번째 ⑥ 여섯 번째 ⑦ 일곱 번째 ⑧ 여덟 번째
⑨ 아홉 번째 ⑩ 열 번째

(88) 

(89) 

(90) 

제1회 6급 실전문제

漢字能力檢定試驗

(社)한국어문회 주관 · 한국한자능력검정회 시행

다음 밑줄 친 漢字語의 讀音을 쓰세요. (1~33)

[예] 漢字 → 한자

(1) 손오공은 分身술을 하였다.

(2) 음악 이론을 學習하였다.

(3) 영희는 算數를 잘한다.

(4) 우리 마을에 病院이 들어섰다.

(5) 바람이 차서 窓門을 닫았다.

(6) 가을은 讀書하기에 좋다.

(7) 소리의 長短을 구별하였다.

(8) 학교에서 童畫를 전시하였다.

(9) 그는 道術을 부릴 수 있다.

(10) 지상樂園을 만들었다.

(11) 겨울 衣服을 장만하였다.

(12) 장학 事業을 전개하였다.

(13) 이야기하며 交感을 나누었다.

(14) 최초의 部族국가이다.

(15) 성공하여 社長이 되었다.

(16) 그는 목소리가 特別났다.

(17) 신문사는 號外를 발행하였다.

(18) 이 병에는 洋藥이 좋다.

(19) 溫度가 매우 많이 내려갔다.

(20) 그들은 운행路線을 지켰다.
(21) 急行열차가 출발하였다.
(22) 밖에 나가 野生식물을 관찰하였다.
(23) 경찰은 公共의 안녕을 위해야 한다.
(24) 그것은 明白한 사실이다.
(25) 發病하기 전에 예방하였다.
(26) 약간의 農地를 구입하였다.
(27) 그는 晝夜로 열심히 공부하였다.
(28) 건물 放火범을 붙잡았다.
(29) 우리 팀에 幸運이 따랐다.
(30) 그곳에는 神堂이 있었다.
(31) 오후 體育 시간에 뜀틀을 했다.
(32) 本部에서 지시가 내려왔다.
(33) 예금하면 利子가 발생한다.

다음 漢字의 訓과 音을 쓰세요. (34 ~ 55)

[예] 字 → 글자 자

(34) 勝	(35) 旗	(36) 在
(37) 根	(38) 米	(39) 愛
(40) 席	(41) 銀	(42) 郡
(43) 開	(44) 飮	(45) 雪
(46) 親	(47) 風	(48) 族
(49) 黃	(50) 明	(51) 行
(52) 通	(53) 陽	(54) 省
(55) 遠		

다음 밑줄 친 漢字語를 漢字로 쓰세요. (56~75)

[예] 한자 → 漢字

(56) 저 산은 초목이 무성하다.
(57) 등산은 건강에 매우 좋다.
(58) 만사를 제쳐 놓고 달려 왔다.
(59) 답안지에 성명을 반드시 써야 한다.
(60) 이 기계는 동력이 있어야 움직인다.
(61) 면전에서 차마 그 말을 할 수 없었다.
(62) 민주 국가는 국민이 주인이다.
(63) 나이 오십에 늦둥이를 보았다.
(64) 후일을 기약하고 오늘은 그만 헤어지자.
(65) 엄격한 상하 관계 때문에 피곤하다.
(66) 중간에 그만두면 아니함만 못하다.
(67) 사방에는 온통 꽃들이 피어 있었다.
(68) 입학 원서에 주소를 기입했다.
(69) 전기가 나가니 온세상이 깜깜하다.
(70) 이번에 아파트에 입주를 했다.
(71) 가족들이 동서로 흩어져 살았다.
(72) 매년 이 일을 반복해야 한다.
(73) 비좁은 공간이지만 참고 지냈다.
(74) 오늘날은 남녀 평등 세상이다.
(75) 학문의 발전 없이 나라의 발전이 없다.

다음 漢字의 反對 또는 相對字를 골라 번호를 쓰세요. (76~77)

(76) 多 : ① 小 ② 少 ③ 分 ④ 太

(77) 身 : ① 神 ② 體 ③ 死 ④ 心

다음 (　)에 들어갈 漢字를 例에서 찾아 그 번호를 쓰세요. (78~80)

[예]

① 樹	② 強	③ 第
④ 男	⑤ 數	⑥ 族

(78) 運(　　)大通

(79) 南(　　)北女

(80) 長短(　　)弱

다음 漢字의 진하게 표시한 획은 몇 번째 쓰는지 〈예〉에서 찾아 그 번호를 쓰세요. (81~83)

[예]

① 첫 번째	② 두 번째	③ 세 번째	④ 네 번째
⑤ 다섯 번째	⑥ 여섯 번째	⑦ 일곱 번째	⑧ 여덟 번째
⑨ 아홉 번째			

(81) 

(82) 

(83) 

부록 Ⅱ

다음 漢字와 뜻이 비슷한 漢字를 골라 그 번호를 쓰세요. (84~85)

(84) 集 : ① 分 ② 道 ③ 注 ④ 會

(85) 訓 : ① 敎 ② 感 ③ 神 ④ 習

다음에서 소리는 같으나 뜻이 다른 漢字를 골라 그 번호를 쓰세요. (86~87)

(86) 朝 : ① 始 ② 祖 ③ 庭 ④ 章

(87) 形 : ① 兄 ② 色 ③ 速 ④ 黃

다음 뜻을 가진 단어를 쓰세요. (88~90)

[예] 몸무게 → 체중

(88) 꽃과 나무 등으로 잘 가꾸어 놓은 뜰

(89) 마음 속

(90) 볕이 바로 드는 곳

제2회 6급 실전문제

漢字能力檢定試驗

(社)한국어문회 주관 · 한국한자능력검정회 시행

다음 밑줄 친 漢字語의 讀音을 쓰세요. (1~33)

[예] 漢字 → 한자

(1) 그의 주장에 모두 同感하였다.

(2) 점수를 合計하여 발표하였다.

(3) 두 兄弟 모두 축구를 잘 한다.

(4) 선생님은 學窓 시절을 회상하셨다.

(5) 하늘에서 天使가 내려온 듯 하였다.

(6) 이 사과는 形色이 모두 좋다.

(7) 학교 新聞을 발행하였다.

(8) 학급 인원이 넘쳐 分班하였다.

(9) 그것은 空然한 걱정이었다.

(10) 인터넷 電話기가 등장하였다.

(11) 그는 近世에서 가장 뛰어난 장인이다.

(12) 거주의 便利를 도모하였다.

(13) 現代식 건물을 지었다.

(14) 바른 方向으로 인도하였다.

(15) 문구점에서 圖畫지를 샀다.

(16) 祖父님께 한자를 배웠다.

(17) 親愛하는 동지와 재회하였다.

(18) 탄생을 기념하여 植樹하였다.

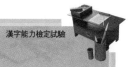

(19) 제 시간에 도착하여 多幸이다.
(20) 도심의 交通 상황이 안 좋다.
(21) 그 문제에 대한 算術적 설명을 하였다.
(22) 긴장을 풀고 出發 신호를 기다렸다.
(23) 이 지역은 면직 工業으로 유명하다.
(24) 太陽이 중천에 떠올랐다.
(25) 형은 醫科대학에 다닌다.
(26) 기회가 올 때까지 根氣있게 기다렸다.
(27) 地球 온난화 문제를 논의 중이다.
(28) 庭園에서 저녁 식사를 하였다.
(29) 조약을 맺고 休戰하였다.
(30) 나라의 근본은 百姓이다.
(31) 철수는 晝夜로 쉬지 않고 운동한다.
(32) 시조를 短歌라고도 한다.
(33) 체조 動作에 힘이 넘친다.

다음 漢字의 訓과 音을 쓰세요. (34~56)

[예] 字 → 글자 자

(34) 農	(35) 邑	(36) 來	(37) 住
(38) 開	(39) 體	(40) 綠	(41) 式
(42) 度	(43) 理	(44) 集	(45) 號
(46) 數	(47) 記	(48) 強	(49) 間
(50) 郡	(51) 表	(52) 昨	(53) 章
(54) 族	(55) 信	(56) 弱	

다음 밑줄 친 漢字語를 漢字로 쓰세요. (57~76)

[예] 한자 → 漢字

(57) 태풍이 지나갔다니 안심이 된다.
(58) 해가 뜨니 모든 사물이 제 모습을 드러낸다.
(59) 운동장에 많은 시민들이 모여 있다.
(60) 정오에 기적 소리가 들렸다.
(61) 실내의 공기가 신선하지 못한 것 같다.
(62) 강촌에 꽃들이 만발했다.
(63) 그는 매일 10㎞씩 걷는다.
(64) 그는 교육 대학에 다닌다.
(65) 생명보다 더 귀중한 것은 없다.
(66) 소중한 물건을 잘 간수해야 한다.
(67) 그는 노모를 모시고 산다.
(68) 우리 동네 이장님은 항시 바쁘시다.
(69) 등산하는 길에서 우연히 친구를 만났다.
(70) 남북으로 길이 뚫렸다.
(71) 저지른 죄를 자백하였다.
(72) 사촌이 땅을 사면 배가 아프다.
(73) 그는 청년 시절에 독립운동을 하였다.
(74) 바다를 지키는 해군들은 용감하다.
(75) 가뭄이 들어 식수가 부족하다.
(76) 동시에 많은 사람이 몰려와 혼잡스러웠다.

다음 漢字의 反對字 또는 相對字를 골라 번호를 쓰세요. (77~78)

(77) 足 : ① 車 ② 口 ③ 九 ④ 手

(78) 先 : ① 東 ② 後 ③ 立 ④ 文

다음( )에 들어갈 漢字를 例에서 찾아 번호를 쓰세요. (79~81)

[예]

① 溫	② 草	③ 神
④ 苦	⑤ 用	⑥ 孫

(79) 山川( )木

(80) 子( )萬代

(81) 同( )同樂

다음 漢字의 진하게 표시한 획은 몇 번째 쓰는지 〈예〉에서 찾아 그 번호를 쓰세요. (82~84)

[예]

① 첫 번째	② 두 번째	③ 세 번째	④ 네 번째
⑤ 다섯 번째	⑥ 여섯 번째	⑦ 일곱 번째	⑧ 여덟 번째
⑨ 아홉 번째			

(82) 雪

(83) 特

(84) 社

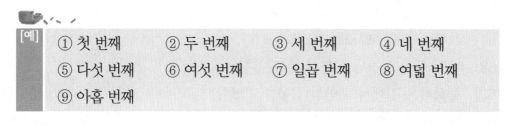

● 다음 漢字와 뜻이 비슷한 한자를 골라 번호를 쓰세요. (85)

(85) 家 : ① 堂 ② 面 ③ 病 ④ 本

● 다음에서 소리는 같으나 뜻이 다른 漢字를 골라 번호를 쓰세요. (86~87)

(86) 省 : ① 始 ② 身 ③ 成 ④ 民

(87) 席 : ① 部 ② 石 ③ 美 ④ 林

● 다음 뜻을 가진 단어를 쓰세요. (88~90)

[예]

만딸 → 장녀

(88) 밝은 달 – (　　)

(89) (분량이나 정도의) 많음과 적음 – (　　)

(90) 이름이 난 사람 – (　　)

부록 Ⅱ

제102회 6급 기출문제 답안지

■ 사단법인 한국어문회 • 한국한자능력검정회 2023. 08. 26. (토) 601 ■

수험번호 □□□-□□-□□□□□ 성명 □□□□□

생년월일 □□□□□□ ※ 유성 싸인펜, 붉은색 필기구 사용 불가.

※ 답안지는 컴퓨터로 처리되므로 구기거나 더럽히지 마시고, 정답 칸 안에만 쓰십시오.
글씨가 채점란으로 들어오면 오답처리가 됩니다.

제102회 전국한자능력검정시험 6급 답안지(1)

답안란		채점란		답안란		채점란		답안란		채점란	
번호	정답	1검	2검	번호	정답	1검	2검	번호	정답	1검	2검
1	창문			15	정원			29	한복		
2	특별			16	주야			30	개발		
3	공감			17	편리			31	작년		
4	각자			18	의술			32	해양		
5	성공			19	예외			33	영어		
6	독서			20	반성			34	법 식		
7	표현			21	사회			35	바를 정		
8	도형			22	풍습			36	서울 경		
9	교통			23	과목			37	날랠 용		
10	지구			24	소실			38	겨울 동		
11	근본			25	직각			39	아침 조		
12	행운			26	동족			40	줄 선		
13	영원			27	방학			41	모을 집		
14	동화			28	화합			42	대할 대		

감독위원	채점위원(1)		채점위원(2)		채점위원(3)	
(서명)	(득점)	(서명)	(득점)	(서명)	(득점)	(서명)

■ ■

※ 본 답안지는 컴퓨터로 처리되므로 구겨지거나 더럽혀지지 않도록 조심하시고 글씨를 칸 안에 또박또박 쓰십시오.

제102회 전국한자능력검정시험 6급 답안지(2)

답안란		채점란		답안란		채점란		답안란		채점란	
번호	정답	1검	2검	번호	정답	1검	2검	번호	정답	1검	2검
43	그림 화 / 그을 획(劃)			59	午後			75	住民		
44	다스릴 리			60	孝子			76	④		
45	실과 과			61	有名			77	②		
46	오를 등			62	家電			78	③		
47	나라 국			63	青春			79	①		
48	일백 백			64	兄弟			80	③		
49	앞 전			65	育林			81	①		
50	여름 하			66	農夫			82	⑥		
51	쉴 휴			67	每日			83	③		
52	빛 색			68	南北			84	④		
53	쓸 용			69	左右			85	②		
54	빠를 속			70	先祖			86	따뜻한 물		
55	올 래			71	活動			87	밝은 달		
56	市場			72	空間			88	⑨		
57	食口			73	校歌			89	⑫		
58	世上			74	邑面			90	⑪		

■ ■

제103회 6급 기출문제 답안지

■ 사단법인 한국어문회 • 한국한자능력검정회　　2023. 11. 11. (토)　　601 ■

수험번호 □□□-□□-□□□□□　　성명 □□□□□

생년월일 □□□□□□　※ 유성 싸인펜, 붉은색 필기구 사용 불가.

※ 답안지는 컴퓨터로 처리되므로 구기거나 더럽히지 마시고, 정답 칸 안에만 쓰십시오.
글씨가 채점란으로 들어오면 오답처리가 됩니다.

제103회 전국한자능력검정시험 6급 답안지(1)

답안란		채점란		답안란		채점란		답안란		채점란	
번호	정답	1검	2검	번호	정답	1검	2검	번호	정답	1검	2검
1	번호			15	집중			29	속도		
2	소문			16	개시			30	화합		
3	하체			17	황해			31	통신		
4	행운			18	소일			32	특사		
5	실례			19	교전			33	다수		
6	석유			20	수목			34	있을 재		
7	주의			21	행로			35	동산 원		
8	왕조			22	만고			36	공[勳] 공		
9	반목			23	형식			37	다스릴 리		
10	향상			24	출두			38	놈 자		
11	공감			25	영원			39	귀신 신		
12	편리			26	작용			40	꽃부리 영		
13	발족			27	복색			41	어제 작		
14	전선			28	현장			42	말미암을 유		

감독위원	채점위원(1)		채점위원(2)		채점위원(3)	
(서명)	(득점)	(서명)	(득점)	(서명)	(득점)	(서명)

■　■

※ 본 답안지는 컴퓨터로 처리되므로 구겨지거나 더럽혀지지 않도록 조심하시고 글씨를 칸 안에 또박또박 쓰십시오.

제103회 전국한자능력검정시험 6급 답안지(2)

답안란		채점란		답안란		채점란		답안란		채점란	
번호	정답	1검	2검	번호	정답	1검	2검	번호	정답	1검	2검
43	익힐 습			59	② 分			75	記入		
44	근본 본			60	① 邑			76	前方		
45	옷 의			61	① 等			77	市內		
46	아름다울 미			62	② 話			78	平面		
47	쌀 미			63	② 死			79	外食		
48	눈 설			64	⑥ 明			80	農事		
49	은 은			65	① 地			81	人氣		
50	겨레 족			66	⑥ 野草			82	自然		
51	자리 석			67	① 根部			83	千年		
52	마실 음			68	空間			84	民心		
53	말씀 언			69	植物			85	水道		
54	클 태			70	活力			86	不安		
55	볕 양			71	祖母			87	手動		
56	③ 弱			72	直後			88	⑥		
57	④ 樂			73	弟子			89	③		
58	② 學			74	秋夕			90	④		

■ ■

제104회 6급 기출문제 답안지

■ 사단법인 한국어문회 • 한국한자능력검정회 2024. 02. 24. (토) 601 ■

수험번호 □□□-□□-□□□□ 성명 □□□□□

생년월일 □□□□□□ ※ 유성 싸인펜, 붉은색 필기구 사용 불가.

※ 답안지는 컴퓨터로 처리되므로 구기거나 더럽히지 마시고, 정답 칸 안에만 쓰십시오.
글씨가 채점란으로 들어오면 오답처리가 됩니다.

제104회 전국한자능력검정시험 6급 답안지(1)

답안란		채점란		답안란		채점란		답안란		채점란	
번호	정답	1검	2검	번호	정답	1검	2검	번호	정답	1검	2검
1	대설			15	병실			29	고학		
2	기자			16	반성			30	발표		
3	두각			17	백미			31	속도		
4	석양			18	정원			32	온화		
5	은행			19	별세			33	통로		
6	근본			20	미술			34	나무 수		
7	민족			21	재경			35	모을 집		
8	풍습			22	과목			36	법식 례		
9	신용			23	합석			37	향할 향		
10	전공			24	유래			38	아침 조		
11	작년			25	음식			39	돌 석		
12	영특			26	신화			40	친할 친		
13	도리			27	언동			41	열 개		
14	직선			28	태반			42	글 장		

감독위원	채점위원(1)		채점위원(2)		채점위원(3)	
(서명)	(득점)	(서명)	(득점)	(서명)	(득점)	(서명)

※ 본 답안지는 컴퓨터로 처리되므로 구겨지거나 더렵혀지지 않도록 조심하시고 글씨를 칸 안에 또박또박 쓰십시오.

제104회 전국한자능력검정시험 6급 답안지(2)

답안란		채점란		답안란		채점란		답안란		채점란	
번호	정답	1검	2검	번호	정답	1검	2검	번호	정답	1검	2검
43	들을 문			59	④			75	命中		
44	손자 손			60	③			76	立秋		
45	나타날 현			61	③			77	空氣		
46	느낄 감			62	①			78	場所		
47	의원 의			63	⑧			79	不孝		
48	사랑 애			64	③			80	每月		
49	큰바다 양			65	⑤			81	校歌		
50	누를 황			66	②			82	農夫		
51	사귈 교			67	④			83	先祖		
52	기다릴 대			68	少數			84	然後		
53	길 영			69	登山			85	出入		
54	들 야			70	青春			86	海軍		
55	많을 다			71	方面			87	旗手		
56	④			72	家門			88	⑤		
57	③			73	正午			89	⑥		
58	②			74	時間			90	⑧		

■ ■

제105회 6급 기출문제 답안지

■ 사단법인 한국어문회 • 한국한자능력검정회 2024. 05. 25. (토) 601 ■

수험번호 □□□-□□-□□□□□ 성명 □□□□□
생년월일 □□□□□□ ※ 유성 싸인펜, 붉은색 필기구 사용 불가.

※ 답안지는 컴퓨터로 처리되므로 구기거나 더럽히지 마시고, 정답 칸 안에만 쓰십시오.
글씨가 채점란으로 들어오면 오답처리가 됩니다.

제105회 전국한자능력검정시험 6급 답안지(1)

답안란		채점란		답안란		채점란		답안란		채점란	
번호	정답	1검	2검	번호	정답	1검	2검	번호	정답	1검	2검
1	산정			15	각도			29	북풍		
2	고물			16	수은			30	재야		
3	동창			17	예외			31	속전		
4	구두			18	수술			32	교대		
5	감복			19	특색			33	영원		
6	백과			20	용기			34	큰바다 양		
7	의향			21	도표			35	따뜻할 온		
8	집계			22	신호			36	쌀 미		
9	활용			23	형식			37	겨레 족		
10	발족			24	한약			38	아름다울 미		
11	구별			25	개업			39	서울 경		
12	직행			26	학습			40	클 태		
13	후손			27	유래			41	강할 강		
14	불행			28	대등			42	많을 다		

감독위원	채점위원(1)		채점위원(2)		채점위원(3)	
(서명)	(득점)	(서명)	(득점)	(서명)	(득점)	(서명)

※ 본 답안지는 컴퓨터로 처리되므로 구겨지거나 더렵혀지지 않도록 조심하시고 글씨를 칸 안에 또박또박 쓰십시오.

제105회 전국한자능력검정시험 6급 답안지(2)

답안란		채점란		답안란		채점란		답안란		채점란	
번호	정답	1검	2검	번호	정답	1검	2검	번호	정답	1검	2검
43	뿌리 근			59	① 林			75	場所		
44	기름 유			60	② 邑			76	花草		
45	길 로			61	① 時			77	平年		
46	병 병			62	④ 晝			78	少數		
47	자리 석			63	④ 死			79	登山		
48	말씀 언			64	⑧ 有			80	海軍		
49	밤 야			65	⑥ 火			81	事前		
50	누를 황			66	④ 消失			82	入住		
51	볕 양			67	③ 先通			83	內心		
52	푸를 록			68	校旗			84	自然		
53	동산 원			69	全力			85	老人		
54	글 장			70	命中			86	農村		
55	기다릴 대			71	正面			87	出動		
56	③ 合			72	天地			88	⑨		
57	② 樂			73	祖上			89	⑥		
58	④ 今			74	空間			90	⑦		

■ ■

제106회 6급 기출문제 답안지

■ 사단법인 한국어문회 • 한국한자능력검정회 2024. 08. 24. (토) 601 ■

수험번호 □□□-□□-□□□□□ 성명 □□□□□

생년월일 □□□□□□ ※ 유성 싸인펜, 붉은색 필기구 사용 불가.

※ 답안지는 컴퓨터로 처리되므로 구기거나 더럽히지 마시고, 정답 칸 안에만 쓰십시오.
글씨가 채점란으로 들어오면 오답처리가 됩니다.

제106회 전국한자능력검정시험 6급 답안지(1)

답안란		채점란		답안란		채점란		답안란		채점란	
번호	정답	1검	2검	번호	정답	1검	2검	번호	정답	1검	2검
1	두각			15	성과			29	효녀		
2	낙승			16	온도			30	영특		
3	각급			17	세계			31	이유		
4	감전			18	병자			32	주문		
5	개방			19	실신			33	창문		
6	사별			20	고전			34	나눌 반		
7	정원			21	태양			35	자리 석		
8	풍물			22	통로			36	맑을 청		
9	도장			23	유리			37	짧을 단		
10	초록			24	신문			38	모양 형		
11	황토			25	번호			39	사랑 애		
12	집합			26	서체			40	사귈 교		
13	목례			27	석유			41	재주 술		
14	용례			28	직선			42	셀 계		

감독위원	채점위원(1)		채점위원(2)		채점위원(3)	
(서명)	(득점)	(서명)	(득점)	(서명)	(득점)	(서명)

■ ■

※ 본 답안지는 컴퓨터로 처리되므로 구겨지거나 더렵혀지지 않도록 조심하시고 글씨를 칸 안에 또박또박 쓰십시오.

제106회 전국한자능력검정시험 6급 답안지(2)

답안란		채점란		답안란		채점란		답안란		채점란	
번호	정답	1검	2검	번호	정답	1검	2검	번호	정답	1검	2검
43	향할 향			59	④			75	國旗		
44	과목 과			60	①			76	力道		
45	겉 표			61	②			77	名所		
46	비로소 시			62	④			78	農場		
47	기다릴 대			63	④			79	方面		
48	옮길 운			64	⑦			80	山林		
49	차례 제			65	②			81	登校		
50	큰바다 양			66	⑥			82	自動		
51	고을 군			67	④			83	里長		
52	익힐 습			68	每事			84	工夫		
53	뿌리 근			69	休紙			85	算出		
54	눈 설			70	歌手			86	時間		
55	근본 본			71	車便			87	安住		
56	②			72	秋夕			88	⑧		
57	④			73	老年			89	⑧		
58	①			74	正答			90	⑤		

제107회 6급 기출문제 답안지

■ 사단법인 한국어문회 • 한국한자능력검정회 2024. 11. 09. (토) 601 ■

수험번호 □□□-□□-□□□□□ 성명 □□□□□

생년월일 □□□□□□□□ ※ 유성 싸인펜, 붉은색 필기구 사용 불가.

※ 답안지는 컴퓨터로 처리되므로 구기거나 더럽히지 마시고, 정답 칸 안에만 쓰십시오.
글씨가 채점란으로 들어오면 오답처리가 됩니다.

제107회 전국한자능력검정시험 6급 답안지(1)

답안란		채점란		답안란		채점란		답안란		채점란	
번호	정답	1검	2검	번호	정답	1검	2검	번호	정답	1검	2검
1	출석			15	차로			29	표현		
2	후대			16	고락			30	심술		
3	개방			17	이유			31	작별		
4	내부			18	신호			32	황금		
5	승자			19	의과			33	성사		
6	명도			20	특사			34	꽃부리 영		
7	직선			21	발행			35	아름다울 미		
8	지리			22	온수			36	등급 급		
9	애용			23	합의			37	나무 수		
10	청과			24	녹색			38	그림 화 | 그을 획(劃)		
11	음식			25	백의			39	정할 정		
12	대등			26	청산			40	길 영		
13	평야			27	전집			41	향할 향		
14	교통			28	부친			42	쌀 미		

감독위원	채점위원(1)		채점위원(2)		채점위원(3)	
(서명)	(득점)	(서명)	(득점)	(서명)	(득점)	(서명)

■ ■

■ 사단법인 한국어문회 • 한국한자능력검정회 2024. 11. 09. (토) 602 ■

※ 본 답안지는 컴퓨터로 처리되므로 구겨지거나 더렵혀지지 않도록 조심하시고 글씨를 칸 안에 또박또박 쓰십시오.

제107회 전국한자능력검정시험 6급 답안지(2)

답안란		채점란		답안란		채점란		답안란		채점란	
번호	정답	1검	2검	번호	정답	1검	2검	번호	정답	1검	2검
43	글 장			59	③			75	入場		
44	급할 급			60	②			76	里長		
45	강할 강			61	③			77	國旗		
46	공 구			62	①			78	教育		
47	모일 사			63	⑦			79	花草		
48	빠를 속			64	③			80	外家		
49	익힐 습			65	②			81	住所		
50	셀 계			66	⑤			82	空氣		
51	눈 목			67	①			83	正面		
52	들을 문			68	時間			84	午前		
53	비로소 시			69	手動			85	工夫		
54	낮 주			70	休日			86	春秋		
55	밤 야			71	來年			87	自然		
56	②			72	便安			88	⑩		
57	①			73	有名			89	⑧		
58	③			74	數學			90	⑩		

■ ■

제1회 6급 실전문제 답안지

■ 사단법인 한국어문회 • 한국한자능력검정회 601 ■

수험번호 □□□-□□-□□□□□ 성명 □□□□□

생년월일 □□□□□□ ※ 유성 싸인펜, 붉은색 필기구 사용 불가.

※ 답안지는 컴퓨터로 처리되므로 구기거나 더럽히지 마시고, 정답 칸 안에만 쓰십시오.
글씨가 채점란으로 들어오면 오답처리가 됩니다.

제1회 전국한자능력검정시험 6급 실전 문제 답안지(1)

답안란		채점란		답안란		채점란		답안란		채점란	
번호	정답	1검	2검	번호	정답	1검	2검	번호	정답	1검	2검
1	분신			15	사장			29	행운		
2	학습			16	특별			30	신당		
3	산수			17	호외			31	체육		
4	병원			18	양약			32	본부		
5	창문			19	온도			33	이자		
6	독서			20	노선			34	이길 승		
7	장단			21	급행			35	기 기		
8	동화			22	야생			36	있을 재		
9	도술			23	공공			37	뿌리 근		
10	낙원			24	명백			38	쌀 미		
11	의복			25	발병			39	사랑(할) 애		
12	사업			26	농지			40	자리 석		
13	교감			27	주야			41	은 은		
14	부족			28	방화			42	고을 군		

감독위원	채점위원(1)		채점위원(2)		채점위원(3)	
(서명)	(득점)	(서명)	(득점)	(서명)	(득점)	(서명)

※ 본 답안지는 컴퓨터로 처리되므로 구겨지거나 더렵혀지지 않도록 조심하시고 글씨를 칸 안에 또박또박 쓰십시오.

제1회 전국한자능력검정시험 6급 실전 문제 답안지(2)

답안란		채점란		답안란		채점란		답안란		채점란	
번호	정답	1검	2검	번호	정답	1검	2검	번호	정답	1검	2검
43	열 개			59	姓名			75	學問		
44	마실 음			60	動力			76	②		
45	눈 설			61	面前			77	④		
46	친할 친			62	國家			78	⑤		
47	바람 풍			63	五十			79	④		
48	겨레 족			64	後日			80	②		
49	누를 황			65	上下			81	④		
50	밝을 명			66	中間			82	①		
51	다닐 행			67	四方			83	⑤		
52	통할 통			68	記入			84	④		
53	볕 양			69	電氣			85	①		
54	살필 성			70	入住			86	②		
55	멀 원			71	東西			87	①		
56	草木			72	每年			88	정원		
57	登山			73	空間			89	의중, 심중		
58	萬事			74	世上			90	양지		

■ ■

부록 Ⅱ

제2회 6급 실전문제 답안지

■ 사단법인 한국어문회 • 한국한자능력검정회 601 ■

수험번호 □□□-□□-□□□□□ 성명 □□□□□

생년월일 □□□□□□ ※ 유성 싸인펜, 붉은색 필기구 사용 불가.

※ 답안지는 컴퓨터로 처리되므로 구기거나 더럽히지 마시고, 정답 칸 안에만 쓰십시오.
글씨가 채점란으로 들어오면 오답처리가 됩니다.

제2회 전국한자능력검정시험 6급 실전 문제 답안지(1)

답안란		채점란		답안란		채점란		답안란		채점란	
번호	정답	1검	2검	번호	정답	1검	2검	번호	정답	1검	2검
1	동감			15	도화			29	휴전		
2	합계			16	조부			30	백성		
3	형제			17	친애			31	주야		
4	학창			18	식수			32	단가		
5	천사			19	다행			33	동작		
6	형색			20	교통			34	농사 농		
7	신문			21	산술			35	고을 읍		
8	분반			22	출발			36	올 래		
9	공연			23	공업			37	살 주		
10	전화			24	태양			38	열 개		
11	근세			25	의과			39	몸 체		
12	편리			26	근기			40	푸를 록		
13	현대			27	지구			41	법 식		
14	방향			28	정원			42	법도 도		

감독위원	채점위원(1)		채점위원(2)		채점위원(3)	
(서명)	(득점)	(서명)	(득점)	(서명)	(득점)	(서명)

※ 본 답안지는 컴퓨터로 처리되므로 구겨지거나 더렵혀지지 않도록 조심하시고 글씨를 칸 안에 또박또박 쓰십시오.

제2회 전국한자능력검정시험 6급 실전 문제 답안지(2)

답안란		채점란		답안란		채점란		답안란		채점란	
번호	정답	1검	2검	번호	정답	1검	2검	번호	정답	1검	2검
43	다스릴 리			59	市民			75	食水		
44	모을 집			60	正午			76	同時		
45	이름 호			61	室內			77	④		
46	셈 수			62	江村			78	②		
47	기록할 기			63	每日			79	②		
48	강할 강			64	教育			80	⑥		
49	사이 간			65	生命			81	④		
50	고을 군			66	所重			82	⑧		
51	겉 표			67	老母			83	⑧		
52	어제 작			68	里長			84	③		
53	글 장			69	登山			85	①		
54	겨레 족			70	南北			86	③		
55	믿을 신			71	自白			87	②		
56	약할 약			72	四寸			88	명월		
57	安心			73	青年			89	다소		
58	事物			74	海軍			90	명인		

■ ■

落木寒天 낙목한천

낙엽 진 나무와 차가운 하늘, 곧 추운 겨울철

MEMO

同苦同樂

동고동락

같이 고생하고 같이 즐김,
괴로움과 즐거움을 함께 함

저자 남기탁(南基卓)
약력 한국어문교육연구회 편찬위원장
사단법인 한국어문회 이사
한국한자능력검정회 회장
강원대학교 인문대학 국어국문학과 교수

한자능력검정시험 6급

초판발행 2004년 3월 20일
20판발행 2025년 9월 10일

발행인 한국어문교육연구회
발행처 한국어문교육연구회
주소 서울시 서초구 사임당로 64, 401호(서초동, 교대벤처타워)
전화 1566-1400
등록번호 제22-1555호
ISBN 979-11-91238-84-6 13700

정가 20,000원

공|급|처 푸른하늘 미루 T.02-332-1275, 1276 | F.02-332-1274
www.skymiru.co.kr

사단법인 한국어문회 · 한국한자능력검정회　　20 .( ).( )　　601

수험번호 □□□-□□-□□□□　　성 명 □□□□□

생년월일 □□□□□□

※ 한글, 한자이름 모두 사용 가능.
※ 유성펜, 연필, 붉은 색 필기구 사용 불가.

※ 답안지는 컴퓨터로 처리되므로 구기거나 더럽히지 마시고, 정답 칸 안에만 쓰십시오. 글씨가 채점란으로 들어오면 오답처리가 됩니다.

제 회 전국한자능력검정시험 6급 답안지(1) (시험시간 50분)

답안란		채점란		답안란		채점란		답안란		채점란	
번호	정답	1검	2검	번호	정답	1검	2검	번호	정답	1검	2검
1				15				29			
2				16				30			
3				17				31			
4				18				32			
5				19				33			
6				20				34			

7				21				35			
8				22				36			
9				23				37			
10				24				38			
11				25				39			
12				26				40			
13				27				41			
14				28				42			

	감독위원	채점위원 (1)		채점위원 (2)		채점위원 (3)	
	(서명)	(득점)	(서명)	(득점)	(서명)	(득점)	(서명)

※ 뒷면으로 이어짐